# 秉持初心 促共富

——浙江省科技特派员工作
二十周年纪实

佟桂莉　高鹰忠　主　编

浙江工商大学出版社　杭州
ZHEJIANG GONGSHANG UNIVERSITY PRESS

图书在版编目（CIP）数据

秉持初心促共富：浙江省科技特派员工作二十周年
纪实 / 佟桂莉，高鹰忠主编 . — 杭州：浙江工商大学
出版社，2023.7
　　ISBN 978-7-5178-5513-2

　　Ⅰ.①秉… Ⅱ.①佟… ②高… Ⅲ.①农业科技推广
—概况—浙江 Ⅳ.① F327.55

中国国家版本馆 CIP 数据核字（2023）第 100679 号

# 秉持初心促共富
## ——浙江省科技特派员工作二十周年纪实

BINGCHI CHUXIN CU GONGFU
——ZHEJIANG SHENG KEJI TEPAIYUAN GONGZUO ERSHI ZHOUNIAN JISHI

佟桂莉　高鹰忠　主编

| | |
|---|---|
| **出 品 人** | 郑英龙 |
| **策划编辑** | 郑　建 |
| **责任编辑** | 徐　凌　黄拉拉　李兰存 |
| **责任校对** | 何小玲 |
| **封面设计** | 望宸文化 |
| **封面题字** | 雷鸣东 |
| **责任印制** | 包建辉 |
| **出版发行** | 浙江工商大学出版社 |
| | （杭州市教工路 198 号　邮政编码 310012） |
| | （E-mail：zjgsupress@163.com） |
| | （网址：http://www.zjgsupress.com） |
| | 电话：0571-88904980，88831806（传真） |
| **排　　版** | 杭州浙信文化传播有限公司 |
| **印　　刷** | 浙江海虹彩色印务有限公司 |
| **开　　本** | 710 mm × 1000 mm　1/16 |
| **印　　张** | 27 |
| **字　　数** | 346 千 |
| **版印次** | 2023 年 7 月第 1 版　2023 年 7 月第 1 次印刷 |
| **书　　号** | ISBN 978-7-5178-5513-2 |
| **定　　价** | 128.00 元 |

# 本书编委会

**主　编**

佟桂莉　高鹰忠

**副主编**

孟小军　吴　卿　周土法

**统　筹**

钱玉红　叶祥发

**执行主编**

费必胜　李祖平

**编　撰**

王明月　吕　悦　刘晓燕　杨一之　余　晨

汪　君　张巧琴　陈　苑　陈心妍　金　康

赵一帆　赵丽娜　袁晓玲　童歆涵　胡恩华

浙江农林大学参与编撰

# 序 言

# 把论文写在田野大地上

浙江，是习近平新时代中国特色社会主义思想的重要萌发地。习近平总书记在浙江工作期间亲自谋划、亲自部署、亲自推动了一系列制度创新，科技特派员制度就是其中的一项伟大实践。浙江省历届省委、省政府高度重视，积极落地倾斜政策，不断创造有利条件，推动科技特派员制度实现了从101名个人科技特派员点燃"星星之火"，到向团队、法人科技特派员拓展，从100个乡镇试点，到"乡乡都有科技特派员驻点，村村都有科技特派员服务"省域全覆盖，从服务农业"一产"，到"接二连三"形成大产业体系。经历了20年的探索和实践，科技特派员制度不仅践行了习近平总书记要求的"广大科技特派员要秉持初心，在科技助力脱贫攻坚和乡村振兴中不断作出新的更大的贡献"[1]，也成为我省奋力推进共同富裕的生动注脚与鲜活写照。

**科技特派员是"造血细胞"，在加快脱贫攻坚中书写传奇。** 从脱贫攻坚

---

[1] 《习近平对科技特派员制度作出重要指示》，新华社，2019年10月21日，http://www.npc.gov.cn/c30834/201910/3b91deeD14e049bda4225a3cf68ea682.shtml.

主战场到共同富裕建设示范区，科技特派员秉持初心、扎根基层，以强农兴农为己任，积极拓宽农民增收致富渠道，省级科技特派员牵头实施 4700 余项科技项目，推动建设 7191 个科技示范基地，与服务对象结成 674 家市场经营主体，助力农民增收 63.53 亿元、企业增效 45.1 亿元，让乡亲们的"钱袋子"更鼓、日子更富、幸福感更强。在科技特派员和社会各界的共同努力下，浙江 26 个欠发达县全部"摘帽"，领先全国 5 年完成脱贫攻坚总目标，全省城乡居民收入倍差缩小至 1.9，已连续 10 年缩小，农村居民人均可支配收入连续 38 年位居全国省区第一。

**科技特派员是"强大引擎"，在推动产业发展中续写振兴。** 从助推乡村全面振兴到实现地域经济高质量发展，科技特派员聚焦"三农"事业发展需要，传播先进技术，培育富民产业，集智实施产品改良、机器换人等创新举措，持续培育壮大特色品牌，无数"茶叶村""蜜橘镇""杨梅乡"破"土"而出、苗壮成长，山区 26 县立足"一县一业"，走出了快速发展的共富新路。比如，淳安县枫树岭镇在科技特派员 16 年如一日的帮助下，成了"中药之乡"；缙云黄茶经过 30 多名科技特派员的不断"接力"，完成了从发现一个单株到育成一个品种的巨大跨越。从推行"田间课堂"到开出"技术小灶"，科技特派员立足本职，递政策、传理念、送成果，推广新技术 19658 项，引进新品种 19013 个，大量科研成果转变为实实在在的现实生产力，成为乡村振兴的"强大引擎"。

**科技特派员是"桥梁纽带"，在密切联系群众中谱写共富。** 从初来乍到的"外地人"到派驻服务 10 多年的"老派友"，科技特派员怀揣真情，深入之江大地的田间地头，化身"牛教授""香榧教授""鸡博士""竹博士"，与乡亲们贴心相待、并肩战斗，组成了无数温情难忘的片段，成为没有血缘关系的"自家人"。一些科技特派员成了当地县政协委员、科技副（乡）镇长、荣誉村民，为加强地方治理作出了积极贡献；更有不少村民感念派驻同志的无私付出，以书信、锦旗等方式续写这份翻山越岭的深情厚谊。

20 年坚守与笃行，科技特派员的足迹遍布全省，他们用思想、行动和实践，用语言、感悟和体验，书写着一个个关于选择、耕耘、成功的感人故事，创造着一个个超乎想象的非凡奇迹，生动展现了"把论文写在田野大地上"[①]的内涵要义。

新时代赋予新使命。遵照习近平总书记对我省科技特派员"为全面推进乡村振兴、建设农业强国积极贡献力量"的殷切期待，[②]浙江将肩负使命重任，学深悟透习近平总书记给我省科技特派员代表的重要回信精神，进一步推进科技特派员制度探索创新，持续擦亮科技特派员"金名片"，为"两个先行"提供有力的科技和人才支撑！

2023 年 6 月

---

[①]　2021 年 3 月，习近平总书记在福建武夷山市星村镇燕子窠生态茶园考察时指出，要深入推进科技特派员制度，让广大科技特派员把论文写在田野大地上。吴月辉、喻思南：《科技特派员：把论文写在田野大地上》，《人民日报》，2021 年 3 月 29 日，第 19 版。

[②]　翁浩浩：《省委常委会会议传达学习贯彻习近平总书记重要回信精神　推动科技特派员制度走深走实　谱写全面推进乡村振兴建设农业强国的浙江篇章　省委书记易炼红主持》，《浙江日报》，2023 年 6 月 25 日，第 1 版。

# 目 录

第二辑

# 续写振兴

XUXIE
ZHENXING

第三辑

# 谱写共富

PUXIE
GONGFU

# 后　记

HOUJI

第一辑

# 书写传奇

—

SHUXIE
CHUANQI

他们大多是服务了 10 年以上的科技特派员

是脱贫致富的带头人

# 俞旭平——第 101 名科技特派员

## 我的初心

我是浙江省中药研究所派驻杭州市淳安县枫树岭镇的科技特派员。作为科技特派员，我的初心是让农民了解科技、喜欢科技，用科技创新创业，共同致富，与他们结下不解之缘，成为一家人。

我生于 1962 年，是正高级工程师。20 多年来，在中药材研究领域取得了多项研究成果，获浙江省科学技术进步奖二等奖、三等奖各 1 项，主持制定地方农业标准规范 2 个，获得发明专利 4 项，参加选育的中药材新品种中有 5 个通过浙江省农业农村厅认定。

## 故　事
## 第 101 名科技特派员

说起我当科技特派员的故事，就不能不说"101"的故事。

我被派驻的淳安县枫树岭镇下姜村，是多届省委书记的联系点。

2003 年 4 月 24 日，时任浙江省委书记习近平到下姜村调研，在种茶大户姜德明家召开座谈会，详细询问农产品的生产和销售情况，询问村民们还有哪些发展困难。村民们说，我们缺人才、缺资金、缺技术。习书记说：

"省里研究一下，给你们村派一个科技特派员来。"①村民非常高兴，告诉习书记村里种植了较多中药材，希望派一个中药材方面的专家。当天，省委秘书长就给科技厅领导打电话，要求马上选派一位中药材方面的专家到枫树岭镇去当科技特派员。科技厅领导立即给我所的杨所长打电话。杨所长马上把我叫到办公室，对我说，你要准备好去淳安县枫树岭镇当科技特派员了。

当时我们所里已经有专家入选首批100名科技特派员，而且已完成了培训，并举办了出征仪式。我心里嘀咕：这会是真的吗？我也能去？杨所长看着我又惊喜又疑惑的表情，肯定无疑地笑了。

就这样，我成了首批省级科技特派员里的第101名，是没有参加培训和出征仪式的"特殊一员"。那年，"非典"刚过，我就来到了枫树岭镇。这一待就是近16年。

2005年3月21日和2006年5月25日，习书记两次到下姜村考察都接见了我，并详细询问了作为科技特派员的我在农村的工作情况。2017年12月28日《人民日报》第1版报道《心无百姓莫为官——习近平同志帮扶下姜村纪实》中，也报道了我的事迹。

## 收 获
## 8万名科技特派员的代表

说到收获，我最想说的是——作为全国8万名科技特派员的代表，我

---

① 王慧敏、方敏：《心无百姓莫为官——习近平同志帮扶下姜村纪实》，《人民日报》，2017年12月28日，第1版、第2版。

和两院院士、探月工程副总指挥及大国工匠们一起站在"复兴号"彩车上，在国庆 70 周年阅兵式后，在天安门前接受领导和群众的检阅。

2019 年 10 月 1 日，国庆 70 周年阅兵式后的群众彩车游行环节中，共有 70 辆彩车缓缓从长安街由东向西穿过天安门，以"复兴号"高铁为主体的 19 号彩车引起了全场的好奇和热议。在这辆以"创新驱动"为主题的彩车上，不仅有 5G、C919 国产飞机、"神威"计算机、"蛟龙号"等重大科技创新成果集结亮相，还有 10 名来自一线的科技工作者代表一展风采。其中有院士、探月工程副总指挥、粤港澳跨海大桥总工程师、C919 飞机试飞主任，以及参加高铁、超高压电网建设的大国工匠们。

我也在这辆彩车上。作为全国 8 万名科技特派员的代表，我挂着"全国优秀科技特派员"的绶带接受领导和群众的检阅，内心无比激动和自豪。

作为一名有 38 年党龄的科技工作者，我扎根欠发达山区 16 年，用自己的专业知识帮助当地发展中药材产业，派出单位——浙江省中药研究所还在当地租用 50 亩山地建立技术推广和培训基地长达 30 年，帮助农民致富。以 2015 年枫树岭镇农民人均收入 14361 元为例，其中中药材产业对农民人均收入的贡献为 3122 元（约占 21.7%），从而为当地推动现代农业发展、加快乡村振兴打下了扎实的经济基础。

我深得农民喜爱，淳安县枫树岭镇下姜村授予我"荣誉村民"称号。我 2009 年荣获"全国优秀科技特派员"称号，2013 年被评为"浙江省功勋科技特派员"，2015 年获得"最美科技人"称号。

我还参与制定了栀子、薄荷、前胡、贡菊等市、县级农业地方标准，创新了薄荷—水稻种植模式和贡菊打破连作障碍的技术，申报了多个省、市级科技项目，极大地提高了产业档次。

创 想

# 不解之缘是追梦翅膀

2011年5月2日，时任国家副主席习近平在给下姜村党总支、村委会的回函中说："我在浙江工作期间曾4次到下姜村调研，与村里结下了不解之缘。"（摘自《干在实处 勇立潮头——习近平浙江足迹》）

我当科技特派员以来，感受最深的也是这不解之缘。枫树岭镇离杭州大约200多千米，坐车时要到千岛湖换车。我刚去的时候，到千岛湖的高速还没通，加上要过一个轮渡，即便换乘顺利，也要经过5个多小时才能从杭州到枫树岭镇，但因为常常凑不好班车或轮渡，路上要花费更多时间。有一年临近春节时，我早晨7点从杭州出发，一直到下午4点多才到镇上，整整花了9个多小时。因为路途劳累，我晚饭也吃不下，但还是坚持和合作社主任一起商量第二天要做的各项工作。

当了科技特派员，我走在镇上，每个人都会向我问好，叫我"俞老师"。到了村里，老百姓都会邀请我到家里坐一坐，喝喝茶。每年腊月，老百姓都要杀年猪，这是比较重要的事。只要我在镇上，总有好几家农户叫我去做客，吃刚刚杀好煮好的猪肉，而且每次都一定要我坐主座。

2019年，我卸下担子，给自己的个人科技特派员生涯画上了圆满的句号。但同时，作为淳安县中药材产业团队科技特派员的首席专家，我与淳安县的不解之缘，成了我在科技创新促共富路上的追梦翅膀。

浙江省鼓励和支持高校、科研院所以法人和团队的身份与地方结对。凭着对淳安县的熟悉和了解，我以首席专家的身份带领中药材团队再次科技下乡。除了去枫树岭镇，还到临岐镇、左口乡和屏门乡等乡镇，帮农民们解决中药材种植问题。

如今，我已经退休，但依然步履不停，心系淳安，在退而不休的追梦路上，我仍秉持作为科技特派员的初心——我将继续带领科技特派员团队，通过各自的科研特长助推山区中药材产业发展，推行生态种植、规范种植，提高中药材质量和产量，改进加工方法，获得更好的经济效益，为乡村振兴、共同富裕和高质量发展做出贡献。

这最美的不解之缘，让我一辈子都会脱口而出："这里已经是我的第二故乡了，无论何时，只要大家需要，我一定会到。"

## 评述点赞

下姜村老书记姜银祥：我们村曾经有句顺口溜——"茅草房，烧木炭，半年粮，有女不嫁下姜郎。"这里原来确实很穷。俞老师是个好人，我们村民都喜欢他。他话不多，在田头、车间里都实实在在地干事，在我们这里待了很长时间，手把手带我们致富，我们已把他当作自家人。下姜村共授予过3个人"荣誉村民"称号，俞老师是最先被授予的。

枫树岭中药材专业合作社老主任余绍海：我很早就认识俞旭平了，他成为我们镇的科技特派员后，我们就从"朋友"成了"战友"。在他把学到的知识技能毫无保留地传授给我之后，我们又从"师生"变成了"师徒"。在我由农业技术员成长为高级农艺师的过程中，他手把手教我写论文、报项目、搞科研、做经营，他是我真正的"师傅"。

俞旭平（中）在向农民兄弟传授知识技能

# 吴良欢——要做一粒好种子

## 我的初心

我是浙江大学派驻台州市仙居县广度乡的科技特派员。从 2005 年至今，已经有 18 个年头了。作为科技特派员，我的初心是将自己平生所学报效社会，服务"三农"，造福百姓，以科技创新强产业、惠民生。

我出生于 1963 年，现为浙江大学环境与资源学院教授、农业农村部科学施肥专家指导组成员、浙江省粮油产业技术创新与推广服务团队专家。我一直从事土壤改良和科学施肥领域教学、科研及推广服务工作。近年来获国家科学技术进步奖二等奖 1 项、浙江省科学技术进步奖二等奖 2 项、神农中华农业科技奖二等奖 1 项、全国农牧渔业丰收奖 2 项。

## 故　事
## 看到动员令，我动心了

2005 年，浙江省委、省政府全面推行科技特派员制度，面向全省 212 个欠发达乡镇选派科技特派员，发出"科技扶贫"的动员令。当时我从事农业土肥研究已经有 20 多年，看到动员令，我动心了。有同事劝我，博导资格都拿到了，何苦还要去乡下吃苦呢？但我想，我是学农业的，农民才最需要我。没有犹豫，我主动报名去了离杭州 260 多千米的仙居县广度乡任科技特派员。

那年 10 月，当我兴致勃勃地来到广度乡时，眼前的景象让我震惊了。广度乡地处偏僻山区，平均海拔 650 米，耕地资源匮乏，农民长期以来种植高山蔬菜、杨梅和药材，但不成规模，农户施肥没定量，用药凭经验，农业资源利用率低，效益低下。

听说从省城来了专家，村民们里三层外三层地把我团团围住，一口一个"老师"，不停地发问："为什么我家的地不肥？""现在种什么能赚钱？"第一次培训会上，台下黑压压的，坐满了村民，却比我的大学课堂还安静。在村民们如饥似渴的眼神、充满热情的言语中，我感受到了大家对技术的渴望，对脱贫致富的渴望。我暗暗下定决心，一定要用我的知识改变广度乡的现状，带领父老乡亲们脱贫致富。

到农户家里去，在田间地头讲课，这些年，我不仅手把手教农户先进技术，还先后邀请了美国农业部农业服务中心、中国农科院、浙江省农科院、浙江大学等的多位领导、专家到基地考察指导，开展果蔬生态栽培、测土配方施肥、节水灌溉等技术培训，组织农业干部和群众赴外地参观学习，累计培训农民 10000 多人次，极大地提升了村民们的科技素养和生产能力。

收　获

## 杨梅树真的成了"摇钱树"

高山杨梅昼夜温差大，成熟较晚，因而售价较高，是广度乡农民主要的收入来源。但由于山高气温较低，每到冬天杨梅树都被冻得不成样子，特别是 2007 年，广度乡高山杨梅果园遭受了毁灭性打击，许多果树被连枝冻死。面临绝收困境，当地农户急得砍了种、种了再砍。

乡亲们的"瞎折腾"让我睡不着觉。高山地区到底能不能种杨梅？我从测土开始，给当地土壤做了次全面"体检"，计算出每类地块的施肥用量，邀请多位专家"会诊"，引进荸荠种、东魁杨梅良种，并在上乔村开展栽培驯化和嫁接改良试验。2008 年，一场罕见的冰冻使很多高山上的杨梅树枯死，而另一组用覆膜大棚和缓释肥的杨梅树的成活率却很高，我喜出望外。3 年后，我精心侍候的杨梅树，结出的果实个大核小、口味清甜。大棚杨梅丰产后，为打消农户的后顾之忧，我不仅组建了 2 家专业合作社，与农户签订收购协议，还引进气调冷藏技术，经过真空处理后的杨梅，可销往全国各地。

如今，仙居县广度乡及周边的上张乡、横溪镇已发展高山杨梅 20000 多亩，杨梅成熟期从半个月延长到 50 天，错开了普通杨梅销售旺季，成了抢手货。一颗杨梅可卖 8 元，2022 年，出口迪拜的杨梅甚至卖出了一颗 60 元的高价，杨梅树真的成了"摇钱树"。

高山杨梅种植成功，极大增强了我的信心。我又把目光投向了高山果蔬种植，依靠浙江大学的技术力量，引进优质品种。目前，高山农副产业成了广度乡的支柱产业，种植高山杨梅 10000 多亩、高山水蜜桃 3000 多亩、高山蔬菜 1000 多亩。在鼓励种养殖大户、合作社实行产业化、标准化、现代化生产带动产业发展的同时，我还积极对接"神仙大农"农业区域公共品牌建设，通过生产高山蜂蜜、高山杨梅、高山水蜜桃、高山蔬菜、高山番薯面等网红畅销产品，与当地政府共同探索农产品价值增值新路径。

因科技服务业绩显著，我于 2009 年荣获"全国优秀科技特派员"称号，2013 年被评为"浙江省功勋科技特派员"，2021 年获得"浙江省农业科技先进工作者"等荣誉称号。

创 想

# 要做一粒好种子

出生在奉化农村的我，从小对土壤、种植有着浓厚的兴趣。种子放进土里，便会发芽、生长、成熟、结果，多么神奇！在广度乡的这18年，我也像一粒种子一样，深深地扎根在广袤的田地里，最终结出了丰硕的果实。

18年的科技特派员工作让我深深领略了"三农"的魅力，感受到了"三农"服务的呼唤，体会到了科技对"三农"发展的引领和促进作用。乡村振兴，产业是核心，离开科技支撑，产业提质增效无从谈起。

作为科技特派员，我想，我们现阶段面临的重大任务就是如何夯实基础，增强科技服务能力，深入基层，扎实工作，把论文写在祖国的田野大地上。目前，基层农业技术推广力量相对薄弱，农业技术推广人才青黄不接，迫切需要鼓励农业技术人员特别是年轻专家下乡服务、创新创业，充当农业现代化的领头羊和生力军。这些年来，在科技特派员工作中我也特别注重对年轻一代的培养，我的多位研究生积极参与科技特派员工作，不仅得到了锻炼和成长，更加深了对农业、农村、农民的深刻理解和深厚感情。

袁隆平说，人就像种子，要做一粒好种子。希望有更多人加入科技特派员的队伍中，像种子一样扎根大地，在农村的广阔天地间大显身手、大有作为，收获根深叶茂、枝粗果硕的人生。

## 评述点赞

王田村老支书王洪奎：高山杨梅是我村的支柱产业，但受气候影响，产量不高，品质不稳。吴老师来村后，走村串户，发现产业单一化瓶颈，着手种植业结构调整。他发现油桃、水蜜桃很耐寒，非常适合本地种植。因此，他多方收集各类桃树品种，从少量试种发展到现在的规模化种植，目前高山水蜜桃已成为我村农民收入的新增长点，太感谢他了！

广度乡农业技术员泮玺宇：我在广度乡政府工作，也是浙江农林大学的在职研究生。吴老师到广度乡后，建立了水稻、杨梅、水蜜桃等多个科技示范基地。他学识渊博，又很接地气，经常给农民上课，传授新品种、新技术，特别是教我学农、爱农、践农，将我的论文试验与解决当地生产实际问题相结合，使我受益匪浅。他习惯在推广农技的同时注重培养科技户和农业技术员。大家都十分喜欢他、敬重他，他真是我们的好老师！

吴良欢（左二）在手把手向果农大户传授高山杨梅优质高产抗逆栽培新技术

# 何圣米——"三个一"培育共富产业

## 我的初心

> 作为浙江省农业科学院派出的科技特派员，我的初心是把农民的事当作自己的事，以"三个一"（发展一个产业，培养一支队伍，开拓一个市场）理念培育共富产业，让农民尽快富起来。
>
> 我从事果蔬专业技术工作40年，从2005年至今一直担任科技特派员。我先后参加或主持了国家、科技部、农业农村部及浙江省科技项目20多项，获浙江省科学技术进步奖一等奖1项、浙江省科学技术进步奖三等奖等4项，以及"全国优秀科技特派员""浙江省功勋科技特派员""UNDP项目优秀科技特派员"等荣誉称号。

## 故　事
## "芦笋—湖羊"循环迭代出"黄金搭档"

2014年，我入驻衢州市开化县音坑乡担任科技特派员，负责对接的是一家严重亏损的企业——开化菁山农业开发有限公司。

入驻时，我面对"首战即攻坚"的巨大挑战。经过认真调研，发现企业亏损主要是种植作物品类太多、用工量大、种植技术缺乏等综合因素造成的。于是，我提出了"集中发展省工且适合规模经营的大棚芦笋产业"

的产业结构调整思路，及时终止了葡萄、番茄、黄瓜等劳动密集型且非优势产品的生产。2015 年，我们建立了开化县首个 30 亩大棚芦笋基地，到现在基地规模已经扩大到 400 亩，成为全省单一主体经营的最大的大棚芦笋生产基地。2016 年，企业扭亏为盈；2018 年后，亩利润在 8000 元以上，进入良性发展阶段。

芦笋种植每年 2 次清园产生的秸秆达每亩 1.5 吨以上。2018 年，我提出了"芦笋秸秆圆捆包膜青贮技术"，并引进了饲料加工设备，把芦笋秸秆加工成湖羊的青贮饲料。一开始，我们用加工好的饲料与外地的湖羊养殖户交换羊粪作为芦笋种植的基肥，算是"减碳增效"的 1.0 版。2020 年，我们在基地建设了养殖棚舍，首次引进湖羊，主要饲喂芦笋秸秆和豆腐渣，饲养成本很低，羊却长得特别好，产生的羊粪全部作为芦笋的有机肥料。"芦笋—湖羊"模式成为"减碳增效"的 2.0 版，有效降低了单位农业增加值的碳排放量，真正实现了芦笋秸秆变废为宝的生态循环双效农业模式。2022 年，菁山农场总产值达 900 万元，经济效益 200 多万元，其中芦笋和湖羊贡献比占 85% 以上。

## 收 获
# 不知不觉成为农民心中的"财神爷"

授人以鱼，不如授人以渔。自担任省派科技特派员以来，我始终坚持"三个一"产业培育理念，即"发展一个产业，培养一支队伍，开拓一个市场"，以基地为平台，不断引进新品种、新技术，集科技培训和现场指导示范为一体，"做给农民看，带着农民干"，逐步培养了一支由懂技术、会管理的技能型干部，种植技术熟练的种植大户及市场销售大户组成的队伍。

丽水市庆元县荷地镇是浙江最偏远的山区乡镇之一，镇政府驻地村海拔有 1000 多米。2005 年我刚入驻荷地镇的时候，农民人均年收入还不到 2000 元。我一心想着让荷地镇的农民富起来，在深入走访调研后，便提出了发展高山蔬菜的产业思路。考虑到荷地镇常住人口大多是老人，我首先选择了方便种植的高山松花菜作为发展产业，引进新品种和新技术，白天到各村实地指导生产，晚上就在村里组织菜农培训，并建立了镇、村两级科技示范基地。到 2007 年，高山松花菜产业从荷地镇发展到整个庆元县，规模达到一万四五千亩，每亩经济效益达到两三千元。2007 年底，我成了荷地镇的农村工作指导员，有了 10 万元的工作经费，便开始发展高山茭白产业。在杨桥村利用荒废的冷水田建了庆元县首个高山茭白示范基地 100 亩，2009 年开始在全镇、全县推广高山茭白。到 2019 年，庆元县高山茭白种植面积达到 1.4 万亩，产值上亿元，茭农人均增收 5000 元以上，高山茭白已经成为当地农民致富的主导产业。

"民有所需，我有所应"，当我听到有老农到乡政府说"如果没有特派员的指导，我今年的收成就要泡汤了，特派员真是我们农民的'财神爷'"时，内心百感交集，感觉自己真的没有辜负科技特派员的使命。

近 20 年的科技特派员生涯，是我工作中浓墨重彩的一笔。在这期间，我也先后获得了"浙江省农业科技先进工作者""全国优秀科技特派员""浙江省功勋科技特派员""UNDP 项目优秀科技特派员""全国知识型职工先进个人""全国三农科技服务金桥奖先进个人"，以及"'三牛'干部"（老黄牛）等荣誉称号。2007 年，我参加科技部在山东聊城召开的全国科技特派员工作会议，作为浙江省唯一的省派科技特派员代表，就"三个一"产业培育理念做了交流发言。

创　想

# 在"人人有事做，家家有收入"的共富产业里"发光"

虽然我已经退休，但我的科技特派员工作还没有结束，开化县出台了《科技特派员奖励激励办法》，为我们这样退而不休的科技特派员构建了一条奋斗的新路。

2006 年 8 月 16 日，时任浙江省委书记习近平同志到开化县金星村考察时，留下了"人人有事做，家家有收入"的殷殷嘱托[1]，这既是对开化县产业发展的殷切希望，也为科技特派员服务工作指明了方向。接下来，我主要想在两个方面继续努力：一是推广已经成熟的"芦笋—湖羊"循环双效农业模式，打造"减碳增效"3.0 版；二是根据开化县的需求谋划建设更多的产业致富项目，为"人人有事做，家家有收入"贡献力量。

"知我者谓我心忧，不知我者谓我何求。"农业产业的科技创新之路，是始终动态变化的漫漫长路，需要我们一代又一代人的真心付出。从事农业技术推广工作 40 年，我始终秉持为民初心，哪里有需要，就到哪里去，让有限的生命，在无限的科技服务中焕发光彩……

## 评述点赞

时任庆元县委副书记王顺发：何圣米老师把农民的事当作自己的事做，为培育庆元高山蔬菜产业尽心尽责。一个科技特派员

---

① 孟雪倩、戴利强、李琳、曹杨：《壮丽七十年　奋斗新时代 | 开化金星村人人有事做　家家有收入》，浙江在线，2019 年 4 月 22 日，https://baijiahao.baidu.com/s?id=16315171756118781420&wfr=spider&for=pc.

成就我县高山蔬菜亿元大产业！

《浙江日报》报道：在海拔1000多米的庆元县荷地镇，许多农户手上一直留着省科技特派员、省农科院蔬菜所何圣米研究员编写的《高山蔬菜生产技术手册》。2008年初，何圣米指导当地农户建成庆元县首个高山茭白示范基地100亩，由此开启了致富之门。（曾福泉、曾杨希：《美丽田野绽芳华——我省科技特派员15年服务"三农"纪事》，《浙江日报》，2018年3月26日，第1版、第2版）

《衢州日报》报道：在何圣米的指导下，基地引进芦笋新品种"绿龙"。在育苗、大棚管理、母茎留养、病虫害防治等关键环节，组织工人开展科技培训，进行现场指导，并陆续展开"绿芦笋大棚反季节栽培技术""芦笋秸秆饲料化利用技术""芦笋—湖羊结合循环农业模式"等多项技术示范研究。芦笋基地的发展壮大，带来了可观的经济效益，也为周边农户带来了实实在在的收益。（吕涵、刘志科：《开化：芦笋致富"节节高"》，《衢州日报》，2019年4月22日）

何圣米在开化菁山农业开发有限公司的基地给湖羊喂食芦笋秸秆

# 蔡为明——食用菌撑起"致富伞"

## 我的初心

我是浙江省农业科学院派驻金华市武义县的食用菌团队科技特派员首席专家，从 2008 年至今，已是第 16 个年头。作为团队科技特派员，我的初心是用科技使菌菇成为农民的"致富伞"，为当地农村产业兴旺和乡村振兴提供有力的科技支撑。

我生于 1967 年，是享受国务院政府特殊津贴专家。30 多年来，我在食用菌研究领域取得了多项研究成果，获省部级及以上科技奖励 9 项，育成食用菌新品种 11 个，获发明专利 10 余项，在国内外刊物发表论文 100 余篇，主编著作 3 部。

## 故 事
## 让种菇由"苦"变"甜"

2008 年，浙江省在个人科技特派员的基础上，开始鼓励高校、科研院所以法人和团队的身份与地方结对，我就是在那个时候以首批团队科技特派员身份担任浙江省农科院派驻武义县的食用菌团队科技特派员首席专家的。

当时，种香菇在武义是出了名的苦差事，用土法制作菌棒，靠的是人工压实木屑、麸皮等原料，几千棒压下来，菇农的手都会麻木肿胀。而完成袋装后，还要进行高温灭菌，为了保证灭菌彻底，菇农常常几天几夜不合眼，但就算这样，菌棒的报废率还是很高。

我到武义的第一件事，就是开展调研。在摸清了当地食用菌产业的短板后，我便果断做出了决定——带领团队共同投资入股，创办了武义创新食用菌有限公司。由公司提供资金、技术和服务，通过新建专业化的生产线集中生产菌棒，把统一制好的菌棒直接交给菇农培养出菇，让菇农种菇既轻松，又有保障。第一条生产线建起来以后，仅用了半天时间，菌棒就被订购一空，我的心里满是成就感，这说明我们真正找准了农民的需求点，走对了路子。

解决了生产的问题，还要解决菌种的问题。武义县的香菇生产原先都集中在秋冬季节，5—10月是种香菇的淡季，此时产出的香菇品质不好。为此，我们与当地企业协同开展了新品种选育与示范推广活动，育成优质香菇品种"浙香6号"，并研发出配套设施化高效栽培技术，所产的香菇质优价高，售价比常规的高2—3倍。种香菇不再是又苦又累、利润又薄的辛苦事，不少青壮年也开始从事香菇生产。通过我们的技术支撑与扶持，武义已经培育了食用菌专业合作社15家、家庭农场10家，年收入20万元以上的专业大户达到了23户，食用菌从脱贫产业变成了富民产业。

如今，武义县已经建起了20多条专业化菌棒生产线，年产菌棒3800多万棒，技术惠及全县95%以上的菇农，累计节支增收超亿元。在武义，"穿着皮鞋采香菇，开着汽车卖香菇"成了现实，种菇也从农民眼中的"苦差事"变成了"甜美的事业"。

## 收　获

# "冬闲田"成"增收田"

　　和其他许多地方一样，浙江省农科院结对科技帮扶的武义县大溪口乡有不少"冬闲田"，一直以来种单季稻，水稻收割后的冬春季节闲置着，没有很好地利用起来。用什么"妙招"可以利用"冬闲田"，帮助农民提高收入呢？这成为我们团队研究的又一个重要课题。

　　武义山清水秀，大溪口乡是省级生态乡，境内隐蒲溪、溪口溪、曳坑溪穿境而过，溪水清澈见底，而优质水源正是冬春季种黑木耳、产好木耳的必要条件。我们决定，在武义县大溪口乡研发推广设施化"耳—稻"轮作技术，简单来说就是研发专用大棚设施，夏季种水稻，冬季种木耳。

　　这一想法提出后，当地百姓并不买账。因为以前他们种过黑木耳，但一遇到冬春季浙江常有的阴雨连绵天气，黑木耳就容易出现烂棒、流耳等问题，不仅赚不到钱，有时还会亏本。而我们提出的避雨设施栽培技术，他们从来没见过，不知到底能不能成功，大家没有信心，所以一开始都不愿意种。

　　农民往往坚信眼见为实，所以，我们要将新技术的优势展示给农民看，这样才能"不推自广"。于是，我们又决定找个示范户，手把手带着做，并且承诺"包产量"！

　　王秀权成为第一个"吃螃蟹"的人。2021年，王秀权种了6亩多、5万个菌棒的黑木耳，一炮打响，赚了10多万元。他激动地说："钱支援，物支援，不如来个科技特派员！蔡老师带领的团队把催好芽的菌棒交给我们，直接管理出耳，并且什么时候浇水、什么时候通风，都安排得清清爽爽，连产量都给我'打包票'，半年时间赚的钱，比外出打工一年挣得还多！"

　　王秀权种木耳赚了钱，示范效应就出来了。2022年，农户张绍兴跟着种了 10 亩、近 8 万棒黑木耳，产值近 40 万元，而且他把废菌棒还田作为有机肥种植水稻，实现了"耳稻两收"的稳粮增效。2023 年，张绍兴计划把黑木耳种植面积扩大到 30 亩。

能用自己的一技之长，利用科技把"绿水青山"转化为"金山银山"，投身全面推进乡村振兴这一新时代伟业，我由衷地感到自豪。但这不是终点，而是新奋斗的起点。今后，我们将和武义县共同推进"耳—稻"轮作"千亩亿元"稳粮增收工程，并推广到全省，用科技助力浙江山区 26 县共同致富！

创 想

## "双百共富"模式带富农民

我从事食用菌研究已有 30 余年。有调查显示，在全国贫困县中，有 7 成以上发展了规模不等的食用菌产业。这一产业属于循环农业，具有周期短、见效快等优势，非常适合农民尽快实现脱贫致富。而在担任科技特派员的 16 年时间里，最让我有成就感的，就是"带着农民一起赚"。

在武义，通过优质香菇工厂化生产技术的创新突破，已经成功建立了由企业负责菌棒生产、农户负责出菇管理的"1 ＋ N"生产经营模式。通过优良的品种及现代化的种植方式，一亩温室大棚可以年产 100 吨香菇，带来 100 万元产值，为农民亩均增收 15 万元，为企业增收 5 万元，这样的模式，我把它称为"双百共富"模式。

在我看来，现代农业发展起来了，不能把小农户丢掉，"双百共富"模式能有效促进小农户与现代农业的有机衔接。当下，浙江正扎实推动高质量发展建设共同富裕示范区，我希望能把"双百共富"模式推广到全省乃至全国，真正带着农民一起致富。

多年的科技特派员工作，已经把我的心和农民紧紧连在了一起。我想，做好科技特派员工作，不仅要找准农民真正的需求点、痛点，还要有切实可行的技术。因此，我正带领团队加紧开展育种及相关技术研发攻关工作，希望为农民带去品质更优、产量更高、效益更好的食用菌品种和技术，推动食用菌产业由"脱贫"产业向"富民"产业转变。

## 评述点赞

武义县科学技术局局长汤琳球：蔡为明老师带领团队在武义深耕食用菌产业，与当地企业菇农协同创新、共同创业、共谋发展，通过"做给农民看，领着农民干，带着农民赚"，为实现产业兴、农村美、农民富奉献着自己的智慧和汗水，真正地把论文写在了田野大地上，把科技成果送进了千万家！蔡为明老师为推动武义县农业科技创新和成果转化做出了巨大贡献，也因此被评为"武义县优秀科技合作专家"。

武义县农业农村局正高级农艺师施礼：我和蔡为明老师是同一届浙江农林大学的校友，是产学研合作伙伴，更是创新创业的亲密战友。蔡为明老师为了武义县食用菌产业转型升级，尤其是食药用菌产业园平台建设和"双百共富"香菇工厂化项目的实施，呕心沥血十几年，我和武义菇农一样，一辈子都感激蔡老师。

蔡为明（右）在武义基地考察育成的香菇新品种表现情况

# 斯金平——书写一株"仙草"的扶贫传奇

## 我的初心

我是浙江农林大学入驻金华市磐安县省级石斛黄精团队科技特派员首席专家，二级研究员。2006年以来，我扎根基层，先后担任丽水市庆元县张村乡、莲都区丽新乡省级科技特派员，金华磐安、温州乐清等省级石斛、黄精团队科技特派员和贵州省级铁皮石斛首席专家。我专注石斛、黄精研究，担任铁皮石斛国家科技特派员创业链首席专家、铁皮石斛产业国家创新联盟理事长、黄精产业国家创新联盟理事长等职，不断探索服务产业的路径，2019年获科技部通报表彰。

用科技助力乡村振兴是我的职责。我的初心是让老百姓吃得起黄精、石斛，吃得到好的黄精、石斛，让大山深处没有贫困户！

## 故　事
## 让"仙草"接地气

"1000年前是仙草，1000年后还是仙草"的铁皮石斛，其种植方式不同于普通农作物。传统铁皮石斛一般采用大棚种植，对种植技术要求特别高，而且回报周期长，普通农民进不了这个产业。我多年从事石斛、黄精研究，如何将种植技术简单化、平民化，让这"仙草"变得接地气，是我担任科技特派员要重点突破的问题。

10多年来，我和团队成员的手机一天24小时开机。在推广时我们不遗余力，事无巨细，随时为农民服务。电话解决不了问题时，就第一时间派人到现场解决。在乐清参加帮扶工作时，有一天临近半夜，我已经躺下准备睡觉，听见有人敲门，2位农民朋友请我去他们的组培室看苗，因为他们的试管苗出了问题，苗长不了了。我们一个环节一个环节排查，一直忙到第二天凌晨2点才找到原因。担任科技特派员时，虽然我经常会忙得焦头烂额，但是我的内心却无比充实。农民朋友半夜敲门造访，说明这"仙草"确实"种"到了他们的心头上。

曾经有公司提出用20万元年薪请我当顾问，条件是技术不外传，我当场拒绝了。因为这违背了我们团队的初心，我们所有的技术都是免费为广大农民服务的，我们出去培训讲课都是免费的。我们在学校举办的讲座，农民兄弟只要愿意来听，我们还免费提供食宿。多年来，我和我带领的团队每年要接待农民200多批次，指导培训人数超过2万人次。

收 获

## 一株"仙草"的扶贫传奇入选科技部案例

通过多年努力，地上的石斛种植大棚改成了种苗培育室，全国几十万亩铁皮石斛回归自然，原本濒危的药用植物铁皮石斛通过人工栽培的方式得以普及。在乐清市，铁皮石斛的种植面积从当年的30亩发展到现在的1.5万亩，年产值达30亿元，我们指导当地农民建立了15个组培室，使种苗从原来的1.5元一株降到0.5元一株。2015年铁皮石斛研究推广获浙江省科学技术进步奖一等奖。2017年一株"仙草"的扶贫传奇入选科技部20个科技扶贫重点案例。铁皮石斛、黄精真正成了山区农民的致富"小仙草",并形成了"一亩山万元钱""山区不砍树也能富"的山区群众致富新模式、百亿级大产业。

我还牵头组建了铁皮石斛国家科技特派员创业链、铁皮石斛产业国家创新联盟、黄精产业国家创新联盟、浙江农林大学磐安共富学院、浙江农林大学森山共富学院,为磐安及全国铁皮石斛、黄精产业的发展做出了积极贡献,带领团队为百亿级黄精、石斛产业及数以万计的贫困农民脱贫致富提供了技术支撑。

我和团队创造性地将农林专硕培养与科技特派员制度结合,为研究生培养拓展了空间、提供了阵地,形成了高质量专硕培养新模式,培养出"全国五一劳动奖章"获得者史小娟、"全国就业创业先进个人"胡重久等"下得去、留得住、干得好"的新农人。

2018—2020年,我们团队连续获得磐安县科技特派员突出贡献奖。2021年,示范基地企业贵枫堂被中共中央授予"全国脱贫攻坚先进集体"。2018年,作为被表彰代表,我在浙江省科技特派员工作15周年总结表彰会议上做交流发言;2019年,我获科技部通报表扬。

## 创 想

# 携手把浙江模式推广到全国

从1个人到乡镇服务,到带领5个老师组团服务,再到带领40位师生组团服务;从服务"一产",到服务"二产",再到服务全产业链;从服务脱贫,到服务致富,再到服务共富;从服务乡镇,到服务县域,再到服务全国……17年来,我不断探索个人科技特派员服务乡镇、团队科技特派员服务产业的路径，因为我的初心"让老百姓吃得起黄精、石斛，吃得到好的黄精、石斛，让大山深处没有贫困户"始终没有变，而且从浙江扩展到了全国。

走遍江西、湖南、湖北、云南、贵州、重庆、四川……依靠黄精产业国家创新联盟、铁皮石斛产业国家创新联盟等平台，我和团队成员一起"走出去、请进来"，举办培训班、指导组建农民合作社、发放科普专著……努力将浙江模式复制到更多偏远农村和革命老区。

我们还邀请农户来浙江的相关企业打工学习，不少人学成后选择返乡创业，带动更多人就业。更让我高兴的是，当年接受过帮扶的浙江企业和山区县，也加入了我们的帮扶计划，携手将浙江经验推广到全国更多有需要的地区。

把"仙草"种在绿水青山间，是我一直以来热爱的事业。未来，我将持续致力于铁皮石斛、黄精等"仙草"的研究推广工作，带动更多人走上共富路。

## 评述点赞

浙江铁枫堂生物科技有限公司董事长宋仙水：没有斯教授团队，就没有铁皮石斛近野生栽培的今天。

浙江省林下经济协会铁皮石斛分会会长、浙江森宇有限公司董事长俞巧仙：斯教授团队是众多科技工作者的杰出代表，既能在理论上引领产业，更能把论文写在田野大地上。

《钱江晚报》报道：斯金平总是和团队成员强调，要让高新技术简单化、平民化，老百姓可操作、易上手、能复制。"因为现在留在山里面的人文化程度不高，我们一定要让农民一学就会。我们现在做到什么程度呢？只要有手就能做，想种'死'都难！"（沙德安、朱延昆、沙金：《二十余年不懈努力，他们让"国草"进入了寻常百姓家》，《钱江晚报》，2022 年 3 月 31 日）

斯金平（左）指导农民在树上栽培铁皮石斛

# 汪自强——让丰收的喜悦写满农民的脸庞

## 我的初心

我是浙江大学派驻温州市泰顺县仕阳镇的科技特派员。教师的职责是传道授业解惑，我是教师，也是科技特派员，我的初心就是把科技知识传授给农民，把科技成果转化在田间地头，让丰收的喜悦写在农民的脸上，帮助农民搭上共同富裕的快车。

我生于1957年，是教授、博士，从教38年。主要从事作物学教学和大豆新品种培育工作，育成新品种2个，在SCI和核心农业科技期刊上发表论文50多篇，主编和参编学术著作5本，曾获得浙江省农业科技成果转化推广奖，2016年获得"全国优秀教师"荣誉称号。

## 故　事
## 最"不务正业"的帮扶——带"蜂人"成"蜂王"

我的专业是农学，成为科技特派员以后，我帮助入驻的乡镇做了稻田养鱼水稻品种的筛选、茶叶的机采改进技术等工作。我做的最"不务正业"的工作是扶持泰顺县的养蜂产业，因为中蜂养殖属于畜牧兽医领域，但这也是我记忆最深刻的一段经历。

2010年，得知泰顺百花蜜蜂专业合作社负责人严立超养蜂受挫后，我就主动找上门，借着县里师傅带徒弟的"东风"，收"蜂人"严立超为徒。我首先进行了蜂产业的总体规划，帮助农民分清中蜂和意蜂，然后对中蜂培育技巧如分箱、防治病害等技术进行了指导。在此基础上，我们一起研发了新型蜂箱并成功申请了专利。我还动员和指导严立超申请 QS 认证，最终养蜂基地取得"无公害"认证，创建了自己的品牌"联农"，并申报了浙江省农业吉尼斯纪录。现在，严立超已经成为一名养蜂技术"二传手"，养蜂产值由 2012 年的 10 万余元上升到现在的 3000 多万元，严立超也从"蜂人"变成了"蜂王"。

在担任科技特派员期间，我共举办了 50 余场次讲座，结对的专业合作社有 11 家，实实在在地"做给农民看，带着农民干，帮着农民赚"。2016 年，"联农"品牌获浙江省著名商标、浙江省名牌农产品称号，2017 年获评浙江省蜂产品十大名品、浙江省名牌产品，2018 年获评"浙江省土蜂蜜十大品牌"等。2019 年，泰顺的中蜂养殖入选了温州市精准扶贫典型案例。可以说，中蜂养殖让泰顺农民走上了"甜蜜"的致富路。

## 收 获
## 最乐意接受的美誉——科技"财神爷"

2008 年，我开始重点帮助泰顺县发展茶叶产业，通过牵线搭桥，为当地建立了第一个茶叶产业院士工作站，助力实施科技部的茶叶富民强县项目，帮助万排乡实施茶叶产业提升工程。

为了帮助茶农加强品牌建设，我帮他们请来了认证机构进行无公害认证和有机认证等，从质量方面进行茶叶品牌包装，将当地的"三杯香"等茶叶品牌做成精品。此外，我不仅从浙江大学茶叶研究所"挖"来茶叶新品种"浙农117"，引进浙江省推广品种"龙井43"，更新了茶叶品种，还邀请浙江大学茶学专家到当地培训茶农。针对采茶工稀缺、劳动力成本上升的问题，我通过"机器换人"打理茶园，引进的采茶机一台能顶20个采茶工，节省了大量成本。很快，精做名优茶、机收夏秋茶的模式在泰顺推广开来，带动万排乡更多的人投身茶叶产业。此后几年间，万排乡茶园面积迅速扩大了8000亩，为当地茶农带来了实实在在的收益。

除了完成省科技厅的科技特派员项目之外，我还参与了泰顺县唯一的国家级项目——"全国富民强镇项目——茶叶提质增效"的申报和实施。作为项目技术负责人，我完成了5个（山友茶叶、枇杷栽培、稻田养鱼等）浙江省科技厅成果转化项目、温州市科技局和农业局项目。同时，我充分发挥自己的专业特长和能力特长，2010年主持完成了《泰顺县农业"十二五"规划》《粮食功能区规划》《现代农业园区规划》等5个规划，2019年完成了《泰顺县创建浙江省农业绿色发展先行县的申报》文本策划，2021年主持完成了《泰顺县"十四五"农业农村现代化规划（2021—2025年）》的制订，并顺利通过验收发布。

我收获满满，不仅获得了2013年首届"泰顺县杰出人才"称号（全县共4人，我是非泰顺籍人士，科技特派员当中的唯一人选），还被泰顺人民称为科技"财神爷"，这也是我最乐意接受的美誉。

创　想

# 最年长的科技特派员——让丰收的喜悦写满农民的脸庞

从杭州市主城区到泰顺县，现今自驾要5个多小时，而在以前要耗费7个小时以上。自2005年与泰顺县"结缘"以来，我在两地之间往返的次数少说也有近 300 趟了。

在我看来，创新和创意能够促进产业的发展，也是一种生产力。一个较为典型的案例就是"泰上黄"黄茶的开发技术及产业化发展。在一次送科技下乡活动中，有茶农反映，在龟湖镇上宅垟村的茶园里发现了变异黄茶，与同类茶苗相比，野兔更喜欢吃。我们对这个黄茶新类型进行了配套栽培技术研究，将该黄茶命名为"泰上黄"，并进行了品牌开拓和创建，建立了自有品牌原种的保护区、黄茶母株的保护地、黄茶生产基地等。以此为基础，我完成了《"泰上黄"黄茶开发技术及产业化思路》《"泰上黄"黄茶开发技术的再思考》等论文，受到了镇政府和茶农的好评。

我在从个人科技特派员成长为全县的科技特派员联络组组长、泰顺县科技局省市科技特派员临时党支部书记的经历中，也实现了 4 个转变：一是服务面由种植业拓展到大农业，由"专家"变成了"博士"；二是服务范围变广，由服务一个乡镇变为服务全县；三是科技推广工作通过"科技 e 联"向全县拓展，由一个人单打独斗变成了团队服务；四是技术领域由关注产中向关注产前、产中、产后转变，延伸到了全产业链。

2020 年，我从学校的岗位上退休，但我服务"三农"的初心不变。目前，我又完成了新一轮科技特派员的"上岗"工作，我希望继续做下去，争做一个最年长的科技特派员，使自己的汗水能够转变成农民脸上丰收的喜悦。

## 评述点赞

*泰顺县委原常委、组织部原部长黄益友：*汪自强老师来自美丽的西湖边——杭州，却情系第二故乡——泰顺。他是浙江大学的

教授，却和农民朋友亲如兄弟。他是在泰顺县时间最长的功勋科技特派员，10多年如一日，扎根山区，言传身教，引领农民朋友走向科技致富的新天地。

**泰顺县科技局局长曾顶满**：汪老师热心科技特派员工作，服务"三农"，深入基层。他是泰顺全县的科技特派员联络组组长，他从大豆专家转变为农业"百事通"，他把实验室的科技论文写在了这片大地上。

**泰龙茶叶专业合作社理事长谢细和**：我所经营的合作社的茶叶产业，经汪老师扶持和技术指导，由低档茶和粗制茶变成了中高档茶和精品茶，价格也由原来的平均30多元一斤卖到了200多元一斤，得到了实实在在的实惠。

汪自强（右一）与蜂农一起察看中蜂酿蜜情况

# 江建铭——一干就是20年

## 我的初心

我是浙江省中药研究所派驻丽水市景宁畲族自治县梧桐乡的科技特派员。我的初心经历了"既然去了，就好好干"到"必须好好干"和"唯有好好干"的升华。农村是一个广阔的天地，在那儿真的可以大有作为。

我1984年参加工作，是正高级工程师。30多年来，在中药材领域取得了多项研究和示范推广成果，获浙江省科学技术奖二等奖、2009年度浙江省农业科技成果转化推广奖、浙江省农业农村厅技术进步一等奖、浙江省药学会科学技术奖一等奖，发表论文30余篇，获批发明专利6项，育成新品种4个。

## 故 事
### 黄精变"黄金"

2003年4月8日，作为浙江省首批科技特派员，我怀着"既然去了，就好好干"的信念，来到了丽水市景宁畲族自治县梧桐乡。在这里，我撰写了全省首个科技特派员调研报告，编制了景宁畲族自治县首个乡级产业发展规划，指导农户应用新技术提升创收能力。在我们的努力下，梧桐乡实现了从"厚朴之乡"到"药材强乡"的跨越。但是，中药材产业的发展并不是一帆风顺的。作为一种农副产品，中药材极易受行情影响而出现价格大幅波动，进而冲击甚至伤害农户的增收预期。如何破解这一难题，成了我深化科技特派员工作的当务之急。

黄精是我国常用的药食同源中药材，也是畲族人民用于健康养生的重要畲药，其九蒸制品在民间俗称"千年运"。作为一种多年生、以根茎繁殖的植物，黄精一般种植3—7年即可分批采挖，价高时多采，价低时不采或少采；采挖的根茎中带芽的可切下用于再生产，老根茎则可加工成具有畲族特色的旅游产品。因此，确定黄精为重点品种加以示范推广，不仅具有较好的抗价格波动性，而且与景宁畲族自治县全景旅游发展高度契合，产业发展附加值高。

2017年，在梧桐乡加快推进特色产业生态化高质量发展建设的契机的推动下，我与梧桐乡高演村的任周富、任林梅夫妇合作，开展了多花黄精林下仿生栽培和精深产品加工技术创新与示范工作，从此走上了与黄精结缘的道路。我们成立了景宁瞳囡家庭农场，注册了"瞳囡"商标，还建立了80亩黄精规范化生态种植示范基地，这些为加快集成黄精生态化种植技术及操作规程奠定了基础。在我的帮助下，任周富和任林梅夫妇总结出了一套"九蒸九晒"的黄精制作方法，制定了景宁县首个"畲黄精传统加工技术规程"企业标准。每年除自产外，他们还收购周边黄精万余斤加工成黄精茶、黄精酒、黄精枣等系列产品，年销售20余万元，还带动周边农户受益。2022年，以"瞳囡"商标打造的"畲黄精"系列产品，成功加盟"丽水山耕·景宁600"子品牌，年销售收入50余万元。黄精产业成为农民增收的真"黄金"，更成了点亮乡村农产业的新村景。

## 收 获

# 成就了一个全新的我

20年科技帮扶路，丰富了我的阅历，成就了一个全新的我，这是我科技特派员生涯中最大的收获。

作为一名以中药材种植为专业的农业科技工作者，虽说以前也经常下乡，但以入驻方式，如此直接地与农民吃住在一起还是第一次，且一待就是20年，这是未经历过科技特派员生涯的人难以想象的。只有去了、只有干了，才能真正体会到农民朋友对科技的渴望、各级组织对科技人员的重视，才能真正激发干好科技特派员工作、服务好农民的原动力。

我时常在想，是什么让我一干就是20年，是科技特派员的使命与责任，是当地中药材产业发展所需，是对药农的感情……应当说都有，但最重要的是科技特派员制度本身，它为广大科技工作者提供了发挥专业知识的"用武之地"和在服务"三农"中实现人生价值提升的实践平台，有付出，更有收获。

比如，在帮扶梧桐村厚朴育苗大户任家弟时，针对厚朴种子出苗率低、优质苗少，亩均收益仅有千元的现象，我多次下基地，推广、指导他应用了以种子表皮去蜡、低温砂藏沉积和合理施肥为主要内容的"厚朴优质苗规范化种植技术"，不仅使用种量降低了40%，而且种子出苗整齐、优质苗率高出近1倍。300多亩厚朴育苗基地年新增纯收入40多万元，收益提高近1.3倍。任家弟被评为"省级科技示范户"、全国"绿色小康农户"。2010年，中央七台《致富经》栏目也为此来景宁畲族自治县拍摄了专题片，介绍了我在科技帮扶、提高农民收入过程中取得的成绩。这一系列成效充分体现了科技特派员制度实现"政府、农户和科技人员"多赢的优越性。

20年科技帮扶路上，党和政府给予我诸多荣誉：全国优秀科技特派员、浙江省功勋科技特派员、丽水市创新引领个人先进等。我多次被省、市、县评为优秀科技特派员，2009年还获得浙江省农业科技成果转化推广奖。

创　想

# 做一个省城来的合格农民

这20年让我真切体会到，要做好科技特派员工作，使命感、责任心、荣誉感缺一不可。必须以扎实的专业知识和辛劳的付出，点燃农民"科技兴业"之火，激发农民"科技增收"的积极性；必须以简练的语言、通俗的表述，化繁为易，通过操作示范，必要时手把手教给农民，让科技成果真正转化为农民增收、产业增效的生产力。当农民真正把你视作他们中的一员时，你的工作必将事半功倍。科技特派员工作不仅是付出，更是回报。农村是一个广阔的天地，在那儿真的可以大有作为。

是农民教会了我技术创新，是基层给予了我实践平台，所以我要努力让自己成为一个"省城来的合格农民"。今后，我的工作重点将围绕景宁畲族自治县黄精产业品牌化、生态化和集约化发展方向展开。我向主管农业副县长提交了《创建区域共享品种，全面推进景宁黄精品牌化高质量发展》等报告，正着手开展更深层次、更大范围的技术创新和示范工作，争取未来能为景宁畲族自治县黄精产业生态化发展、规模化创收贡献更多科技力量。

## 评述点赞

景宁畲族自治县经济作物技术推广中心主任叶发宝：在我主管中药材之前，就已经对江老师"久闻大名"。直接接触的六七年时间里，我感觉江老师不但专业技术强，而且人热心，吃得起苦。平时请教他时，他讲得细、说得透；需要下乡时，也积极配合。这样的科技特派员我们需要。

景宁瞳因家庭农场法人任林梅：江老师平易近人，一点没有省城来的大教授架子，不仅帮助我们办企业、教我们技术，给我们带来新的理念和思路，而且能与我们同吃住、同干活，善于解决实际问题，是一个"来自省城的合格农民"。

江建铭（左一）和乡干部在查看黄精生长情况

# 吕永平——我们都太感谢您了

## 我的初心

2003年起，我作为首批奔赴全省最不发达100个乡镇的101名科技特派员之一，先后入驻金华市磐安县大盘镇、尖山镇，这一干就是20个年头。作为科技特派员，我怀着这样的初心：架起科技与生产的桥梁，依靠单位优势，用新品种、新技术、新理念、新信息，矢志不渝地助力"三农"发展。

我是"70后"，是第一批科技特派员中最年轻的成员之一。作为浙江省农业科学院生物所副研究员，我长期从事组培健康种苗研发及产业化推广工作，参与国家攻关、农业农村部等重大项目3项，获得发明专利30多项，参与制定行业标准2个、地方标准2个，获国家科学技术进步奖二等奖1项、浙江省科学技术进步奖二等奖1项。

### 故　事
### 从来没有番薯可以卖这么多钱

被派驻到大盘镇后，我就"盘踞扎根"在镇里各种复杂、奇峻的环境中，都说"眼观六路，耳听八方"，科技特派员的工作就是要把观察和走访践行至深。经过长期调研，我发现当地有悠久的番薯种植历史，但主要作为农户自己的食粮，甚至一大部分作为饲料，基本没有经济效益，我就想着，能不能更换品种，提高经济效益。

为此，我特地联系了我院番薯专家季志仙老师，她当时就爽快地表示一定会支持我的工作。很快，她就兑现了自己的承诺。第二年，她就大汗淋漓地为我带来了赠送的 8 捆种苗。只见这些种苗被贴上了不同的品种标签，每一捆种苗都被一匝匝线圈绑好，规整地放在蛇皮袋里。她乐呵呵地说："我推自行车在前面拉，你就帮我在后面扶着，送到前面路口吧。"就这样，我拖着 8 个品种的 3000 棵番薯种苗乘公交、坐长途、转中巴，一路辗转到大盘镇试种，次年筛选了以"心香"品种为主的迷你番薯，建立了 50 亩的示范基地，并将产品送回农科院销售。迷你番薯因良好的口感和外观受到了广泛好评。

那年，磐安县委书记在忙碌的间隙接待了我们，并表示一定会支持这个项目和工作，后来他还专程去基地调研了解情况。当时的磐安县科技局局长也去番薯示范基地考察，回来的路上，他对我说："吕老师，你只要把这个产业发展起来就可以了。"这些正向的反馈给了我很大的信心和决心。

有了良好的市场反应和当地政府的支持，我就开始谋划组建丰源蔬菜合作社，由合作社牵头，联合种植大户，进行自产自销，客户订单络绎不绝。我结合当地实际条件，不断改进当地迷你番薯配套栽培技术，进行了地膜覆盖和起垄双季栽培，使土地得到有效利用，亩均效益增加近 80%。从品种引进、试验比较到示范基地建设、推广和市场开发，一步一个脚印，迷你番薯终于在大盘镇开花结果。通过包装销售，单季收益就可达每亩上万元，该镇年最高种植面积超过 3000 亩，全镇约 70% 农户参与种植小番薯。

带着大盘镇光明村打了一场"丰收仗"后，当地有个叫陈卫星的农户专程找到我，脸上洋溢着幸福的笑容。他说："我做了一辈子农民，种了一辈子番薯，从来没有番薯可以卖这么多钱。现在只要种种番薯就可以了，其他都不用种了！吕老师，我们村里的人都太感谢您了！"

收 获

## 精神与情义如此丰满

科技特派员的工作成绩与农户的收获是无法割裂的，从某种意义上来讲，我们是乡村振兴的答卷人，农户始终是我们的阅卷人。这些年来，我踏踏实实地工作，给入驻乡镇带来了新的产业发展机遇，最重要的是新品种、新技术的引进和推广，深刻地重塑了农户们的观念，而观念的改变直接让他们尝到了致富增收的"甜头"。在当地政府和农民的认可下，我获得了不少荣誉，包括浙江省突出贡献科技特派员1项、浙江省优秀科技特派员4项、金华市优秀科技特派员3项。

金奖杯也好，银奖杯也罢，于我而言，最大的收获是基于科技特派员这个大平台收获的精神与情义。

一直以来，浙江省科技特派员是一支不怕困难的队伍，"派友"之间形成了战友般的情谊。尽管我们有着不一样的专业和单位，但在彼此需要帮助时，总是有求必应、有召必来。记得2018年初，磐安县委召开科技特派员会议，那天雪花飞舞，高速封道，但科技特派员们克服了恶劣的环境，无一人缺席。

与此同时，在与农户业主的长期合作中，我们也形成了亲人般的情谊。2022年，由于极端高温天气，许多地方的生姜都产量大减，但我们提供的健康种源抗性高，防护技术措施到位，又赶上价格高峰，生姜丰产又丰收，承担科技特派员项目的业主每挖一块姜田，都会特地来电，第一时间告诉我们具体情况，喜悦之情溢于言表，这是一种感恩似的深情，也是家人间分享喜悦的情义。

我离开大盘镇，轮换到尖山镇也有不少年了，但大盘镇的许多农户仍会隔三岔五地给我来电，似稀松平常地分享他们的喜悦和计划。"原来的基地现在发展得怎么样了？接下去准备怎么干？"我对他们的分享总是认真聆听，有问必答，与其说是咨询和指导，不如说当作家人般嘘寒问暖。

在科技特派员这份工作中，我从"派友"们身上学习并汲取到了一种不畏艰苦、迎难而上的精神品质，也感受到了在与农户业主的长期合作中形成的家人般的温暖。而这些精神与情义，正是鞭策着我继续奋斗的原动力，让我的人生羽翼变得更为丰满。

## 创　想
# "串点成线"向未来

回首 20 年的科技特派员工作，感慨良多。科技特派员出征那天，我自己怎么都没想过一干竟是这么多年，其间再苦再累都不怕，心里唯一害怕的是自己所做的工作辜负了当地政府和农户那沉甸甸的期盼。

都说"深处种菱浅种稻，不深不浅种荷花"，服务"三农"的这条道路，最重要的就是因地制宜、因时制宜地发挥好资源优势。而我要做的，就是要利用好自身技术、信息甚至人脉优势，结合当地的自然禀赋、历史传统、种养习惯和风土人情，搭起科研生产的桥梁，做好传统产业的提升和新产业的挖掘，用"组合拳"扎实有力地推进乡村振兴。具体而言，我还是会以项目为抓手，做好示范和辐射。积极推动提升当地传统产业，伺机引进发展新产业，立足入驻乡镇，服务提升磐安全县域农业产业。

科技特派员的派期有限，但合作无限。未来，我们这支队伍会将各驻地"串点成线"，以长期合作的方式踏稳共同富裕之路。我们始终会面向一线需求，时代若有令，我们定有求必应、有召即来！

## 评述点赞

磐安县金土地农业科技开发有限公司负责人郑焕平：吕老师每做一个示范项目，每引进一个品种，和我交流最多的话题都是示范点一定要辐射出去，让更多的农户受益，一定要由点到面地扩展。这种情怀和责任感，让我心生敬佩。

磐安绿福蔬菜专业合作社负责人周永明：吕老师在发展每一个项目时，都会站在业主的立场上，分析各种风险，有着长期的思考、全盘的谋划，从引进品种和技术到最后的市场推广，以及增加市场附加值，他都会全盘考虑，让人觉得很踏实。

吕永平（左一）在指导生姜栽培

# 郑精武——无"用武之地"上的
# "武"力发挥

## 我的初心

  我是浙江工业大学派驻丽水市青田县祯埠镇的科技特派员。在农村出生长大的我，一直有改变农村落后状况、帮助农民致富的初心，原以为自己会无"用武之地"，没想到，从 2005 年开始，我在青田县一干就是 18 年。

  我是"70 后"，副教授，硕士研究生导师，发表论文 30 余篇，获授权国家发明专利 10 多项，获浙江省科学技术进步三等奖 1 项，获评"浙江省优秀科技特派员""浙江省农业科技先进工作者""浙江省高校优秀共产党员""浙江省万名好党员""科技特派员制度实施 15 周年'浙江省成绩突出科技特派员'"等荣誉称号。

## 故 事
## 无"用武之地"如何坚守 12 年

  2005 年 5 月，科技特派员制度在全省推广。当学校推荐我作为第三批下派科技特派员时，我完全没有思想准备。当时女儿刚出生 3 个月，需要照顾，自己又身患肾炎需要休养。然而，我是农民的孩子，大学期间，每到"双抢"时节，都要赶回家帮忙。现在正儿八经有机会用自己的知识"反哺"农村，有什么理由不去呢？

但一到青田县小舟山乡，我就发现这里是个纯粹的农业乡，没有任何工业基础，顿时感觉压力很大。我本科和研究生学的都是工业类专业，在这个纯粹的农业乡，我的专业根本就没有"用武之地"。怎么办？

为了尽快熟悉工作，我挎上相机走村入户去了。

小舟山乡风光秀丽，镜头无论对准哪里，都是诗意的山水照片。然而，我的镜头没有对准山水，而是对准了院落里、田间地头的村民。相机在这个山区里还不是很常见，见有人给自己拍照，村民们都很高兴。而当我再次回到村里送上洗好的照片时，原先还有些拘谨的村民们和我话多了，亲热了。

连续 2 个星期的调研后，我完成了《小舟山乡经济发展的调研报告》，并在村两委干部培训会上阐述了自己对推动小舟山乡发展的观点、思考和规划。

推广多模式生态田鱼养殖技术、稻鱼共生有机稻高效栽培技术，利用梯田景观发展创意油菜花、创新水稻等观光农业；首创信息化扶贫，建立丽水市第一个乡级政府网站，建立特色农产品交易平台，助力农民增收；创立助学扶贫模式，牵手大学教授与当地贫困生结对助学，建立红色书库……在小舟山乡的 12 年里，我因地制宜，实施"精准扶贫"，让自己从一名工科技术人员成长为合格的农技员。小舟山乡也从默默无闻的偏僻落后乡，发展到拥有了农业农村部推介的"中国美丽田园"十大梯田景观之一，每年有超过 10 万人次到小舟山乡观光旅游。当地农民实现了从"种田地"到"卖风景"的巨大转变。

在小舟山乡，我历经 5 届乡政府，2017 年调离时已经是小舟山乡政府资历最老的 2 名工作人员之一。每年省科技特派员换届，村民们的感谢和乡政府领导要求我留任的来电，都让我感到幸福感满满！

收 获

## 有"用武之地"助力产业升级

2017 年，青田县委、县政府按科技特派员的专业所长，将我调整到了具有工业基础的祯埠镇进行工业帮扶。如何在科技扶"农"的同时，发挥我的专业特长实现科技扶"工"？在青田有着重要地位的休闲椅和叶蜡石产业成了我的重要突破口。

祯埠镇是全国休闲椅产业集散地之一，几乎家家户户的生计都与该产业相关，但劳动力密集、产品质量低、品种单一等问题制约了该产业的进一步发展。通过入企摸底调研，我针对钢管表面处理、自动化生产等技术需求进行创新研究，开发出了符合当地现状的环保型无酸除锈表面处理、高效率装配生产线等关键生产技术，解决了休闲椅生产过程中的环境污染、生产效率低、产品质量不佳、利润薄等关键问题，实现企业外贸订单突破性增长的目标，并通过企业示范逐步引领整个青田休闲椅产业转型升级。

青田是石雕之乡，原料就是叶蜡石。但青田叶蜡石铁含量高、白度低，导致产品附加值低。我提出采用叶蜡石深加工及资源梯度利用等关键技术，通过多年技术攻关，开发出玻纤级叶蜡石微粉和超白叶蜡石微粉产品，并促进叶蜡石作为 3D 打印材料、取代稀土的抛光材料等使用，使青田县储量丰富的叶蜡石矿资源加工产品附加值平均增加 350 元 / 吨，年产值可增加千万元。项目的成功实施，不仅改变了青田叶蜡石资源消耗快、附加值低的被动局面，对提升浙江省乃至全国叶蜡石加工业的技术水平，带动相关产业发展，都具有重要意义。

与此同时，我还借助党务联建、科研联攻、榜样联动等方式，通过博士教授团暑假调研、企业组团到高校交流、专家与企业有针对性地面谈等形式，每年组织 20 余次浙江工业大学教师与企业开展技术对接，推动高校智力走基层的活动。在我的牵线搭桥下，青田县鞋制品、矿资源、泵阀、石雕设计、茶油深加工等支柱产业累计 20 余家企业与浙江工业大学相关课题组进行合作洽谈。据统计，截至 2022 年 12 月，校地合作已实际支付的科研经费累计 1160 多万元。特别是我大力促进了起步（中国）有限公司与浙江工业大学就传统制造产业工业机器人智能装配线设计及集成技术的合作，不仅实现了青田县在浙江省重点研发项目上零的突破，更对青田鞋制品产业的转型升级起到了引领作用。


## 创　想
# 真诚和用心是最持久的"武"力


从小舟山乡到祯埠镇，从科技扶"农"到科技兴"工"，18 年来，日复一日，年复一年，我早已把自己融入青田县的发展。青田县、小舟山乡、祯埠镇，这些名字深深植入我的内心。每当与同事或朋友交流时，我总会情不自禁地介绍青田，自然地表达"我们乡、我们镇"，让人以为我生长于此。

新时期乡村振兴，尤其是浙江省高质量发展建设共同富裕示范区的发展，岂能局限于农林学专业？无论是我的工业学还是其他专业，都有充分的发挥空间，我再也没有了无"用武之地"的挫败感。

但我更深刻地体会到，要做好科技特派员工作，更重要的秘诀是"真诚和用心"。要真诚地融入当地，真诚地与农民交流；要用心学习，不断补充和完善自身的知识和能力结构，取得当地政府和农民的信任是推广新技术、新项目的关键一步。每次回到乡里，听到村民们说"郑老师，您又来了，太好了"，我的内心都洋溢着无法言说的满足。

接下来，我将继续挖掘当地有特色的农特产业，通过支持乡土能人建设示范园，打造共富产业。同时也将利用浙江工业大学的技术优势，继续面向全县进行技术推广，牵线校企合作，努力为青田县产业升级做贡献。

科技特派员工作平台给了我实践反哺农村的初心的机会，是我人生中的"加油站"。每次科技特派员换届时，家人总是劝说我可以回来了。但想到村民们的期盼，想到自己还有很多想法和项目等待去实施，我就说再干一年。一年又一年，也许转眼又会是 10 年。

## 评述点赞

祯埠村党支部书记、村主任饶宏勋：郑老师是个非常热心的人，毫无高校老师的架子，主动询问我们科技需求，帮助我们申请科技项目。他常提出一些奇思妙想，积极牵线搭桥，实实在在给予我们帮助。

浙江旺达诗家具有限公司董事长王春青：我们作为从家庭作坊转型过来的企业，对科技创新有迫切需求，但又面临极大困惑和担忧。郑老师帮扶我们企业后，不仅给我们提供了符合生产现状的创新技术，更重要的是给我们带来了创新理念和发展新技术的信心！

浙江工业大学车声雷教授：十几年如一日，他踏踏实实工作，真心实意为地方，把论文写在田野大地上，把科技送到基层去，为基层经济社会的和谐发展做出了有目共睹的贡献。

郑精武（左）下车间进行技术指导

# 钱东南——科技服务突破收益"天花板"

## 我的初心

我是金华市农业科学研究院派驻浦江县岩头镇的科技特派员，也是一名具有18年"派龄"的老科技特派员。我的初心是做农民的知心朋友，用农业科技实现他们的致富梦想。

我长期从事水果新品种、新技术的研发与推广工作，是正高级农艺师，主持完成国家、省、市级科技项目20余项，获全国商业科技进步奖一等奖等17项，以第一发明人获授权发明专利42项，主持育成由农业农村部授予新品种权的葡萄、柑橘品种2个，以第二完成人通过省审定的枇杷等品种2个，参编专著2本，参制标准1个。

## 故　事
## 从"田头培训班"到突破收益"天花板"

自2005年开始，我便一直担任金华市的科技特派员，派驻地换过不少，但是"把论文写在大地上，把技术送进农民家"的信念始终没变。

2008—2019年期间，我一直在兰溪市马涧镇当科技特派员。犹记得2010年2月，当时正值杨梅整枝施肥的季节，我放心不下全镇4万多亩杨梅树，便带着自己编印的技术资料，来到杨梅山上指导果农整枝施肥。现场，一个果农正在给杨梅修剪枝条，我看了以后告诉他，要先看树形和朝向，再把病枝、弱枝剪掉。果农听了直点头。旁边的果农看到我在指导，也纷纷围拢过来讨教，这里一下子就成了一个小型"田头培训班"。

10多年来，我和当地群众一同努力，积极推动杨梅产业的发展，帮助解决了杨梅在种植、采摘、保鲜、储藏、运输、加工等环节的许多实际问题。如今，马涧镇已成为浙江中西部最大的杨梅产区，是全省最大的设施栽培杨梅基地，走出了一条有辨识度的杨梅产业高质量发展之路。

这几年，我的派驻地换到了浦江县岩头镇，从农业大镇转变至农业强镇是当地最迫切的发展需求。为了进一步助力地方特色产业发展、助推农户共同富裕，我与浦江县科技部门、农业部门及岩头镇农业办公室围绕特色产业在品种改良、品质提升、品牌创建等方面深入谋划、共同发力。经过不懈努力，当地的葡萄、桃形李、火龙果等特色产业逐步向规模化、精品化、科技化发展。例如，一般的火龙果采摘期为6—11月，分批成熟，最多有7批。在我们的指导下，别人的收益"天花板"却成了岩头镇火龙果种植基地的"基础"，一年最多可以采摘10批，一直到来年1月份都可以采摘果子。

当然，要想将水果产业做大做强，光局限于种果子、卖果子可不行。我们一方面通过各项研究，提高浦江特色水果的科技含金量，使得这里的水果花更香、果更甜、景更美；另一方面，与当地进行战略合作，加强农产品深加工，挖掘更多农业文化，探索并走出一条集种植、加工、农旅等于一体的产业融合发展之路。

收 获

# 与农民做"知心朋友"

当了 18 年的科技特派员，认识并结交了一批农民知心朋友，这是我最大的收获。

作为老科技特派员，我经常与农民朋友在田间地头交流，探讨果树适用技术与符合市场需求的品种，促进品质提高、成果转化与技术创新。我利用自身专业优势，主持承担葡萄、杨梅等国家星火科技计划项目，结合派驻地农业水果主导的产业实际，建立葡萄、杨梅、猕猴桃、樱桃、枇杷等科技试验示范点或示范基地，积极推广新品种、新技术，有效提高了当地水果品质和市场竞争力，提高了经济效益，助农增收超亿元以上，社会效益显著，真正践行了"做给农民看，带着农民干，领着农民奔共富"的理念。

在交流中，我也帮助农民朋友们解决了不少难题和困难。当了解到葡萄出口方面尚无国家标准、行业标准、省级标准和地方标准时，我联合从事出口葡萄生产、贸易、技术研发、检验检疫等多学科跨行业的相关人员，主持制定企业标准《出口葡萄生产管理操作规程》，推动建成出口葡萄基地和出境包装厂，并以基地为载体，推进及辐射带动了入驻乡镇和周边地区葡萄亩增效益 5000 元以上。2023 年 3 月，我们还在浦江县黄宅镇和仙华街道落实了"优化葡萄生产降本提质增效技术"示范基地，进一步擦亮了浦江葡萄"金名片"。

18 年风雨，18 年坚守，我与农民交流、交心、交朋友，做农民的知心朋友，以特有的执着和坚定，努力成为备受农民朋友欢迎的科技特派员。我也多次获得"浙江省突出贡献科技特派员""浙江省优秀科技特派员""金华市优秀科技特派员""金华市科技特派员工作成绩突出个人"等荣誉称号，建立的科技示范基地被认定为金华市科技特派员示范基地。

创 想

# 技术服务"走四方"

这些年，我深入浦江县岩头镇的田间地头为群众送技术、解难题，不论是地处平原地带的西黄村葡萄园、洪家村无花果园，还是位于丘陵岗地的何大园村猕猴桃园、礼张村黄桃园、三步石村火龙果园，都留下了我跋山涉水、服务四方的身影。

科技特派员的派驻地有区域界限，但技术服务是无界限的。我始终坚持"哪里有需求，哪里就有服务""哪里有召唤，哪里就有行动"。在浦江县，我跨域行动到白马镇百亩枇杷园、中余乡千亩黄桃园、黄宅镇万亩葡萄园等处进行技术指导；在金华市，我走遍义乌市、兰溪市、磐安县、婺城区等所有县（市、区）开展技术服务与培训。在浙江省内，只要有需求，只要有时间，我便冲锋在前，多次前往宁波市、台州市、绍兴市等地进行技术授课及实地指导；在省外，我作为金华市科技局技术服务团成员，奔赴四川省南充市嘉陵区和仪陇县开展技术帮扶，输出金华农业科技，积极展现科技特派员的风采。

我想，做好科技特派员工作，首先要了解和找准农民真正的需求点，其次要有接地气的实际举措，最重要的是要有攻坚克难的勇气和乐于奉献的情怀。当下，浙江正扎实推动高质量发展建设共同富裕示范区，我希望能发挥自身专长，尽自己的最大努力，把水果新品种、新技术、新农机、新模式推广到金华全市、浙江全省乃至全国，真正为农民增收致富尽心、尽力、尽责。

## 评述点赞

浦江县岩头镇副镇长俞建国：钱老师业务水平高，人又热心，他派驻到我们浦江县岩头镇当科技特派员后，积极履行职责，做了不少事情，成效明显。钱老师是一名优秀的科技特派员，我们都很喜欢他。

浦江众惠农业科技开发有限公司总经理黄国容：钱老师派驻到浦江县岩头镇当科技特派员后，经常到我的葡萄基地进行技术指导，带我们去外地考察学习葡萄优质生产技术，还把大学里的专家教授请到我们这里来传经送宝，十分用心。

兰溪格林现代农业有限公司总经理唐有兴：我们是在钱老师来兰溪市马涧镇当科技特派员时认识的，他经常来我的果园，指导交流樱桃、枇杷、甜橘柚的种植技术，亦师亦友已有10多年，他是一名很接地气的科技特派员。

钱东南（左一）在田间地头指导果农

# 舒妙安——浙南"小西藏"放飞致富梦

## 我的初心

我是浙江大学派驻浙江海拔最高乡镇——丽水市龙泉市屏南镇的科技特派员。作为具有个人、法人及团队三重身份的省级科技特派员，18年来的初心始终不变——让农民了解科技、掌握科技，用科技创新创业走上致富之路。

我生于1963年，是一名农业推广研究员。30多年来，在水产研究领域承担国家及省部级科研项目20多项，取得了多项研究成果，获浙江省科学技术奖三等奖2项、上海市科学技术奖二等奖1项，获得国家发明专利5项，发表科研论文80多篇。

## 故 事
## 一个意外——探寻得"金豆"

担任省级科技特派员，对我来说是一件很意外的事情。2003年省里首次向101个欠发达乡镇派遣科技特派员取得成效后，2005年派遣规模扩大到211个乡镇，我就是当时临时被选派的，成了第三批科技特派员，到龙泉市屏南镇进行科技扶贫。

2005年4月28日，经过7个多小时的颠簸我来到了龙泉市，第二天再乘车 1.5 小时才到屏南镇，一路上所见到的农民贫困程度超出了我的想象。屏南镇地处八百里瓯江源头，镇政府所在地坪田李村海拔 1080 米，为浙江省海拔最高的乡镇，全镇 2/3 的村庄处于海拔 800 米以上的高山上，是一个山高路远、偏僻闭塞的乡镇，被当地人称为龙泉"小西藏"。在高山上，当地村民除了种些水稻外，经济收入主要依赖于香菇生产，当时全镇工业几乎一片空白，也没有一家农业企业。

随着生态保护理念的加强和凤阳山被列入国家级生态保护区，很多农民的林地被划入保护区，禁止采伐，这也使得食用菌原料日益紧张、产量逐渐减少，原本落后的山区经济更加薄弱了，农户经济收入面临严峻的考验。如何将山高路远的劣势转化成经济优势，成了我们科技特派员首先要考虑的问题。

我首先想到的是和自己专业相关的田鲤鱼养殖，但发现屏南山地田块比较小，时常发生干旱，只好放弃这个念头。接下来考虑的是高山茶叶，因为当时龙泉正在鼓励农户种茶叶，每亩补贴 200 元。但是经过一段时间的走访，发现只有一户农户愿意种，因为种茶叶要到第三年才能有收入，况且屏南山高路远，存在鲜叶无人收购的问题。此后，种植高山水果等设想，也都因为地理或其他因素被一一否决。那么，究竟该从哪一个产业入手？

一个偶然的机会，我看到了浙江大学老师在武义种植高山菜豆获得较好效益的报道，便回到了浙江大学，向学校科教兴农办的董伟敏老师请教了有关高山菜豆种植产量、效益及技术等情况。第二天，我又乘车前往武义县新宅镇考察当地菜豆种植情况，考察后我心里便有了底：在屏南种菜豆，有希望！

就这样，高山菜豆在屏南山地成功试种，我也终于为当地找到了一条脱贫致富的产业之路。目前，屏南镇已成为龙泉市"高山蔬菜第一镇"，高山蔬菜（菜豆）种植面积达 3200 多亩，累计增加经济效益 5.32 亿元。高山菜豆，真正成了屏南山区农民的致富"金豆"。

## 收 获

# 一个牵挂——学以致用养石蛙

2005年，我来到龙泉后，听屏南镇时任镇长毛金庭介绍，龙泉是"三江"（瓯江、闽江、乌溪江）之源，小溪流密布，水资源丰富，以前是浙江省野生石蛙主产地，但由于长期抓捕，目前野生石蛙已很少。如果能把石蛙养起来，那是一件好事情——这也成了我发挥自己的专业所长、梦里梦外都放不下的一个牵挂。

2008年，一次偶然的机会，我听当地一位乡镇干部说，龙南乡有一位农民在家里试养石蛙。得知此消息后，我立刻在乡镇干部的陪同下，赶往距龙泉县城50多千米的龙南乡粗溪村了解情况。这位农民名叫周根培，他试养了几十只石蛙，但由于经济原因，养殖设施十分简陋，也没有相关技术，经过几年的试养还是没有成功。尽管当时存在种种困难，我还是抓住机会，一边为周根培提供养殖方面的技术指导，一边向乡政府、龙泉市科技局和水利局等相关部门反映情况，积极争取更多的支持。

功夫不负有心人，经过多年持续不断的科技帮扶，目前，龙泉市石蛙养殖已分布至全市11个乡镇街道，龙泉市成了浙江省从事石蛙养殖农户数量最多、养蛙规模最大的县（市），石蛙产业年产值超过3200万元，累计增加经济效益2.63亿元，成为龙泉市政府重点培育的特色产业之一。2015年，龙泉市被授予我国首个"中国棘胸蛙（石蛙）之乡"荣誉称号。

一路走来，我也深得当地农民的喜爱和有关领导的肯定。2013年，我获得了龙泉市科学技术突出贡献奖，又先后3次获得"浙江省优秀科技特派员"荣誉称号。在2018年科技特派员工作15周年总结表彰会议上，我被评为"浙江省成绩突出科技特派员"，这是对我工作的肯定。最重要的是，我在龙泉发展石蛙养殖产业的梦想终于得以实现。

创　想

# 一个追求——补青蟹产业短板

2013 年，浙江省为了继续做好团队科技特派员工作，进行了第二轮省级团队科技特派员申请工作，我申请的青蟹产业省级科技特派员团队申报成功，结对帮扶台州市三门县青蟹养殖产业。

作为科技特派员，每到一个地方，我总是在思考，我能为当地老百姓做些什么。三门县是"中国青蟹之乡"，现有海水青蟹养殖面积 8.5 万亩，占全省养殖面积的 1/3，但是三门县青蟹产业存在人工种苗短缺、养殖单产较低、越冬暂养成活率不高等短板。解决青蟹产业发展的这些问题，便成了我的新追求。

作为青蟹产业省级科技特派员团队首席专家，我带领团队成员，发挥专业技术特长，努力为三门青蟹产业补短板。经过多年努力，青蟹工厂化规模育苗取得了新突破，近 2 年青蟹育苗数量每年达到 500 万只以上。

我们还协助三门丰源海水养殖专业合作社在海区利用养殖笼开展青蟹越冬暂养工作，成活率达到 80% 以上，取得了明显的经济效益。

从 2005 年至今，我从事科技特派员工作已有 18 年，但我服务"三农"的初心不变。我将继续开展青蟹工厂化规模育苗技术深化与完善工作，扩大青蟹苗种繁育规模，争取达到 1000 万只以上，同时，陆地青蟹越冬暂养等补短板工作也在不断实施完善中，距离浙江乃至全国城乡居民在春节期间吃上更多正宗三门青蟹的目标将越来越近。

## 评述点赞

屏南镇杉树根村老主任全大海：我是我们村第一个带头种植高山蔬菜的农户，也是我们村高山蔬菜种植面积最大的农户。原来我家经济条件不好，在舒老师的帮助指导下，依靠种植高山蔬菜（菜豆），每年收入都在 3 万元以上，好的年份可达到 5 万元。我们村民都喜欢他，他话不多，没有教授的架子，是个实干家，想方设法帮我们增收致富。

龙泉市青源石蛙养殖专业合作社主任何全海：我很早就认识舒妙安老师了，他成为我们镇的科技特派员后，我们就从"朋友"成了"战友"。在他把学到的知识技能毫无保留地传授给我之后，我们又从"师生"变成了"师徒"。在专业合作社发展壮大过程中，是他帮我一起建石蛙基地、拓展销售渠道、申报项目等，并给予我技术指导，他是我真正的"老师"。

舒妙安在传授石蛙养殖技术

# 肖强——在冬天品味"春天"的芳香

## 我的初心

我是中国农业科学院茶叶研究所派出的省级科技特派员，先后作为个人科技特派员派驻台州市三门县横渡镇、丽水市龙泉市八都镇和岩樟乡，作为团队科技特派员首席专家服务绍兴市新昌县茶产业。担任科技特派员19年来，无论是在东海之滨，还是在浙南边陲，无论环境与距离如何变化，我的初心始终不变——把论文写在大地上，把技术留在泥土里，把成果装进农民口袋里。

我长期从事茶树病虫害及其防控技术研究与应用，主持和参加国家重点研发计划课题、国家科技基础性工作专项、浙江省农业重大科技专项等国家、省部级科研项目40余项，获得全国农牧渔业丰收奖二等奖和浙江省科学技术进步奖三等奖等省部级奖9项（次），编写《茶树病虫与天敌图谱》等著作20余部，获授权发明专利10项，发表科技论文100余篇。

## 故 事
## 赠送炒茶机，让作坊变"共富坊"

要想成为合格的科技特派员，必须与村民打成一片。要真正发挥科技特派员的作用，首先要沉下身子、走进一线，了解农民的真正所需。我是这么想的，也是这么做的。

位于浙江省东部，紧靠东海的三门县横渡镇是我的第一个派驻点。2005年，刚来到这里，我便发现这里的茶叶生产方式仍然停留在柴烧锅炒的原始阶段。就算是看似稍有规模的专业合作社，也连一台小型炒茶设备都没有，本质上还是一个家庭作坊。依靠手工做出来的茶叶，不仅加工量小、效率低，而且品质不稳定，生产卫生状况也十分堪忧。

为了解决横渡镇茶叶存在的种植、制作"大而不优""散而不聚""泛而不精"及制茶工艺不规范等问题，我提出了引进先进炒茶设备的方案。但是，即使是这里的炒茶大户，听了我的方案后也直摇头，他们觉得，这样做成本太高，效果还不一定好。

如何赢得他们的信任？我决定先用科技特派员项目经费购买几台炒茶机给他们试一试。为此，我利用自己的业余时间，到新昌、宁波等地的炒茶机厂考察，详细了解了各种炒茶机的优缺点，经过反复比较，最终选定了4台新式扁形茶炒制机，赠送给种茶大户。

"没想到一大锅茶叶这么快就炒好了！这效率几乎是人工的10余倍！"第一次使用炒茶机后，绿毫茶叶专业合作社社长胡善树就赞不绝口。炒茶机的引入，让胡善树开了眼界，附近的茶农也闻讯来参观，个个赞不绝口。一位年长的茶农感叹："白做了几十年的茶，没想到炒茶还有这么多门道。"

此后，在我的帮助下，绿毫茶叶专业合作社生产规模不断扩大，不仅新建了标准化茶叶加工厂房，还开发了很多新产品。如今，合作社的茶园面积已经从当年不到100亩发展到现在的2000余亩，茶叶销售额从几十万元增长至近千万元。绿毫茶叶专业合作社不仅发展为茶叶龙头企业，还带动了当地12个村、120余户茶农增收致富。

2017年，由于工作需要，我的科技特派员派驻点从台州市三门县换成了龙泉市岩樟乡。从东海之滨到浙南边陲，改变的是据点，不变的是初心。我依旧像在横渡镇一样，在田间地头手把手地传授除草、施肥、修剪、防治病虫害技术；我依旧频繁地走进茶厂，事无巨细地了解加工工艺、生产设备、卫生状况等情况……如今，这里的茶叶专业合作社规模不断扩大，农户的鲜叶量收购也实现了 30% 以上的年增长率，500 多户茶农因此受益。

从鲜叶到精制茶，从田间到车间，我身体力行致力于"三茶"茶业发展，始终将"做给茶农看，领着茶农干，带着茶农赚"系在心头。"肖老师，你讲的东西实在，操作性强，我们都听得懂，也用得上！"我觉得，这是他们对我最大的褒奖。

## 收 获

## 在冬天品味"春天"的芳香

2008 年，我作为首批团队科技特派员首席专家派驻新昌县，服务新昌茶产业。

当时，我们团队来到了新昌的一家刚成立不久的茶企——新昌群星茶业有限公司进行调研交流。在交谈中，企业向我们反映，一年中只有不到 2 个月的时间能够从事茶叶初制加工。周期太短，不仅导致机器、厂房闲置，而且炒茶师傅忙时连轴转，空时没事干，无法形成一支稳定的队伍。通过分析新昌主产的大佛龙井的加工过程，我向企业建议，可以考虑将青锅和辉锅 2 个阶段分季节进行加工，这样，所有的问题都迎刃而解了。

其实，我们跟很多茶企都提过这个想法，但当时并没有哪家企业真正实践过。群星茶业的负责人不仅听到了心里，还落实到了行动上。按照我提出的思路，群星茶业开始进行大佛龙井茶分段加工试验，并形成了独有的创新生产工艺。自此，春天的鲜叶经青锅初制后，可以储藏到冬天再进行制作，其生产的大佛龙井茶的品质与新鲜上市的春茶不相上下，让消费者在冬天品味到了春茶的芳香。利用这项技术加工出的产品，年产量已达到5000余千克，占公司龙井茶总生产量的一半，成为该公司的当家产品。

与企业同心协力开展技术创新，攻克难关，让我也找到了科研成果转化的"试验田"。我深深地感受到，科技特派员制度既服务了茶企、茶农，又能发挥我们自己的特长，促进科技成果转化。如今，我和群星茶业合作研发的"龙井茶分段加工技术"已经获得了国家发明专利，并且获得了2020年中国食品工业协会科学技术奖二等奖。

创　想

## 把技术留在茶农身边

转眼间，我的科技特派员生涯已走过了19个年头。这些年来，我的工作也得到了各级政府的认可，先后6次获得"浙江省优秀科技特派员""浙江省突出贡献科技特派员"等荣誉称号。

"淡泊而明志，宁静而致远"，这是茶人的性格和追求。从东海之滨到浙南边陲，我借茶修心，以茶养德，重在践行，贵在坚持，于朴素里高贵，在含蓄处绽放，最终修得收放自如、生命自在。

作为一名老茶人，这片小小的叶子始终让我牵挂。我想，只要有需要，无论何时，无论何地，我都会义不容辞地"把论文写在大地上，把技术留在泥土里，把成果装进农民口袋里"，让科技特派员成为永远留在茶农身边的人。

## 评述点赞

龙泉市岩樟乡党委书记季时斌：肖强为岩樟乡的茶产业发展倾注了大量心血：他送技术，破了产业难题；送项目，活了产业模式；送服务，通了致富道路。他沉得下心，一遍又一遍为茶农讲解茶叶生产技艺；他甘于奉献，把精力都投到茶农身上。他积极主动地授人以渔，深受茶农们的喜爱，他是一名真正懂技术、爱农村、暖民心的科技特派员。

新昌群星实业有限公司总经理周玉翔：肖强作为新昌县茶产业团队科技特派员首席专家，与团队专家共同为企业生产问题出谋划策。他主导提出的龙井茶分段加工方式，成功应用在我们公司的龙井茶生产中。他用技术支撑了我们企业的可持续发展，为我们带来了实实在在的效益。

肖强（右二）将首批扁形茶炒制机引入三门特派员点

# 李卫旗——心系山村酿就"甜蜜事业"

## 我的初心

> 我是浙江大学新农村发展研究院、生命科学学院教授，农业推广研究员，主要从事食品营养学及微生物学的研究。2006年至今，我分别在永嘉县表山乡（现属岩头镇）和巽宅镇担任浙江省科技特派员，先后建立了表山中蜂养殖基地、表山黄羊养殖基地、巽宅高山食用菌栽培基地、巽宅梨花村农旅基地等。
>
> 我担任科技特派员已有17年，我的初心是能利用所学的专业知识，帮助当地农村开展科技扶贫、创业富民工作，践行"将论文写在大地上"的理念，实现服务"三农"的愿望。

## 故 事
## 我挨家挨户送"糖"上门

2006年7月，我被派驻到全省百个欠发达乡镇之一的永嘉县表山乡。来到表山后，印象最深的就是当地落后的经济状况与农民们对脱贫的渴望。初到乡里，周围竟找不到一个小卖部，被褥、牙膏、毛巾等日用品要坐车1个多小时到山下的岩头镇上才能买到。

到乡政府报到后，我克服了生活上的困难，立即开始调研，与乡领导进行交流，并翻山越岭与 14 个建制村的干部、农民座谈，摸清了当地的基本情况。经调查，我发现表山乡森林覆盖率达 88%，四季有开花植物，当地农民素有养蜂传统，而蜂蜜回收周期短、见效快，所酿的土蜂蜜无污染、营养好、口味佳，历来被称为"表山之宝"。但因蜂农未经专业培训，养蜂规模受到了制约。

我确定了以养蜂业为脱贫突破口后，制订了发展表山养蜂业规划：建立蜜蜂专业合作社，与高校合作，整合扩大蜂农队伍，加强技术培训，扩大产品宣传和市场途经，实现土蜂蜜的培训、生产、销售一体化。

2006 年 8 月，我申请了"中华蜜蜂活框式养殖基地的建设"科技特派员项目并获得立项。作为项目主持人，我带领表山蜜蜂专业合作社改用中华蜜蜂（简称"中蜂"或"土蜂"）为蜂种，采取先进的活框式养蜂法，建立规范化基地，使生产效益提高了 6—7 倍。此外，我动员乡政府对蜂农制作的每个蜂箱均提供 40 元的补贴；对因冬季花源稀少需要给蜜蜂喂食白糖的蜂农，每年提供 8000 斤白糖，我亲自开车奔波在乡村间公路上，挨家挨户送糖上门。

鉴于永嘉许多乡镇的环境条件和表山相似，我除了服务好本乡的蜂农外，还对周边的乡镇农户进行了延伸技术培训。因蜂农多分布在各自然村，以往蜂蜜单独销售成本很高，我组织养蜂合作社担任"采购商"角色，到各蜂农家中收购蜂蜜，并在县城设立销售部，统一包装、统一定价、统一销售，为养蜂户提供产前、产中、产后一条龙服务，改变了以往单门独户的生产模式。这不仅彻底解除了蜂农们的后顾之忧，也让养蜂成了当地的"甜蜜事业"。

## 收 获

# 尽一己之力酿"百花蜜"

我们开展的一系列科技服务有效地激发了当地农民脱贫的信心和热情，"中华蜜蜂活框式养殖基地的建设"也获得了明显的成效。合作社建立起了特色土蜂蜜基地，在县城成立了 1 个蜂制品销售总站和 7 个销售分点，年销售额达 300 万元。

比起传统的桶式养蜂法，养蜂新技术能使每箱土蜂年收入增加 410 元，蜂农迅速获得了经济效益，每户蜂农平均年收益增近 2 万元，最高者达 5 万元。该技术还为表山乡增加了 750 多人的就业机会，其中有一位残疾青年因技术掌握得法，不断扩大养蜂规模，不仅能自食其力，还成了当地的养蜂大户。

为了推广养蜂技术，我同时对表山、潘坑、溪口、大岙、岩坦、大箬岩等 13 个乡镇的农户展开了养蜂新技术培训，举办了 28 期培训班，培训农民超过 1200 人次，分发培训资料 6000 多份，对每位学员都进行登记造册并做好跟踪服务。培训现场每次都座无虚席，甚至教室门外都站满了渴望脱贫的农户。在咨询台前，农户们争先恐后地提问和索取技术资料，其情景使我深受鼓舞和感动。

目前，表山蜂蜜品牌效应初步显现，已成功获得 3 个注册商标。因为表山蜂蜜采自百花，具有原生态、无污染、口味佳、营养丰富等特色，产品销至温州 7 个市县，甚至杭州的消费者都慕名前来购买这具有科技味的"百花蜜"。

在永嘉工作期间，我因扶贫工作出色而 7 次被评为省、市、县级优秀科技特派员，但最让我难以忘怀的，还是在科技扶贫工作中与山区的干部和农民们结下的深厚情谊。不善言辞的乡亲们并不会说太多好听的话，但每次到村子里，村民们总是拿出最干净的被褥，端出最香的农家酒，杀掉下蛋的老母鸡，来表达对科技特派员的感激。

创 想

# 实现"接二连三"的跨越

在表山的蜂蜜产业发展起来后，我结合自己的专业特长，提出了"多元经营，扬长避短，利用优势"的方针，利用表山的地域特点，拓展山羊、蜂蜜、农家酒三大产品，推出"表山三宝"系列品牌。初见的经济效益就是：一个农民每养一箱蜂或养一只羊或酿一缸酒，均可增收 300 元。

在完成了表山蜂蜜基地建设后，我继续在表山建立了南江黄羊基地，以黄羊合作社为管理平台，形成了一个产、供、销一体化有序发展的现代山羊养殖业产业化经营体系。此后，我又到巽宅镇担任科技特派员，建立山地食用菌规模化栽培示范基地，引进了优质香菇、猴头菇及羊肚菌菌种，形成产、供、销一体化的山地食用菌产业化经营体系。

在我看来，随着永嘉美丽乡村建设的不断发展，农业产业要从种植养殖深入农产品加工及储存，最后进入农旅休闲服务业，形成一、二、三产业融合的态势，完成农业"接二连三"的跨越。因此，我们计划在今后的3—5 年内，利用永嘉巽宅镇四面环山、四川交汇的优良自然生态条件，以合作社为实施主体，建设山地楠溪梨花第一村农业旅游生态休闲示范基地，力争将楠溪江梨花第一村农旅基地打造成"可览、可游、可摘、可居、可看、可写"，集自然、生产、休闲、康乐于一体的景观人文综合体，发展特色体验式农旅产业，彻底摆脱农村落后面貌。

## 评述点赞

*表山乡蜜蜂专业合作社社长郑贤盛*：李教授给我们带来了先

进的框式中蜂养殖方法，制订了质量标准，普及了规范的生产方法，还在县里、市里建立了销售点。农民的收入提高了，村里靠养蜂赚钱养家的人增多了，大家实实在在得到了科技助农的好处。

**岩头镇表山村黄羊养殖户陈晓东**：李卫旗教授专程带领我们去四川南江，引入南江黄羊优良品种进行杂交，选育出的优质山羊肉质细嫩、板皮品质优，并以合作社为平台，把科技工作、生产、经营联合起来，形成产、供、销一体化的经营体系，让全乡养羊户的收入有了明显的提高。

**巽宅镇木坑口村食用菌种植户陈建泼**：李卫旗教授来到我们村以后，引进了优良的香菇、猴头菇、羊肚菌等菌种进行菌种扩繁，指导我们建立了全套的菌种优化、袋料制作、高温灭菌、菌菇接种、大棚栽培、采摘分类、干燥加工、产品包装工艺流程，使我们在2年内就初步形成一个产、供、销一体化的山地食用菌产业体系。

李卫旗在食用菌基地查看羊肚菌生长状况

# 王友明——奔在山乡的"三热"教授

## 我的初心

我是浙江大学教授，已主持项目 50 余项，获国家级、省部级科学技术进步奖 8 项。2006 年始任省级科技特派员，2013 年始任省级科技特派员团队首席专家，兼其他市、县级科技特派员 6 项任务。

其中在文成县一个点，我 17 年如一日，一直保持"热心、热情、热量"，为当地发展肉兔、中蜂等产业累计服务 300 余次，行程超 38 万千米，可绕地球 9.5 圈，被誉为奔跑在大地上的"三热"教授。我的初心就是把论文写在大地上，为乡村振兴、共同富裕发热发光。

## 故　事
## 王老师，你怎么又来了

2016 年 4 月 29 日，当我在学生邵强的陪同下，拄着拐杖，出现在时任文成县科技局局长吴昌银面前时，吴昌银惊讶不已："王老师，你怎么又来了？"我回答："必须来，亲自来，放心点。"

半个月前的 4 月 14 日，我在去做春季养殖疫情防控培训的山路上扭伤了脚，裂了 2 根跖骨。俗话说，"伤筋动骨一百天"，医生建议我在家中休养。但是，我始终放心不下农户，腿伤后的一百来天，我拄着拐杖，我的研究生负责开车，跑了7趟文成，实地指导农民生产和养殖防疫。乡亲们没想到我会那么快回来，都让我多注意休息，我一边点头一边和他们说道："我来自农村，又是农业科技工作者，我热爱我的行业，更热爱这片热土。你们的事就是我的事。"

那次去文成，让我放心不下的，主要是正值春季多雨时节，养殖防疫到了最艰难的时候。不管是在毛爱珠夫妇的绿耳朵农场，还是在毛瑞上的家庭农场，我都"坐镇"指挥，仔仔细细地把防疫要领交代给他们。"在哪里跌倒，就要从哪里爬起来嘛。"后来，我也会时常为此幽默地来上一句。

毛爱珠夫妇是在我的技术支持下开始建种兔场的。在他们资金困难之际，我主动提出，个人无息暂借6万元。如今，绿耳朵农场已经变成拥有笼位3000余个、兔存栏3500只、年可获净利50余万元的美丽牧场。

## 收　获

# 成为唯一外地籍县政协委员

身份变了。2022年2月16日，我第一次以政协委员身份去文成，让我从一个"外来的临时工——科技特派员"，变成了"正式工——县政协委员、科技界组长"。科技特派员以政协委员身份参加"两会"，在文成还是首次。当晚，我在自己的朋友圈留文加油："作为文成县唯一外地籍政协委员，又是科技特派员，深感责任重大，必须努力调研，做好建言献策。"

成绩有了。在文成中蜂产业发展中，我起到了发起、引领、核心作用：开展了调研，撰写了提案；牵头举办10余次研讨会、培训会，撰写国家团体蜂业标准，构建全县统一品牌、标准化蜂场建设和SC认证等；推动协会成立；争取到县级经费500万元，中央、省级财政500余万元支持。6年的发展，养蜂户达 800 余户，蜂群达 4 万箱，产量已达 60 万斤，年产值超 8000 万元，净利润超 4000 万元，形成了一个地方支柱产业，做出了口碑。近 4 年，在桂山干成 2 件事：桂山黄年糕从无到有，2022 年产值 500 万元；高质量生产反季节番茄苗，从无到有，2022 年生产 500 万株嫁接苗，产值 800 余万元。

友谊来了。工作的最大亮点是盘活了文成科技特派员队伍。新同志来了，老同志都会悉心传授经验，介绍好的做法，让他们更快更有效地开展工作，比如与浙江工业大学何铨、宁波大学徐大伦等人建立了很深的友谊和协作关系，带领全体队员组团服务，实现资源共享。

荣誉给了。从 2006 年开始，先后获评浙江省优秀科技特派员 5 次、嘉兴市优秀科技特派员 2 次、温州市优秀科技特派员 1 次、宁波市优秀科技特派员 2 次、温州市突出贡献科技特派员 1 次、温州市科技扶贫先进个人 1 次，2 次获得"感动温州十大人物"提名奖，是感动温州的非温州人，获评"最美温州人"、科技部"首批百个科技扶贫典型人物"之一（排名第七），在浙江省科技特派员工作 15 周年表彰中获突出贡献奖，2019 年获得"最美浙江人"称号，累计获省、市级荣誉 20 余次。

宣传到了。我的工作事迹被各级政府网站和媒体报道，省厅、地方政府、农民群众也时常点赞。多次受浙江省科技厅邀约，给浙江省和西部科技特派员宣讲我的科技特派员工作经验。另外，2021 年央视 3 次采访我，专程来拍摄专题片，我的采访视频还登上了"学习强国"平台。浙江大学官宣 1 次，浙江大学全球校友为我点赞，我的感受是："太荣幸了，这也是我一生的荣耀，唯有努力做好工作。"

创　想

# 继续"幸福满满"干下去

幸福满满。我的工作得到了温州市政府和文成县政府、浙江省科技厅、温州市科技局的认可，得到了学校、同事、朋友的支持，得到了群众的信任，得到了合作伙伴的配合和百姓的喜爱。有一些成绩，促进了地方经济和乡村振兴、共同富裕。身份变了，有机会做更多事情。可以说，科技特派员成就了我，感谢政府给予我这个机会，我会继续"幸福满满"干下去。

攻坚克难。根据目前蜂蜜销售困难的事实，需尽快找到土蜂蜜的销售路径。我积极联系政府，申请给予必要的支持，争取"申请国家地方地理标志"项目立项，进一步规范和统一生产程序，提高产品质量，抢占品牌制高点。辅导农民把产品销到国外，抵达中高端人群；辅导规模较大的企业发展，带动农户进入合作社，实现共同富裕；辅导企业和新农人，建立新的销售模式，培训他们的线上销售技巧，通过新媒体平台多渠道宣传，增加销量；打造一支以科技特派员、地方政府部门、大户为主的文成县中蜂产业服务技术队伍。

打造"第一品牌"。生产规模达到10万箱，提升中蜂效益，为适宜人群长期稳定地提供高品质文成土蜂蜜，把文成优质土蜂蜜推向全国。近2年，在低碳和碳汇领域，助力文成成为全国典型，并持续努力将文成科技特派员队伍打造成扎根乡村的科技服务"第一品牌"。

## 评述点赞

文成县科技局局长程东：我和王教授认识时间比较长，他经常来文成服务，像一只小蜜蜂，勤劳地飞舞在文成的大地上，成绩有目共睹。我们推选他为县政协委员后，他提出的很多提案成了县政府决策的依据。他还团结其他科技特派员一同来文成，疫情期间也从不间断，我们很是感动。我们一直把王教授当作我们的一员。

文成县桂山乡原党委书记（现二源镇党委书记）郑宁：王教授聚焦发展的桂山黄年糕、高山反季节番茄育苗，都是从无到有的，实现了产业兴旺、共同富裕。他对桂山有很深的感情，桂山很需要他，我们也非常感谢他。

文成县政协委员刘钦华：我目睹了王老师对文成发展呕心沥血的工作。他的奉献和付出深深感动了我，促使我毅然决然地回到家乡文成进行创业，一起推动文成中蜂产业的发展。如今，短短的几年时间，文成中蜂产业已经跻身文成的四大重点产业之一。我代表文成的蜂农谢谢他。

王友明（左一）在给蜂农开展技术培训

# 李强——"点绿成金"的大山之子

## 我的初心

2007年，我以个人科技特派员身份被派驻到丽水市缙云县大源镇。为加快缙云黄茶产业化，自2013年起，我兼任省派缙云县黄茶团队科技特派员首席专家。2023年是我任科技特派员的第17个年头。在茶乡里成长，在茶林中穿越，在茶园中思悟，经世致用，服务"三农"，助力地方茶产业发展和农民增收，是我的初心。

我生于1963年，是中国农业科学院茶叶研究所研究员。近10年来，先后获得全国农牧渔业丰收奖个人贡献奖、浙江省突出贡献科技特派员、丽水市劳动模范等10余项奖励。

## 故　事
## 从"最远最穷村"到"千亩黄茶第一村"

我生于农家，最懂农家苦。2007年，我到缙云县大源镇担任科技特派员。当我在距县城69千米、离辖镇24千米，交通极为不便，被人们称为"最远最穷村"的大源镇龙坑村调研走访的时候，当地农民的艰苦生活和茶农的无助，让我心里很不是滋味。当时我就想，一定要用自己的技术为这里的农民做点事情。

2011 年，经过多次翻山越岭、实地考察，并把泥土送省城化验鉴定，我最终确定龙坑村有发展黄茶产业的多种优势，于是决定把个人科技特派员"产业兴村"示范村项目定在这里，重点发展黄茶种植。但是，当地村民并不看好。"我们年纪都大了，想不了那么远。""种黄茶有补助吗？""就算种了，有人要吗？"这是留守在村的村民抛出的一连串问题。虽然困难重重，但我没有气馁。

为了说服大家试种黄茶，我先后在龙坑村住了 100 多个日夜，召开各种大小会议 40 多次，与村干部、党员、代表、农户们促膝谈心，前后与 200 多人次沟通，最终，我的想法打动了大家。2017 年秋冬，村里决定发展黄茶 350 亩，我为村民精心选择了最佳黄茶苗，龙坑村的黄茶种植正式迈向规模化。随后，我又按照"小农户规模种植＋专业示范村＋龙头企业＋科技示范园"的产业发展路径，组织分散小农户集中连片推广种植缙云黄茶，并逐年扩大种植面积。村民也渐渐地从不愿种到试着种，再到如今争着种，黄茶成了龙坑村百姓脱贫致富的"致富茶"。"李老师，以前山上都是荒地，零星地种点毛豆和番薯，也都自己吃掉了，根本没什么收入。现在我家有 2 亩黄茶，一亩产值就有 2 万元，多亏了你的指导，让我的日子越来越好过了！"农户这样对我说。

如今，这个曾经只有一条单向通行的黄泥路的偏远贫困落后村庄，因为黄茶，实现了从全县"最远最穷村"到"千亩黄茶第一村"的美丽"蝶变"，成功"点绿成金"。截至 2021 年，龙坑村全村 293 户中小农户集中连片规模种植缙云黄茶的总面积超过了 1500 亩，鲜叶单价达 240—760 元／千克，平均亩产值达 2.1 万元，效益比常规品种提高 3—5 倍，全村茶农人均增收 1.1 万元。"做给农民看，领着农民干，带着农民赚"，我做到了！

看着村民收入成倍增长，日子一天比一天好，我的心里别提多高兴了。

## 收 获

# "穷窝窝"变成"金窝窝"

经过几年的发展，缙云的黄茶种植已经初具规模。为了进一步扩大黄茶的影响力，龙坑村急需引培一个有一定经济实力和生产经营能力的本土创业者，配合做好黄茶示范基地和标准化加工厂的建设，从而带动全村黄茶产业健康发展。

2017年初春，在大源镇龙坑村的一次乡贤座谈会上，我认识了乡贤郑国杨，他是舟山市蓝云管道工程有限公司董事长，也是一位十分关心家乡发展、特别有农村情怀的共产党员。直觉告诉我，他就是我一直想要寻找的最具返乡创业优势的乡贤人选。为了让郑国杨回乡创业，我承诺他"你返乡创业种茶，我负责技术保障"。后来，郑国杨告诉我，正是我的这句承诺，坚定了他返乡创业的决心和信心。

2017年10月，经多方协调，郑国杨回乡创办了黄茶龙头企业——缙云县龙源茶叶有限公司，并将闲置的900多亩荒山流转至村集体，开始了发展黄茶产业的新征程。当地政府部门实施精准扶贫计划，加上回归乡贤的倾情助力，终于让这个小山村蜕变成了"千亩黄茶第一村"，乡亲们携手走上了共同富裕的道路。

如今的龙坑村，有绿意盎然、重重叠叠的千亩茶园，还有茶叶现代化加工生产线，每年还吸引许多游客到访。"缙云县黄茶特色农业科技园区"成功入选2021年度浙江省级农业科技园区创建名单，缙云县也凭借该项目在浙江省农业科技园区创建中实现了零的突破。看着缙云黄茶从一个单株到成功育成一个品种，再到撑起当地一个新产业，让缙云县大源镇从"穷窝窝"变成了"金窝窝"，我的心里简直比吃了蜜还要甜。

创　想

# 聚力"三区共富联合体"

新的时代对我们科技特派员提出了更高的要求。2023 年底，我行将退休，但作为一名派驻 17 年的"老科技特派员"，我有义务也有责任站好最后一班岗。

我想再用 4—5 年时间，依靠省市县各级政府部门和科技特派员团队，以打造缙云黄茶产业 2.0 版为新目标，通过创建缙云县特异茶树资源圃、研发高 TGGP 茶新产品等，提升一批茶产业创新研发项目。同时，我也希望围绕"缙云五彩农业"，以"缙云县科技特派员创新联盟创新服务平台"为切入点，助推一批缙云优质高效农产品的科技示范基地建设，助力缙云特色产业发展与乡村振兴。

另外，结合我的派驻点地处台丽温三地边境山区，普遍存在交通相对落后、农业技术人员少、创业创新能力薄弱等实际问题，在今后若干年内，我希望以创建并聚力推进"台丽温三区边境茶产业共富联合体"为抓手，以培育缙云龙坑村、仙居横岭村、永嘉富山村等十大茶叶专业示范茶村创建为重点，带动一批缙云、仙居、永嘉三县偏远山区乡村通过茶产业实现科技兴农和产业兴村，谱写山区农民共同富裕新篇章。

## 评述点赞

缙云县科技局局长项振平：李强教授扎根缙云 17 年，是唯一一个有效融合创新链、产业链、人才链、资金链，推进农业产业发展的浙江省功勋特派员。他创新的缙云黄茶小农户组织模式，让最薄弱的分散小农户联合形成群体创业力量，融入现代农业中。他17年如一日，勤勤恳恳，为缙云黄茶产业发展做出了突出贡献，被缙云干部群众誉为"大山之子"。

龙坑村党支部书记胡奥瀛：我们村能从缙云县最偏远贫困的小山村变成"千亩黄茶第一村"，离不开李老师的用心付出。2011年，李强老师耐心开导，让全村293户农户按照"小农户连片集中种植"模式种上黄茶；2017年，李老师倾心指导，让乡贤郑国杨满腔热忱地回村创办企业，扎根乡村发展黄茶产业；2020年，李老师精心规划，把龙坑村作为核心区，成功创建省级缙云县黄茶特色农业科技园区。正是李老师的专业指导和无私付出，才让我们村因黄茶而振兴，让村民因黄茶而富裕。

李强（左一）在指导当地企业技术人员茶树合理修剪与原料综合利用技术

# 李朝森——土生土长的"科技追梦人"

## 我的初心

我是衢州市农业林业科学研究院派驻衢江区杜泽镇的科技特派员。作为一名科技特派员，以及一名土生土长的农家子弟，我的初心是让脚下这片土地可以借助科技的力量结出硕果，让依靠土地的农民可以共同致富。

我是"70后"，正高级农艺师。多年来，我醉心于农业技术研究与推广工作，先后获得衢州市科学技术进步奖一等奖、浙江省农业农村厅科学技术进步奖二等奖，以及省、市优秀科技特派员等荣誉，获授权国家发明、实用新型专利8项，发表论文21篇，参编著作4部，入选衢州市新"115人才工程"第一层次培养人才。

## 故　事
### "百年丝瓜村"重获新生

我出身于农民家庭，1990年从农校毕业后，就开始从事农业技术推广工作，在衢州一待就是33年。2007年开始，我成了这里的一名科技特派员。

在被派驻到杜泽镇之前，我就听闻当地有一个以优质丝瓜闻名的下溪村，种植丝瓜已有100多年历史。20世纪八九十年代，下溪村的丝瓜还成了上海、杭州市民餐桌上的一道风景。但我来到下溪村时，看到的却是瓜农们忧愁的面容，听到的是苦涩的叹息。听瓜农们说，丝瓜的品质一年不如一年，漂亮的外形不再，口感大不如前，产量也直线下降。

"百年丝瓜村"的招牌不复响亮。看着瓜农粗糙的手掌，黝黑的肌肤，想丢又不舍、想富又无奈的眼神，我心里触动极大。这到底是种植问题，还是种子问题？我发誓要尽快找到"病因"。

丝瓜种植"病因"复杂，研究进程并不顺利，一些瓜农也犯嘀咕："你真的是来教我们的吗？不是来赚钱的？"各种观望与期待并存，给了我不小的压力，但我不是个轻易放弃的人。

我一头扎进了丝瓜田里，和团队成员每天早出晚归，跟地里的丝瓜相处的时间比家人还要多得多。经过反复调研、试点、论证，我们找出了导致丝瓜品质下降的"元凶"，并研究和启动了"丝瓜提纯复壮计划"。通过对全村100多亩丝瓜田进行株选、性状调查，得到了12个优良单株，后经过多点试验，多次隔离授粉、提纯复壮，于2019年获得2个优良株系，将其中一个单株命名为"下傅丝瓜"。

我们的研究很快获得了市、区科技部门的立项和资金支持，之后引入的肥水一体化技术、地膜覆盖技术，以及拱棚式、篱笆式等高密度种植技术等，都得到了当地老百姓的认可和欢迎。村书记带头建立了"下傅丝瓜"高产栽培示范片区，带动瓜农将丝瓜种植面积扩大到400多亩，产量和产值都比原先翻了一番。近年来，当地仅丝瓜一项年产值就能超1000万元，下溪村也成了名副其实的"丝瓜专业村"。常常有瓜农和我感慨，原来丝瓜也可以种出美丽，种出富裕！

收 获

# 汗水洒土里，成果留农家

下溪"丝瓜专业村"的案例成果不断通过各种宣传渠道进行推广，曾经有一位记者朋友这样写道："在美丽的简单里，其实蕴含着玄机。"这句话说到了我这名农业科研人员的心窝里。农业上手快，但要出成效、要致富，却并不简单，需要技术、管理、多学科的综合知识支撑，更离不开当地政府、科技局等相关部门的支持，只有在平凡的坚持里才能收获更多的美好。

特别是我们自主选育的"衢椒1号"等辣椒新品种，耗费了10多年的心血和汗水。那些年，我可以说是和辣椒"杠"上了，从育苗、定植、株选、自交、杂交、肥水管理、病虫防治，每一个步骤、每一个环节都不容有失，甚至每一株辣椒的开花时间、坐果节位都要精准掌握。有时一天没到地里看看，连睡觉都不踏实。

有农民和我开玩笑说，你们搞农业科研的人都是"一根筋"。对此我不否认，越是失败，越是困难，我内心就越渴望攻克难题。顶着严寒酷暑，坚守田间地头上千个日夜后，我们终于迎来了自己的收获季。看着用汗水浇灌的土地最终结出优质新品种的累累硕果时，我无比幸福，往日积压在心头的压力和迷茫都烟消云散了。如今"衢椒1号"已成为国内白辣椒的主栽品种，连续8年被推荐为浙江省辣椒主导品种，推广范围辐射至广东、江西、福建、湖北等地。

到现在，我担任科技特派员已经17年了，我和团队始终把坚持服务"三农"、助力乡村振兴作为使命，累计引进、鉴定、示范瓜菜新品种1600余个，推广瓜菜新品种、新技术30多万亩，新增经济效益10亿元以上，重点帮扶的3个村都成功变身为远近闻名的"共富村"。

## 创 想

# 授之以鱼更授之以渔

我是农业科研人，也是农民的儿子，我对土地的热爱、对农民的关怀是与生俱来的。结缘农业数十载，我看到了农村之美，也看到了发展之困，更看到了农村的未来和希望。

田间崎岖的小路如何与共同富裕的康庄大道接轨，一直是我们这些扎根农村、热爱农村的科研人员孜孜以求的课题，特别是在当前中国式现代化、共同富裕的大命题下，我想我们科技特派员可以做的还有很多，应该做的也还有很多。

过去，我除了醉心于蔬菜新品种培育，还经常根据农民的实际需求组织开展有针对性的培训，目的就是在"授之以鱼"的同时，也"授之以渔"。今后，我也将继续用好"线上电话视频指导＋线下培训＋实地指导"的模式，同时积极借助技术"外援"的力量，帮助当地引入更多的科技支持和智力支持，以多种方式服务产业，服务农民，手把手教会农民自己端稳农业产业的"金饭碗"。

## 评述点赞

下溪村党支部书记俞建岳：李老师被派驻我们村近 6 年来，每周都会到村里的田间地头，手把手教我们技术。平时只要有问题，我们都会第一时间联系李老师，他基本上随叫随到，风雨无阻。李老师是我们村里的"贵人"，让下溪村这个没落的百年丝瓜村走上了共富路。

衢江区杜泽镇副镇长徐琴：李朝森老师被派驻我镇工作期间，在下溪丝瓜专业村、万亩水生蔬菜基地、中森农业科技园、明果寺村等帮扶过程中不仅认真帮助分析产业现状、寻找产业契机，还手把手指导村民生产，只要村里、农户有需求，几乎随叫随到。这种乐于奉献的精神和扎实的业务水平得到了当地农民的一致认可，李老师不仅是瓜农的好老师、农村科技的好帮手，更是瓜农的好朋友。

李朝森（右）在田里检查丝瓜生长状况

# 高培军——直把他乡当故乡

## 我的初心

　　我是浙江农林大学派驻衢州市开化县村头镇的科技特派员。我老家在内蒙古，来浙江担任科技特派员已经有16年多了，先后服务过丽水市遂昌县、衢州市衢江区、宁波市宁海县等地区，内心早已把这里当成了我的"第二故乡"。作为科技特派员，我的初心是以科技的力量为派驻地解决一些实际难题，做点实事，用科技创新带动地方产业兴旺发展，成为"第二故乡"的自己人。

　　我是"70后"，农学博士，任浙江农林大学副教授。获浙江省科学技术进步奖一等奖1项、三等奖2项，4次被评为浙江省优秀科技特派员，获"校地合作先进个人""浙江省林业科技推广标兵""浙江农林大学创业之星"等称号。2018年荣获浙江省科技特派员制度实施15周年"浙江省成绩突出科技特派员"称号。作为技术负责人合作开展的"菇花良种选育与人工林高效培育技术研究"项目获浙江省"26县高质量发展"项目支持。

故　事

# 被荛花选中的人

2019 年，我在与开化科技部门负责人周建交流时，对方谈到了"开化纸原料荛花属植物繁育难"的痛点问题，说该问题困扰他们多年，难以解决，掣肘了当地特色产业的发展。我是农学博士，当时就聊起了自己对荛花属植物的所知所学，这一下子引起了对方的兴趣，并带我深入了解了开化纸的现状。我与荛花的缘分，就这样在偶然中带着必然开始了。

不了解不知道，一了解吓一跳，开化还有开化纸这样的好东西。据记载，开化纸因产于开化而得名，它始于唐宋，盛于明清，是中国古代手工纸的巅峰，长期被列为贡纸。多年来，当地政府一直希望复兴开化纸产业，也做了很多努力，但复兴之路被卡在了原材料——荛花的繁育上。

虽然开化本地就分布着北江荛花、南岭荛花的自然种群，但是野生资源无法满足产业需求，之前当地所用的荛花皮料主要依靠外地采购和进口，而且只能买到品质较差的原料。荛花供应的可持续性无法保障，已严重影响了开化纸的产业化发展。可以说，荛花兴，则开化纸兴，荛花衰，则开化纸衰。

为了让开化纸不再只是历史上美丽的传说，我开启了一路"升级打怪"的模式。在当地科技部门、派出单位和派驻乡镇的支持下，我和团队先后突破了困扰荛花繁育的一些前期困难：开展荛花属植物种质资源调查，确定了浙江 7 个荛花属品种的资源分布情况，建立了相对集中的采种圃；通过对组培育苗、扦插育苗和播种育苗的技术研究，突破荛花属植物组培玻璃化、褐化现象严重，生根困难，播种育苗发芽率低等难题；组培苗炼苗成活后围绕基质配方、水肥调控、光照等环境因子开展容器育苗试验研究。

目前，我们在村头镇士谷村已打造荛花人工林造林示范基地 30 余亩，建立育苗大棚3个，引种北江荛花2万多株。荛花的生长和开化当地的空气、水源、光照息息相关，这是大自然的一种馈赠。我常常笑称，我是被荛花选中的人。

收 获

# 为"林下经济"打开空间

担任科技特派员之后，在山林田野间穿梭往返，成了我的日常。一开始，我还有闲情陶醉于山间的美景，但随着时间的推移，我就把心思全部放在了发展"林下经济"上。

作为一名林业科技工作者，我深知林下是一个非常广阔的发展空间，不仅能发展种植业、养殖业等林下经济，还可做到经济和生态双赢，但是农民经验有限，往往没有进行合理的开发和利用。因此，如何结合派驻地大量山林都是公益林的实际，发展好"林下经济"，成了我最大的挑战。为此，我一次次往山上跑：因地制宜为林农选定适合本地种植的品种，牵线校地合作引进更多技术资源，开展林地改造试验研究，组织种植技术交流培训……山路艰险，我常常凌晨出发，回到住所已是深夜。

多年来，我在开化开展的"高接换种香榧优良品种速生、高效示范""雷竹引种栽培、幼林抚育管理""毛竹林下套种多花黄精复合经营""荛花属植物种质资源收集、选育"等项目都取得了不错的成效。现在，冬桃、香榧、黄精等产品都成了当地的知名土特产，是村集体增收和老百姓致富的好帮手。而我主攻的"荛花示范基地"也迎来了一批批派驻地县领导的关注，他们都勉励我把这项特别有意义的工作持续下去，为开化纸的复兴和开化的"林下经济"发展走出一条新路，打开未来发展的空间。

创 想

# 为产业复兴插上翅膀

多年来，开化县把科技特派员制度作为加快乡村振兴、推动共同富裕的重要抓手，百余名科技特派员活跃在山间、林下、田野，在万顷碧波中激荡起层层科技热浪。作为其中的一员，我深深地懂得其中的不容易，也深深地懂得大家的坚持和努力。

去年，我作为技术负责人，与开化纸传统技艺研究中心、开化县两山集团联合申报的"荛花良种选育与人工林高效培育技术研究"项目，获得了浙江省山区 26 县高质量发展项目支持，并被列入浙江农林大学与开化县全面战略合作的重点项目。这为开化纸的产业复兴之路插上了科技的翅膀。

下一阶段，我将围绕这个项目要求，逐个击破研究中的痛点难点。首先，要"摸清门路"，通过基础生物学特性观测和研究，建立荛花种质资源库，筛选出高产质优、适应性强、韧皮纤维发达等综合性状优良的荛花品种。其次，通过改变培养条件打破种子休眠，提高繁育效率，并建立北江荛花工厂化育苗技术规程，让荛花培育产生"量的突破"。最后，采用大穴丛植造林法，制定一套荛花高效栽培技术体系，解决荛花种苗野外栽培低成活率难题，实现"质的飞跃"。

关关难过关关过。不论是荛花的培育，还是"林下经济"的整体性发展，前路皆道阻且长。但是地方政府给予了我们无微不至的关心和服务。面对山区群众盼望产业致富的殷切眼神，我想，我有这样的决心，也有这样的信心，把我的汗水挥洒在这片大有作为的土地上，给当地产业发展和老百姓带去一些实实在在的收获。

吾心安处即吾乡。我想，我与荛花的缘分，与开化的缘分，还将在这片热土上不断续写。

## 评述点赞

浙江农林大学竹子研究院副院长余学军：高培军充分发挥专业特长，以极大的毅力和耐心，躬耕田野、穿梭山林，真正将论文写在大地上，为科技创新助力产业兴旺、赋能乡村振兴不懈努力。

衢州市开化县士谷村党委书记方志海：高老师就是帮我们点石成金的能人。在科技特派员的帮扶下，我们士谷村的荒山上种植了莛花、冬桃、香榧等特色经济作物，为乡村振兴带来新的生机。

衢州市开化县开化纸传统技艺研究中心黄宏健：高培军老师和他的团队这几年来致力于莛花的种苗繁育与人工林营造，为我们解决开化纸原料不足的瓶颈问题，开化纸的传承与复兴离不开我们共同的努力。

高培军（中）在研究室开展组培育苗体系研究

# 蒋玉根——成为农民的"知心人"

## 我的初心

我是杭州市富阳区派驻新桐乡的科技特派员。作为科技特派员，我的初心是让农民掌握科技、应用科技，为乡村共同富裕插上科技翅膀，并与农民朋友结下深厚的兄弟之情。

我生于1964年，是研究员，累计取得推广成果30多项，主持和参与国家级科研项目6项、省市级重大科研攻关项目8项，参与制定省级标准2个，获浙江省科学技术奖二等奖、浙江省科学技术进步奖二等奖、2006年度浙江省农业科技成果转化推广奖，获授权国家发明专利11项及软件著作权2项。个人获"第九届中国土壤学会科学技术奖一等奖""全国测土配方施肥工作先进个人""全国十佳农技推广标兵""浙江省劳动模范"等多项荣誉。

## 故 事
## 第一个"知心人"

科技特派员，接触的是农民，服务的是农民。我认为，与农民成为朋友，诸多工作就好做了。但如何成为农民的"知心人"，还是需要一些方法的。在这里，我就讲讲与农民做朋友、找到第一个"知心人"的故事。

渔山畈有个种植大户叫周午福，他很早便开始承包土地，对农业也有很深的研究。我刚被派来的时候，与他交流十分困难，他对我说的话总是不屑一顾。但我没有懈怠，既改变自己，也逐渐改变他。我用自己擅长的测土配方施肥技术作为突破口，与他一起探索土地的作物土宜、肥力指标、环境因子，研究每块土地最科学合理的施肥配方，不时地交流农技推广经验……我俩在天长日久中找到了共鸣。后来渔山畈成了我主要的科研基地，周午福也成了我担任科技特派员的蹲点户。

16年的蹲点，我让他承包的基地的粮食产量从2005年的平均450千克/亩增加到2022年的751千克/亩，亩产增加301千克，增幅达66.88%；化肥成本从2005年的34.5千克/亩（纯量）降为2022年的24.9千克/亩（纯量），降幅达27.83%。化肥用量较以前减少，水稻产量每年却有增加，在这"一增一减"之间，我和他的友谊增进了，农业和科技的距离缩短了。

共同探索田间问题，成为我与农户共生合作的最好办法。这个办法让我收获了许多像周午福一样的"知心好友"，也为我打开了农技推广的新天地。

## 收 获
# 入选"全国十佳农技推广标兵"

2007年，我被选入科技特派员队伍。此后，我先后服务过2个乡镇，一个是常安镇，另一个是新桐乡。这2个乡镇过去均以农业为主导产业，属于富阳经济较为薄弱的乡镇。入驻后，我就一头扎进田间地头，用自己的专业知识帮助当地发展农业产业。我开展的测土配方施肥技术起到了很好的示范作用，并在当地得到了大范围推广，让农户切切实实地增收了。同时，由我引入的美丽经济项目更是有效地推进了当地的共同富裕。

比如，我依托杭州富阳和顺生态农业开发有限公司在常安镇杏梅坞村建立了 300 余亩高山蔬菜基地，这个基地在 2016 年入选 G20 杭州峰会优秀特供基地。通过基地带动和品牌效应，建立联结订单基地 2500 余亩，年销售产值超 2000 万元。同时，我指导的在这 2 个乡镇建立的香榧基地和油茶基地，目前均已产生效益，成为共同富裕的产业支撑。

2021 年入选"全国十佳农技推广标兵"，是我一生中最骄傲的时刻。2021 年 9 月 23 日，我与入选的其他 9 名成员一起在第四届中国农民丰收节全国主会场现场接受颁奖，时任国务院副总理胡春华亲临现场授奖。那一刻，我内心无比激动和白豪。这是对我辛勤付出的最高赞誉，也是对我坚持科技助农的永恒激励。

创 想

## 热爱是力量源泉

作为科技特派员，除了自己要有专业技术"真本领"，还得要有对这方土地的"真热爱"。

我生在农民家庭，从小就做农活，对农业的酸甜苦辣十分了解。工作后，我一直与土地打交道，与农业共成长。在我心里，耕地就像自己的儿女，我对它有一种特别的情愫；农民朋友就是我的兄弟姐妹，我对他们有着一种特殊的牵挂。

担任科技特派员的 16 年间，我不仅走遍了入驻乡镇的每一个村，拜访了每一位种植大户，更是走遍了富阳所有的建制村和几乎所有的种植基地，因此被农民朋友们亲切地称为"庄稼医生"和"活地图"。大部分种植大户碰到我，都会亲切地叫一声"蒋老师"，我们会像多年的老友一样互相交流。曾经有人问我，为什么他们对你这么热情？我说，这方土地是我一生所爱，更是我一生的情怀。因为这种情怀能孕育无穷的力量，久而久之，我对农业的热爱、对耕地的情怀，自然会让我对从事农业的人"爱屋及乌"。

再过一年，我将卸下担子，给自己的科技特派员生涯画上圆满的句号。但作为农业人，我会一辈子与农业结缘，即使退休，也会关注农业、关心农业人。我期待更多的年轻科技工作者能接上我的班，投身到科技特派员队伍中，成为帮助农民的致富能手，在满是希望的田野上书写更美的农技人生。

## 评述点赞

《浙江日报》报道：富阳260多个建制村的每一寸田地，蒋玉根都跑过了，是名副其实的富阳"活地图"。富阳每个村、每个畈，都收到过蒋玉根制订、印发的测土配方施肥明白卡，共计200多万份；全区经他手把手指导的测土配方施肥技术应用面积达1000多万亩次，富阳区早早实现了主要作物应用该项技术的全覆盖。（来逸晨、徐慧芳：《丰收节上，浙江这两位优秀农人入选"全国十佳"》，《浙江日报》，2021年9月23日）

《杭州日报》富阳记者站站长骆炳浩：在富阳采访农业种植大户时，只要提起技术上的事，他们都会说离不开蒋玉根研究员的指点。我也曾多次报道过蒋玉根研究员，见面的地方，不是在田间地头，就是在科技讲堂上。他对这方土地爱得深沉，比如无论我问及富阳哪畈田的面积数、土壤酸碱度和作物施肥配方，他都能"一口清"。蒋老师一辈子只做一件事情，裤腿上永远沾满泥土，这种精神着实令人敬佩！

新桐乡新桐村富阳昌平粮油专业合作社理事长包昌平：无论有什么事，蒋老师一叫就应，待人也特别和气，一些技术上的事我们听不懂，他会反复讲，不会不耐烦。这些年，他一直在我承包的基地上搞试验、建示范区，一年中的大部分时间都在田间地头，很多试验都是他亲手做的。通过他的指导，我从一个门外汉逐步成为行家里手，我承包的基地产量也增加了，农产品质量也提高了，经济效益也有了。

蒋玉根（左）在指导种粮大户开展水稻后期管理

# 柳海宁——"老柳"和开化的那些事

## 我的初心

我是浙江万里学院派驻衢州市开化县杨林镇的科技特派员，任科技特派员已有15年。我的初心是做好"宣传员""播种机"，让农村更美，让农民更富，"人人有事做，家家有收入"。

我生于1963年，是风景园林专业副教授，30多年来一直从事园林花卉的教学与应用。参与编制《中国杜鹃花》《中国樱花》，获浙江省科技兴林奖一等奖1项，主持制定《城市湿地公园养护管理标准》，获发明专利1项，参加选育的杜鹃花新品种有1个通过了国家林业和草原局认定，被评为第7批、第10批"浙江省优秀科技特派员"及"浙江省革命老区创新创业优秀工作者"。

## 故 事
## "去开化"变成了"回开化"

2008年3月开始，我先后被派驻到开化县苏庄镇、金村乡和杨林镇，在服务派驻乡镇的同时还考察了中村、音坑、马金等乡镇。15年来，我几乎走遍了开化的每一个角落，一有机会或信息，想到的就是能不能落实到开化，不知不觉地，在我口中，"去开化"变成了"回开化"。

刚来开化时，我就发现当地干部和农民群众对改善乡村风貌、发展经济、追求富裕有着迫切期望。但是，新品种、新技术的匮乏，市场信息的不对称，思想保守等，就像一条绳索，捆住了农民朋友的双手，也扼住了他们命运的喉咙。

我接连考察了鄞州杖锡村、诸暨枫桥镇、象山鹤浦镇，以及安吉、长兴等地，这些地方都曾经和开化面临着同样的问题，但后来涌现出了许多成功的案例。我发现，要实现农民增收、农村发展，就要靠经济来源的多元化，就要发展以特色产业和优势产业为基础的农业旅游观光产业。

针对杨林镇的特点，我提出了在保持现有主导产业的基础上，引导农民调整产业结构，以古田山、钱江源的旅游开发为依托，以花、果、药为主体，以园林化、果园化为特色，发展农业多元化经济的建议。

说干就干！我在和农民朋友宣讲理念时，第一句话就是："嘿，朋友！别听天由命，我们的机会来了！"

经过大家的共同努力，现在我们有了100余亩涵盖水蜜桃、白枇杷、杨梅、甜柿、桑葚等品种的"四季果园"，高效率利用了村里的边坡地、荒芜地。同时，在低山缓坡和村前屋后引种附加值高、方便管理的春笋和黄花菜等作物，实现了经济来源多元化。以"生产发展、生活宽裕、乡风文明、村容整洁、管理民主"20字为要求，以村道景观提升、美丽庭院打造等为切入点，根据村庄实际提出乡村未来社区规划设计的指导意见，对房前屋后菜园进行园林化和微景观改造，逐步形成山清水秀的乡村旅游、休闲观光基地。

## 收 获

# 他们喊我"老柳"

担任省科技特派员 15 年期间，我换了 3 个乡镇，每到一个乡镇，我便深入农民群众中间，了解产业结构和农民收入的主要来源，了解群众的生产、生活和发展愿望。在镇、村两级干部的支持和帮助下，发展桑葚、白枇杷、水蜜桃、甬优 1 号（葡萄）等果树；利用油茶、杉木疏林地的空间种植樱花、玉兰、南方樱桃等花果、花药两用树种，以改善林相结构，完成了"基于农业观光旅游的葡萄、白枇杷、桑葚、猕猴桃、桃形李等优良品种引种与示范"等科技特派员课题 10 个，发展春笋基地 30 余亩，建立示范基地 3 个。

此外，我还帮助部分村集体改变发展理念，调整发展模式。山甸村从原来以出售土地为主的发展模式，转变为以发展集体资产、经营集体资产、壮大集体经济为主的发展模式，农民以入股的形式参与经营管理，实现了"在家拿工资"的愿望，大大提高了幸福指数。

在开化 15 年的科技特派员经历，让我收获了许多，交了一批朋友，留下了一点痕迹。杨林的"四季果园"已陆续开始投产，给农民带来了实惠，使村容村貌有了极大的改观，并被列入浙江省第 2 批未来乡村试点单位。我也先后被浙江省委、省政府评为浙江省第 7 批、第 10 批"优秀科技特派员"，被浙江省委老区办、省老区开发建设促进会评为"浙江省革命老区创新创业优秀工作者"。

当然，最让我开心的是当我拿着工具修剪枝条时，村民朋友们都会热情洋溢地跟我打招呼："老柳来啦！"

创 想

# "退休"不"退场"

2023年对我而言是特别的一年，这是我在开化的第15个年头，也是我的退休之年。"退休"不"退场"是我对开化的承诺。在开化的15年已深深地嵌入我的生命轨迹中，关心开化、心系开化的发展，将会伴随我今后的生活，因为开化早已是我的"第二故乡"。

今后，我将继续以未来乡村建设为目标，以造场景、造邻里、造产业为建设途径，根据开化现有的条件和资源，以"绣花"功夫推进乡村微改造、精提升。在发展传统产业的基础上，利用低山缓坡和村前屋后优势，培育管理容易、附加值高的特色农产品，利用周边三清山、婺源、黄山、景德镇的旅游资源，做优做强农家乐、民宿，使开化成为周边景区的旅游中转驿站，为开化农业产业发展和乡村振兴战略尽微薄之力。

只要我还跑得动，"老柳"就还要为开化的老朋友们继续加油干！


### 评述点赞

杨林镇东坑口村党支部书记徐樟顺：柳海宁特派员派驻我们村后，给我们带来了新的发展理念、途径和方法，帮助我们新建了"四季果园"，为我们带来了果树种植管理技术和经营方法。在他的帮助下，我们村的村容村貌有了新的变化，村民的收入也提高了。

杨林镇东坑口村村委周发祥：柳教授一点也没有大学教授的架子，跟我们已经成了好朋友。他帮助我们村规划引进桑葚、奉化水蜜桃、白枇杷、甜柿等 10 余个品种，让我们农民得到了实惠。

杨林镇东坑口村文书钱正富：柳教授为我们村的发展出了很多好点子，比如村里的微景观改造等，还带我们到奉化、嵊州考察学习水蜜桃和甜柿的种植，指导我们如何进行果园管理。他非常耐心、非常细致，我们和他都很有话聊。

柳海宁（左）在向农民传授果树的夏季管理技术

# 白岩——让"梦开始的地方"成为
# "梦延续的地方"

## 我的初心

我担任科技特派员近 20 年，曾被派驻丽水、衢州等地的多个乡镇，自 2021 年起担任浙江农林大学派驻杭州市淳安县枫树岭镇大下姜联合体的科技特派员。我的初心是始终和老百姓站在一起，用自己所学的专业知识助力林下中药材产业发展，促进乡村振兴和共同富裕。

我是浙江农林大学中药学专业负责人，博士，副教授，主要从事林下中药材资源挖掘和品质调控研究。在林下种植三叶青、七叶一枝花、金线莲等药用植物研究方面取得了较大进展。主持或参加浙江省"尖兵""领雁"科技攻关项目、中央财政项目、浙江省自然科学基金项目、浙江省科技厅项目多项，发表科技论文 30 余篇，获授权国家发明专利 2 项，荣获"浙江省优秀科技特派员"和浙江农林大学"育人奖"先进个人、"我心目中的好老师"等荣誉称号。

故　事

# 牢记嘱托，续写下姜发展新篇章

2020年9月，我很荣幸地受聘为"千岛湖·大下姜"乡村振兴智囊团专家，为乡村振兴献计献策。当我得知这个消息时，我的内心十分激动，因为下姜村是习近平总书记在浙江工作时的基层联络点，[①]曾经"脏乱穷"的小山村成了人人羡慕的"绿富美"，是我心中的神圣之地。而现在，能够用所学的中药知识服务这个"梦开始的地方"，让我感到无比自豪与光荣。

次年，我担任杭州市驻枫树岭镇的科技特派员，对接葛根党建种植基地。种植基地负责人是一个很有情怀的回乡创业者，他希望通过发展葛根产业带动周边村民致富。这与我的想法"做好一个产业，带动一方富裕"不谋而合。经过几次实地调研和沟通，我们制定了从生产优质葛粉原材料到研发多元化产品、制定企业标准并建设"葛谷"养生园、开展食疗及康养项目，实现葛粉的全产业链发展，为下姜村发展构建起一个新的致富产业。

多年的科技特派员经验告诉我，我不仅是一名中药学专业技术指导人员，更是一座桥梁，一头连接我们的多学科大学，一头连接乡村的技术提升和发展需求。

针对技术需求较为紧迫的白马地瓜干、下姜红高粱酒、下姜红茶等产业问题，我请来了高粱专家，请他们为下姜村试种，找寻适合这方乡土的品种，我请来了甘薯专家和茶叶专家，请他们带来了可落地的加工技术，提高产品的质量，实现产业化生产。

---

① 窦皓、王丽玮：《浙江淳安下姜村携手邻村迈向共同富裕（喜迎二十大）》，《人民日报》，2022年10月12日，第1版、第3版。

此外，下姜村不仅是当代乡村振兴的红色典范，更是抗日战争中的革命老区。我们的智囊团组织规划专家免费为其编制白马发展建设规划，以"红绿相融，双色发展"模式，开启"红色白马，追梦之路"，创新引领白马区块红色文化及绿色产业的发展方向，促进红色旅游资源有机结合，推动乡村旅游产业集群式发展。

我和专家们一起在乡村发展规划、实用技术指导、乡土人才培训、农业科学研究、品牌建设推广等方面提供一体化、全方位的支撑，做好乡村共富路上的服务员。

收 获

## 构建服务新模式，成就"梦延续的地方"

在下姜村的村民广场上矗立着一座巨型党旗雕塑，标识着"梦开始的地方"，见证了下姜村翻天覆地的变化。我想，作为一名科技特派员，我不仅要把下姜村作为"梦开始的地方"，更要全力发挥所学所长，携手群众迈向共同富裕，推动美丽乡村从"一处美"到"一片美"至"全域美"，把这里变成"梦延续的地方"。

为此，我和团队成员一起，聚焦下姜村及周边地区的产业及经济发展，开辟构建了"1＋3"校地共建合作新模式，即"'千岛湖·大下姜'乡村振兴智囊团＋省级科技特派员＋市级科技特派员＋团队科技特派员"组成的服务模式。

团队基于大下姜及淳安区域条件和产业特征，选择三叶青、黄精和重楼为主要研究对象，针对道地药材定向良种培育、仿野生种植和林下管理，以及新产品研发中存在的产业需求和技术问题，多学科联动，共同攻关，成功申报获批浙江省"尖兵""领雁"研发攻关计划项目"'大下姜'区域林下特色道地药材生态经营关键技术研究与示范推广",实现道地药材全产业链聚力提升和高质量发展。

围绕乡村文化振兴需求,我还构建了"1＋3"科技服务新模式,即建立了"导师＋博士＋硕士＋大学生"联动的"智汇下姜"工作室,推进"红色之旅"运营,完善公共文化服务体系,多方位、立体化地探寻新型农村发展新策略。团队的相关新闻和调研报告被国家级媒体网站累计报道79次;团队中已有1人根据调研工作申请并获得教育厅专项科学研究项目资助,3人荣获"先进个人"荣誉称号,4人获推优入党,1人获得国家奖学金。

创　想

# 做好乡村共富路上的服务员

2005年,我第一次被派驻到杭州市临安区湍口镇做市科技特派员服务4年;2012年,被派驻到丽水市景宁畲族自治县九龙乡服务6年;2017年,被派驻到衢州市衢江区双桥乡服务6年;2021年,被派驻到淳安县枫树岭镇大下姜联合体服务2年……这些年来,我先后培训药农5000余人,服务基地120余个,发放资料15000余份,辐射增加林下种植面积20000余亩,近3年累计增收1500万元。近20年的乡村科技服务经历,让我对乡村充满感情,始终保持服务"三农"、关心农业的初心,尽全力服务于中药材产业的发展需求。

我将沿着习近平总书记的足迹,牢记"发扬先富帮后富精神,带动周边走共同富裕之路"①的殷殷嘱托，通过建设"专家工作站"，精准帮扶；借力"'绿水青山就是金山银山'银行"，做大增量；助推产业升级，快速发展；聚焦乡村规划，提升品牌；挖掘红色文化，发展文旅；在乡村发展规划、实用技术指导、乡土人才培训、农业科学研究、品牌建设推广等方面提供一体化、全方位的支撑，做好乡村共富路上的服务员，奋力谱写科技支撑乡村振兴的新篇章。

## 评述点赞

大下姜远宏农业科技有限公司负责人张荣朝：这几年，与白老师结对帮扶之后，我开启了很多新的思路，创建了葛根加工车间，生产自主品牌的葛根面条、葛粉、葛根酒等，还策划修建了"葛谷"旅游文化养生园，为后续进军康养产业做准备。此外，我们还参与了白老师的浙江省"尖兵""领雁"研发攻关计划项目。近期，白老师又协助我们申报博士工作站和专家工作站，积极引进人才。这些举措都有助于企业科技含量和攻关能力的大幅提升。

白马村党总支书记吴约木：淳安县枫树岭镇白马区块一带是革命老区，留下了中国工农红军北上抗日先遣队闪光的足迹。我们在 20 世纪 80 年代曾找寻过当年抗日的目击者，编印了一本《闪光的足迹》。现在绝大部分被采访的老人家都已经过世了，而这本书目前也仅存 2 本，十分珍贵。白老师知道后，帮我们将这本书扫

---

① 程海波、王亚萍：《下姜·梦想花开二十年》，《杭州日报》，2023 年 5 月 8 日，第 1 版。

描、打印、装订，制作成电子文档，分别送给镇里和村里，帮助我们保存下了这份珍贵的资料。

白岩（左）在指导农民用无人机拍摄种植园整体鸟瞰图

# 胡繁荣——让土地生"金"

## 我的初心

我来自金华职业技术学院，是被派驻到金华市金东区塘雅镇的科技特派员。"实践在田间，成果进农户，论文写大地"是我一直以来秉承的理念和宗旨。用自己的知识和技术回报农民、推动传统农业向现代农业转型、助力乡村共同致富是我最大的心愿。

我生于1965年，硕士，二级教授。担任科技特派员16年，曾荣获浙江省农业科技成果转化推广奖，获评"浙江省突出贡献科技特派员"称号，主持项目获国家级教学成果奖二等奖1项，主编高职教材7部，指导学生获"互联网＋"大学生创新创业大赛国赛银奖1项、铜奖1项，省赛金奖4项。

## 故 事

## 让土地生"金"

我是土生土长的金华人，对这片土地有着深厚的情感。2007年，我来到金华市金东区塘雅镇担任科技特派员。这是一个传统的农业大镇。刚到镇上时，我发现该镇的楼下徐村、石板堰村和金村等地虽然种植露地蔬菜的农民较多，却没有一个像样的农业基地。农民靠天吃饭，种植方式落后、科技含量低。如何推动当地的传统农业向现代农业转型，是横亘在我面前的第一道难题。

经过多天的调研走访，我发现天鹅畈有 1000 多亩连片土地，土壤肥沃、水利设施较好，非常适合种植蔬菜、草莓等作物。之后，我向镇党委政府提出将天鹅畈建成现代化蔬果基地，大力发展城郊型高效生态农业的建议。

在我的牵线搭桥下，2008 年，天鹅畈基地建设被列入金东区农林局和塘雅镇政府的重点工作。但这只是"万里长征"的第一步，要改变村民传统的种植模式，让他们从自己腰包里掏钱搭钢架大棚，这个工作难度非常大。那年的春节，我也没法安心休假，满脑子都在想该如何开展工作。大年初八，经和镇里的领导商议后，我先带着农户们去邻近的江东镇前贾村实地走访，之后以塘雅镇石板堰村两委为班底、由村党支部书记任合作社法人，组建了金华市绿天使蔬果合作社。为了彻底打消村民们的顾虑，我也以入股的形式加入了合作社，与农民结成利益共同体，与他们共担风险，这也让农户们彻底吃下了"定心丸"。当年加入合作社的村民就有数十户，到了年底，几乎所有农户全部收回了生产成本。以合作社为载体，我们还注册了"含香"商标，开展绿色食品、无公害基地认证。

上半年种草莓、番茄，下半年种莴笋、芹菜，如今的天鹅畈已经发展成为 1500 亩的大型蔬菜基地，更是成为金华市的重点蔬菜基地、省级农业示范园区、城郊蔬菜产业示范区和金华市科技特派员示范基地。村民的腰包越来越鼓，居住环境得到了大幅改善，田里的路也从泥巴路变成了水泥路，大家感激地称我为"一个让土地生'金'的人"。现在，我站在这片土地上，都会有一种深深的成就感。能给当地的百姓带来实实在在的福利，我觉得幸福感满满。

收　获

# 把"事情"当成"事业"

"做任何一件事情都要把它当成一项事业，这样就不会觉得苦，也不会累，反而会很幸福。"这是我在课堂上经常向学生传达的观点。这么多年来，我也是这么身体力行的。

当初，发动农民建设基地时，因建大棚每户每亩要投入 6000 元，很多农户都表示反对，但我用自己的实际行动证明了基地的可靠性和可行性。所谓"做给农民看，带着农民干，领着农民赚"，我从品种选用、种植到销售管理都亲力亲为，手把手指导，让当地百姓受益良多。王跃含夫妻是石板堰村地地道道的农民，不懂现代农业知识，他们露天种植的大白菜常常连每千克 0.4 元都卖不到。在我的帮助下，他们搭建了蔬菜大棚，种上了番茄、莴笋、草莓等蔬果，亩产值从当年的 4000 元提高到现在的 3 万—4 万元。这 2 年，他们的生活条件得到了很大的改善，他们不但盖起了 3 层小洋房，还在市区买了商品房。

我的辛勤耕耘给乡亲们带来了实实在在的福利。2009 年 5 月，当 2 年的科技特派员任期届满时，因为工作需要，学校希望我尽快回校工作。石板堰村的村民得知后，向镇政府联名要求把我留下。我得知后当即向学校立下"军令状"——一定做到教学任务和科技特派员工作两不误。在当地科技局的协调下，我再次担任塘雅镇的科技特派员。

今年是我当科技特派员的第 16 个年头，村民还是常跟我开玩笑："胡教授，我们铁定是不会放你走的！"玩笑声中饱含着农户对我的感情和信任，这也是我最大的收获和满足。深入田间地头，了解生产实际，是我们搞科研教学的基础；发现问题，帮助农民增产增收，是科研教学的目的。两者相辅相成。发展现代农业就是要取之于民，用之于民。我是农民的儿子，理应反哺农民！

创 想

# 科技"1＋1"让更多百姓富起来

"胡老师，有没有什么好品种呀？有没有什么好技术呀？"每次下乡，农民都会问我这些问题。我意识到，一个人的能力有限，为了更好地推动农业科技成果的转化应用，一定要让我们的专业和团队真正融入乡村中。

为此，我受聘担任金东区科学使者服务团团长，在区科技局的统一组织下，率领团队带项目到塘雅镇前蒋村等金东区 12 个乡镇街道，实行科技"1＋1"结对。教师们带项目进村入户，深入田间地头进行技术指导和技术服务，宣传"红颊"草莓、"碧绿"苦瓜、"夏玲"西瓜等蔬果新品种，推广"土壤石灰氮日光消毒""苦瓜叶芽嫁接"等新技术，帮助农民解决技术难题，指导现代农业、生态循环农业、生态环境保护等方面的工作。科技"1＋1"结对的模式不仅实现了教师进户、人才培训进村的目标，也探索建立了新型职业农民培育的有效途径，让科技与农民零距离对接，创新了基层农技推广组织形式，算是我担任科技特派员期间的一项创举。

多年里，我每周都会到蔬菜基地走走看看，为农民指导技术。我始终坚信，多干活不会吃亏，干事业永远在路上，只有不断创新、不断发展，才能把事情做得更好。让土地生"金"，让更多百姓富起来，是我们每位科技特派员永恒的追求。

## 评述点赞

*澎湃新闻报道：* 上半年种草莓、番茄，下半年种莴笋、芹菜，胡繁荣的努力给当地百姓带来了实实在在的福利。如今，蔬菜基

地的钢架大棚规模超过了500亩，塘雅镇的百姓盖起了小洋房，田里的路也从泥巴路变成了水泥路，老百姓的收入不断提升，农民感激地称其为"一个让土地生'金'的人"。(金华科协:《科技追梦人——胡繁荣：情系黄土，走在田间地头的科技人》，澎湃新闻，2019年9月4日，https://m.thepaper.cn/baijiahao_4340411）

**金华市绿天使蔬果专业合作社理事长、石板堰村原村支书曹宝新**：以前我们只种大白菜、莴笋，胡教授来了之后，给我们带来了轮作等新技术，还带动村民搞起了高效益的草莓种植。石板堰村和邻近的竹村都成了远近闻名的草莓繁苗专业村，石板堰村的村民腰包鼓了，胡教授要记头功。

胡繁荣（中）在指导农民种植草莓新品种

# 徐凯——"被需要"是使命，
## "被肯定"是目标

### 我的初心

我是浙江省派驻革命老区台州市黄岩区平田乡的科技特派员。从2010年至今，一扎根就是13年。我出身于一个普通的农民家庭，担任科技特派员的初心就是服务"三农"，"做给果农看，带着果农干，帮着果农赚"，为果树高效生态栽培模式创新和果业绿色高质量发展提供技术支撑，与果农共创致富的"甜蜜事业"。

我生于1965年，是博士、教授。30多年来，一直从事果树栽培技术研发，获浙江省科学技术进步奖二等奖等奖励5项，担任中国园艺学会杨梅分会常务理事、浙江园艺学会常务理事等职务。

### 故　事
## 让平田乡猕猴桃"无中生优"

因为热爱，我30年如一日地深耕园艺领域。为了做果农满意的科技志愿者，我几乎跑遍了浙江省所有的水果产区，奔走于果农最需要的地方服务乡村振兴，而他们致富后的"报喜"，对我而言是服务历程中疲惫与艰辛的最好"解药"。

回想起在黄岩区平田乡的科技特派员经历,最让我津津乐道的就是带着果农一起创新,共享"甜蜜事业"的故事。

平田乡地处黄岩西部山区,系革命老区乡。第一次来到平田,我震撼于发达的黄岩竟还有这样的"穷乡僻壤"。通过深入调研,我发现该乡平均海拔高,昼夜温差大,生态环境优良,是生产精品水果的宝地。就这样,我开启了平田乡猕猴桃"无中生优"的故事篇章。

平田乡本无猕猴桃,而"红阳"是我国自主选育的最好吃的猕猴桃,当我向当地果农林晓明推荐种它时,他咨询很多专家后,打了"退堂鼓"("红阳"因易感染毁灭性病害"猕猴桃溃疡病"而被很多人判了"死刑")。见他心里没底,我特地登门拜访,和风细雨地告诉他:"我已经通过'设施避雨栽培'科研试验成功防住了'猕猴桃溃疡病',你放心吧。"

看到我脸上平静而又自信的笑容,他的疑虑烟消云散,随即投资了300多万元建立了高山猕猴桃生产基地。后来,平田乡猕猴桃种植户徐伟萍告诉我,当地农民的地瓜干等土特产在猕猴桃园里都卖出了高价,猕猴桃也成了带动平田乡果农共富的"金果果"。这件事给我的最大触动就是农民最务实,科技特派员只要有真本领和硬技术,获得农民的信任和认可还是容易的。

若干年后,仍然有当地果农对我说:"徐老师,每次只要您跟我说'你放心'的时候,我就会感到'安心'。"

收　获

# "被需要"是使命，"被肯定"是目标

能被农民朋友需要，是科技特派员在工作中最值得称道的事情。2022年9月，民盟中央委员、浙江农林大学副校长徐爱俊走访调研平田乡，当问及一众果农的需求时，他们齐声回答：我们唯一的需求就是让学校继续派徐老师来这里！

农民朋友的肯定，淬炼成我胸前的"勋章"。2022年，在学校与遂昌县的科技特派员工作会议上，遂昌县果农黄海峰发言时情真意切地表示："徐老师是我们遇到的最接地气和最佩服的教授。"

我深知，"被需要"是我的使命，"被肯定"是我的目标，这更加坚定了我用科技与知识的力量带领乡亲们"富起来"的信心。

科技特派员集合成一个融会贯通的大团队。基于这个同心圆，我的朋友圈越来越大，幸福感也越来越强。与此同时，科技特派员工作与我的高校任职工作完美契合，催生了"1＋1＞2"的化学反应。我的学生在踏入这个平台后，能在实践中更为深刻地领会"懂农业、爱农村、爱农民"的内涵，助力我更好地践行作为教师"为党育人、为国育才"的初心使命。

10余年来，我每年都会带学生到科技特派员基地开展暑期社会实践等教学活动，在田间课堂厚植大国"三农"情怀、培养卓越园艺人才。同时，因为科技特派员这份工作，田间地头的实践经历成了我教学的"源头活水"，反哺了我的教书育人工作。

人生中的每一种经历、每一次打拼，最终都会在未来的某个时刻悉数回馈，我因此先后获浙江省"最美教师"提名奖及"浙江省优秀特派员""浙江省特派员先进个人"等荣誉称号。每当听到同行和同事转告"果友"们对我工作的赞誉时，我都更有干事创业的激情与动力。

创　想

# 老骥伏枥"传帮带"

虽然几年后我就要退休了，但我的科技特派员生涯不会画上句号，我对这份事业的热爱也会薪火相传。目前我的学生甚至学生的学生都已成为科技特派员，团队的大多数成员也都成了科技特派员。因为，早在几年前，我就开始聚焦"传帮带"工作，领衔成立了名师工作室，力求深度做实做细产学研协同育人。我深知，"经验"与"青春"的碰撞也是"后浪"对"前浪"的精神传承。

正因为即将退休，我的步子还要迈得更大、更快一些，要冲在时间的前面为农户们再送些"温暖"。在日后的助农服务中，还是希望自己能将解决实际问题的思路一以贯之——关注果农的切实需要，在走访中对他们的问题问细、聊深，在指导中把技术道明白、讲透彻。

我常反思，农民群体往往都很实在，如果总是把束之高阁的理论带到田间地头，那将毫无意义。所以，只有为果农们做一些"实惠"而又"接地气"的事情，才能转化为他们的实际生产力。如果书本上的知识太晦涩，那我就用新媒体技术给各地果农、花农拍摄生产技术指导微视频，编写电子手册，帮助他们为春耕复产做准备；如果农户们的信息太闭塞，那我就利用自己的假期时间，带上最新的科技资料和成果，分赴全省各地的田间地头，给农民朋友送上"热乎乎"的"科技营养餐"。

退休不褪色，余热映初心。作为一名共产党员，我深知科技特派员是我最亮的金名片。在科教强农的筑梦路上，我将一直秉持初心，把服务乡村全面振兴作为毕生的使命，始终做个快乐的"科技志愿者"，始终把"果农想干的事儿"变成"我想办的事儿"。

## 评述点赞

黄岩区平田乡原副乡长徐仙华：我和徐老师相识于2010年，他是我见过的做事最踏实、最平易近人的学者。最让我佩服的是他能用农民听得懂的简洁语言和规范动作，让村民们很快掌握杨梅、猕猴桃、枇杷等果树绿色生态高效栽培技术，很多果农都和他处成了"亲戚"，平田乡的杨梅上了央视，猕猴桃、枇杷也闻名省内外，这里面有徐老师很大的功劳。乡里为长期留住他，已建有徐凯专家工作站，我们早已把他当作自家人。

平田乡牛游塘村杨梅种植户牟同荣：我很早就听过徐老师的课，他在我们乡担任科技特派员后，我们的"师徒"情谊更深了。他总能与时俱进，把杨梅绿色生态高效生产新技术、新模式和新理念毫无保留地传授给我们，手把手帮我们致富，还让我们有底气走出黄岩开展技术服务，捧到农民技师这个"金饭碗"，去帮助一大批农民靠种果树共同致富。

徐凯（右二）在平田乡指导果农进行猕猴桃嫁接

# 寿建尧——科技"托盘"端牢百姓"饭碗"

## 我的初心

我是诸暨市农业技术推广中心派驻诸暨市山下湖镇的科技特派员。作为科技特派员，我的初心是学农爱农、为农服务，让农民多种粮、种好粮，把中国人的饭碗牢牢地捧在自己手中。

我 1983 年毕业于浙江农业大学，是二级研究员。40 年来，我一直从事粮油技术的试验研究和示范推广工作，主持和组织实施水稻、油菜等省部级科研项目 19 个，打破和创造了水稻示范方和攻关田浙江农业之最纪录 17 项次，先后获科技类奖项和农业丰收奖 56 项，获国家发明专利 15 项。

## 故　事
## 得偿所愿"抢"名额

诸暨的科技特派员工作是从 2003 年开始的。前 2 批我都失之交臂，终于在第 3 批的时候才得偿所愿，"抢"到名额。

我记得，在离报名截止期限还剩两三天的时候，我赶去办公室报名。同事告诉我，已经超额了，可以等以后再报。我一顿死缠烂打，终于"挤"上了"末班车"。但我心里感觉还是没底，果然，在最终确定上报名单前，领导来找我做思想工作："老寿啊，那个科技特派员的工作，你要不别参与了？"

"不行，我之前已经错过 2 次了，再不参加，以后恐怕没机会了。"我立马回绝。

"你都快 50 岁了，又是副主任，本身工作就很忙，还是把机会留给年轻人吧。"

"正因为年纪不小了，我才不能让。其他的荣誉我本也不喜欢争，但这个我真的不想放弃。你我都知道，科技特派员跟我们平常的农业科技工作不一样，是省委为加强农业农村工作而做出的重要举措，是更深入、更靠前、更务实的工作，要深入农村第一线，长年累月地和农户们在一起，让科技真正地服务农户、助力农户，况且它可以摒弃外围一切干扰因素，坚持把一件事做实做深，这不是刚好与我这个'技术痴'高度吻合吗？领导，我诚恳地请求，给我一次机会。"

经过领导的考量，我最终拿到了名额。后来，我无数次庆幸当时的努力争取。也正是那番据理力争的谈话，开启了我从事科技特派员的旅程，而这段旅程也点亮了我心中追逐的梦，让我不再留有遗憾。

收　获

## 田间地头插旗帜

作为一名农业科技工作者，我常年扎根在田间地头，用自己辛勤的汗水凝聚智慧的结晶，真正践行了"把论文写在大地上，把成果留在百姓家，把科技的旗帜插到田间地头"的理念。

2009 年，我被选派到山下湖镇担任科技特派员，这一干就是 15 年。15年如一日，我带着技术奔走田间。时常面对面与农户交流种植经验，手把手地示范辅导先进适用技术。我还利用自身技术优势和培训资源，通过培训观摩、田间演示等多种形式，开展技术指导和政策宣讲。功夫不负有心人，我蹲点指导的山下湖镇建成了西泌湖现代粮食生产功能区义燕核心区。这是诸暨市按照粮食生产功能区建设标准建成的第一个粮食生产功能区，也是全省第一个通过省级认定验收的粮食生产功能区。其粮食生产水平明显高于周边田块，成为全省粮食生产功能区建设的样板。

在与水稻"深度对话"的这些年里，我也做了不少科研，成果颇丰。例如，我参与的部级项目"超级稻示范推广"获 2010 年度浙江省农业丰收一等奖和绍兴市农业丰收一等奖；省级项目"甘薯优异种质创新及应用"获 2013 年度浙江省科学技术进步奖一等奖。我参与的水稻示范项目打破和创造了浙江农业之最（浙江农业吉尼斯纪录），成为粮食生产工作的亮点，至今使诸暨市保持 5 项省水稻浙江农业之最（浙江农业吉尼斯纪录）。

创　想

## 永做牢固的"托盘"

粮食种子和生产技术就像我们的"饭碗"，而我们农业技术人员就像端着饭碗的"托盘"。为了全国人民的饭碗，我要做一个牢固的"托盘"，把饭碗稳稳地端在我们自己的手上。

我当科技特派员以来，感受最深的就是和农民的距离近了、感情深了。之前下村，山下湖的村民介绍我是"市里农技中心的寿主任"。后来下村，村民们称呼我是"伢山下湖的特派员、农技专家"。一个"伢"字，瞬间拉近了我们的距离，我也由"他人"变成了"家人"。第一次听到这个称呼的时候，我感觉一股暖流涌进我的心田。"值，太值了，我来对了。"我在心中对自己呐喊。

忙碌的时间总是过得很快。2022年9月，我退休了，我的科技特派员生涯也画上了圆满的句号，但我作为农业技术人员的使命不会停止。直到今天，我依然心系山下湖，在退而不休的路上秉持科技特派员的初心——为他们端牢这个"托盘"，通过自身的科研特长助推粮食生产，让农户过上更有盼头的日子。


## 评述点赞


山下湖镇新桔城村种粮大户詹正锋：寿主任是个好人，我们村民都喜欢他，他来这里实实在在地干事，在我们村待了很长时间，手把手帮我们种稻，我们已把他当作自家人。

山下湖益飞家庭农场场长黄益飞：寿主任成为我们镇的科技特派员后，我们山下湖的名气更大了。山下湖镇不但是珍珠之乡，还成了省粮食生产功能区，成了全省的样板。

寿建尧（左二）在与农户交流水稻种植技术

# 陶正明——始终怀揣"两颗心"

## 我的初心

　　我是浙江省农科院亚热带作物研究所派驻温州市文成县的科技特派员，曾任省中药材团队科技特派员首席专家。作为一名科技特派员，我的初心是"科技助农、共同富裕"，为山区百姓脱贫、致富和共富贡献力量。

　　我是"70 后"，中共党员，研究员，从事中药材研究与技术推广工作 20 多年，任省中药材产业技术创新与推广服务团队专家，获省部级成果奖 3 项，主持制定省级地方标准 3 个，选育中药材新品种 4 个。

## 故　事
## 从犹豫不决到"说干就干"

　　2011 年 3 月，我们科室下派文成县玉壶镇的省科技特派员李林老师即将退休，所领导动员我去接替他的工作。当时我还很犹豫，心想：去担任科技特派员会不会影响自己的科研工作呢？所长的一番话打动了我，他说，这么多年你一直在文成从事中药材的科研和推广工作，对文成的中药材产业情况非常熟悉，而且李林老师之前的工作为你今后开展科技服务奠定了扎实的基础，相信担任科技特派员一定能为科研成果的示范推广提供更好的平台。于是，我欣然接受了。

如何继续做好中药材产业的科技服务工作？是站在前人的成绩上原地踏步，还是开展开拓创新性的工作？这些成了我上任后思考的主要问题。为此，我主动与当地科技部门和企业展开探讨。通过广泛调研，我发现，制约文成县中药材产业发展的主要因素是规模小、效益差和缺品牌。只有扩大种植规模、优化品种结构，才能更好地帮助文成中药材产业走上可持续发展之路。

说干就干！我立即对接了浙江星坪中药材种植有限公司，新增340亩中药材种植基地，引进了"温郁金1号"等新品种，建立50亩中药材良种繁育基地，同时扩大中药材科技示范基地的规模，带动周边地区农户发展中药材产业。

玉壶镇角山村生态环境优良，中药材种植基础良好，非常适宜发展以中药养生为特色的生态农庄。2013年，我帮助浙江星坪中药材种植有限公司建成温州第一家以中药养生为特色的农庄，通过打造中药养生园，该农庄先后被评为省中医药生态旅游基地、温州市森林康养基地，并争创3A级景区，以产业振兴壮大村集体经济，带动全村致富。

从犹豫不决到扎根山区12年，我用自己的专业知识帮助玉壶镇发展中药材产业，为欠发达地区的农户开启了一扇扇致富之门。2013—2017年期间，我还担任了浙江省中药材团队科技特派员首席专家，服务整个文成县中药材产业。我的干劲越来越足。

我想，我已经深深地爱上了这份工作！

收 获

# 一颗"爱心" 一颗"用心"

在担任浙江省中药材团队科技特派员首席专家5年和浙江省个人科技特派员12年的时间里，我走遍了文成县田间地头，努力把科技送到群众手中。面对"菲特""灿鸿""苏迪罗""利奇马"等强台风，以及严重低温、高温干旱等极端灾害天气，我提早做预案、积极应对，用科技抗灾，把农业减产和农民损失降到最低。

2020年新冠疫情初期，我第一时间编写了《农业生产先进适用应对技术手册（新冠疫情防控急用）》"中药材春耕技术要点"，并将该手册通过微信发送给文成县相关农业企业和专业合作社，对中药材春耕生产进行技术指导。疫情期间，我还多次通过电话、视频等线上方式，指导文成县中药材种植、水肥管理、病虫害防治等关键技术，为农户们送上"定心丸"。

在我的帮扶下，玉壶镇中药材种植面积从300亩增加到7500亩，年产值从120万元增加到4800万元。玉壶镇角山村从产业薄弱村变成中药材产业特色村，并发展起中药旅游。文成县建立了金银花、温郁金、黄栀子、浙贝母、铁皮石斛、黄精等中药材核心示范基地10个，面积3500亩，辐射推广1.5万亩，新增产值近亿元，累计技术帮扶企业50家，培训农民1500人次，实施科技项目22项，争取项目资金1000多万元，农民年人均增收5000元，社会、经济效益显著。

作为一名科技特派员，我觉得要怀揣"两颗心"：对农业、农村、农民的"爱心"，对科技服务工作的"用心"。

真心真情的付出，让我获得了"科技特派员制度实施15周年'浙江省成绩突出科技特派员'"及"浙江省优秀科技特派员""温州市优秀科技特派员""文成县最美科技特派员"等一系列荣誉称号。在此期间，我的科研工作也收获满满：我担任了浙江省"十四五"中药材新品种选育协作组副组长，被浙江农林大学聘为中药学研究生导师；主持浙江省"十四五"中药材育种重大科技专项课题；成果获得梁希林业科学技术奖二等奖 1 项和浙江省科学技术进步奖三等奖 2 项、浙江省自然科学奖三等奖 1 项；选育中药材新品种 4 个；主持制定发布国家级团体标准 1 个、省级地方标准 4 个。

创　想

# 始终怀揣"两颗心"

如何当好一名科技特派员，也许每个人都有不同的诠释。12 年的科技服务工作使我体会到了山区发展急需科技、人才和信息，感受到了科技支撑的力量，更让山区群众看到了科技致富的力量。

文成县是典型山区县，也是浙江省加快高质量发展的山区 26 县之一。下一步，我将根据文成县的现实条件，充分利用山区丰富的林地资源，发展林下经济产业，以中药材生态种植为抓手，以产地深加工为突破，解决产业在规模、效益和品牌等方面的瓶颈，促进文成县中药材产业技术升级，不断实践"绿水青山就是金山银山"理念。

作为一名农业科技人员，我做到了懂农业、爱农村、爱农民，不断提升科研创新水平，为科技服务提供更多更新的技术和成果。作为一名科技特派员，我将始终怀揣科技助农的"两颗心"，坚守不忘科技助农的初心，牢记共同富裕的使命，把科技送到山区群众的手中，为山区百姓送去脱贫、致富、共富的强大力量。

### 评述点赞

文成县科技局原局长吴昌银：陶正明老师工作积极主动、兢兢业业、锐意进取。他以实施科技项目为契机，经常深入基地，调研指导，积极参与抗台救灾工作，当好科技参谋，帮助全县发展中药材产业，打造中药养生文化园，对农户发展中药材产业起到了示范带动作用，得到了当地干部群众的充分肯定与一致认可。

角山村党支部副书记朱进洪：自陶老师到我们村担任科技特派员以来，村里的改变非常大，从无产业之村变成中药材产业特色村。他带动了全村发展效益农业，解决了全村100多人就业，使村里户均增收6520元。他帮助村企业走向规模化，产值从800万元增至2500万元，还帮助企业制定了企业标准。我们都很感谢他。

陶正明（左二）在指导中药材金银花种植

# 张金枝——让家地人日子越来越甜

**我的初心**

　　我是浙江大学派驻丽水市景宁畲族自治县家地乡的科技特派员，从 2010 年开始，一干就是 13 年。作为科技特派员，我的初心是利用专业特长为乡村振兴和共同富裕贡献自己的科技力量。

　　我是浙江大学研究员、浙江省"151 人才工程"第二层次培养人才。现为中国畜牧兽医学会养猪学分会常务理事、中国畜牧兽医学会家畜生态分会理事、浙江省畜牧兽医学会秘书长、浙江省畜牧产业技术创新与推广服务团队专家、浙江省肉类协会专家等。

故　事

## 第一次家地行

　　2010 年，我作为第 8 批浙江省科技特派员，被派驻到了景宁畲族自治县家地乡。从犹豫不决到扎根山区 13 年，要说印象最深的，还得是初次去景宁家地乡的情景。

　　景宁地处偏远，是浙江省山区 26 县之一，而家地乡更是在距离景宁城区 60 千米的高山之中。2010 年的时候，丽水景宁还没有开通高铁、高速公路，只有乘坐大巴才能抵达家地乡：从云和县下高速后，不久就沿着山不停地盘旋，走了很久才到景宁县城，之后还得经过近70分钟的车程才能下车。科技特派员工作是一份神圣的工作，能成为其中一员，我欣喜不已，因此一路上精力充沛，竟然一点都不觉得累，欣赏着绿水青山。

然而，越往大山里开，我的心情越沉重。大山一座接着一座，盘山公路高低起伏，一直通向大山深处，许多地貌还保持着原始状态。等真的踏上这片土地的时候，我才对家地乡有了更深的第一印象：偏远、落后、人口稀少、山高林密、资源匮乏……如果不是亲身体验，可能真的无法体会到那种说不出的滋味。

到了乡里，接待我的吴书记一边热情地与我握手，一边和我介绍起了发展现状和痛点：家地乡青壮年劳动力70%以上外出务工，只有老人小孩留守，林地面积69897亩，人均30亩，森林覆盖率87.8%，村民有放养山羊的习惯……

"家地乡到底发展什么产业好？""这些留守村民在这么山高路远的地方，怎样才能脱贫致富呢？"畜牧专业出身的我，带着这些问题，深入调研考察各村的产业情况，最终决定先抓好山羊的无公害养殖，助农增收。农户们一听，都觉得有奔头、可以干，连连说好："张老师，您可给我们帮了大忙啦！"

作为一名农业科技工作者，用知识武装自己，为农村发展多做贡献，是我该做的事。如今，村民们的精神比之前更加饱满，干起活儿也更加有劲儿了。

## 收 获

# 成为荣誉村民，比什么荣誉都重要

作为一名科技特派员，我时刻牢记并践行着习近平总书记"把论文写在田野大地上"的嘱托，在田间地头给农民们带来收益。2010—2016年，我在家地乡深入推广山羊品种改良、山羊饲料资源开发、山羊圈养等技术，彻底改变了"靠天养羊"的落后生产方式，让乡亲们享受到科技带来的红利：全乡山羊养殖规模由2010年的800头提高到了2016年的3000多头，山羊养殖业初具规模，养羊农民的年增加收入超过120万元，"无公害山羊"成为丽水市农产品的一张亮丽名片。

然而，大规模圈养山羊需要大量的人力、物力和资金，不适合家地乡的长远发展。2016年开始，我们转向发展空中畜牧业——中蜂养殖。说干就干，乡、村干部带头养殖，逐步验证了我的发展路子。"张老师，中蜂养殖这条路子真的走对了，现在每年产值有四五十万元，慕名而来的买家也越来越多。"每当我走入合作社了解最新进展的时候，农户们总会激动地道谢。

如今，随着设施不断更新、技术不断进步，家地土蜂蜜已成为"景宁600"畅销产品。全乡中蜂养殖由原来的不足200箱增加到近4000箱，留守群众人均超10箱，实现产值450万元以上，实现村民精准脱贫。

这些成绩的背后，是持之以恒的技术服务：从统一代买种蜂、为蜂农购买蜂箱，到去蜂业研究所寻找科普材料、为蜂农购买养蜂技术书籍；从为群众引荐浙江省农科院和浙江大学蜂专家为蜂农做技术培训，到联合2家中蜂养殖合作社率先建立中蜂养殖和繁殖基地，不断扩大养殖规模；从传统低效率的桶养模式到活框养殖，再到浅继箱养殖……一桩桩、一件件，我都主导、参与其中。

我也由此先后获得了"浙江省科技特派员工作成绩突出个人""'丽水山耕·景宁 600'富民强村工程特邀专家""2014 年丽水市优秀科技特派员""景宁县优秀科技特派员"等称号，获评浙江省农业科技成果转化推广奖等奖项。除了这些，有一项荣誉让我感受到了最大的幸福，那就是 2022 年家地乡政府授予我家地乡"荣誉村民"称号！

创 想

# "蜂味"越来越浓，日子越来越甜

如今，家地乡中蜂产业蒸蒸日上，中蜂特色小镇的建设也独具特色，家地乡已建成丽水市首个中蜂体验园和科普基地，蜂蜜品质和品牌影响力越来越大。2017 年以来，家地乡每年举办一次"割蜜节"活动，不仅弘扬了蜜蜂文化，提高了家地土蜂蜜的知名度，同时也提升了家地乡村民的幸福感。家地的甜蜜家宴、甜蜜广场的修建也为村民津津乐道。

爱农业，爱农村，爱农民，才能爱付出，爱奉献。看着家地乡发展得越来越好，我的内心也越来越甜，因为家地乡就是我成长的家乡、扎根的土地！目前，我继续被派驻到家地乡，开展浅继箱养殖新技术推广，带头开展新技术示范和应用。同时，也继续深入挖掘家地蜂蜜的特色和优势，与浙江大学蚕蜂研究所合作，开展中蜂蜜的理化指标检测、抗氧化性能检测和抗生素残留检测等。

今后，家地乡"甜蜜的事业"会越来越好、越办越红火，同时，我也将结合畲乡特色，进一步挖掘家地蜂蜜特色和文化内涵，让家地乡的土蜂蜜越走越远，家地越来越美，"蜂味"越来越浓，日子越来越甜！

## 评述点赞

石壁村原党支部书记张克忠：从张金枝老师指导山羊的品种改良开始，到标准羊舍的改建，我逐渐掌握了科学养殖技术。合作社生产的无公害山羊肉非常受欢迎，供不应求。我也由一名地地道道的农民当上了村干部。我发自内心地感谢张老师对我事业的帮助和指导，没有张老师带来的技术和项目支持，就没有我今天的一切！

家地百花蜂业合作社社长吴春美：我家在家地乡养殖中蜂算是最早的，也是在当地最早引进活框养殖的。2016年乡里开始中蜂养殖的时候，张老师为我们带来了中蜂养殖技术资料，联系省里的养蜂专家为我们蜂农开展技术培训，张老师还指导我们开展成熟蜜生产。特别是她送我们的中蜂病虫害绿色防控手册，解决了我家蜂箱的巢虫问题。

张金枝在家地乡查看中蜂浅继箱养殖效果

# 王轶——串起"金佛手"致富产业链

## 我的初心

我是金华市农业科学研究院派驻到金东区赤松镇的科技特派员。我的初心是通过科技赋能，把金华佛手这一具有鲜明地域特色的地方特产打造成老百姓的"开心果""致富果"。

我是"80后"，高级农艺师。自参加工作以来，在特色花卉林果研究领域取得多项成果，获得浙江省科技兴林奖二等奖2项，先后培育佛手新品种4个并获得农业农村部植物新品种权。

## 故 事
## 微型盆栽结出"致富果"

金华有着近千年的佛手种植历史，素有"中国佛手之乡"的美誉，现有种植面积超3000亩，主要集中在赤松镇。作为国家地理标志产品，金华佛手色泽金黄、香气独特、药食同源，蕴藏着深厚的文化价值和经济价值。农户种植过程很辛苦，但精品意识不强，市场上的产品质量参差不齐，这极大削弱了金华佛手的品牌打造力度。如何做强佛手产业，擦亮本地佛手"金招牌"，让佛手鼓起农民的"钱袋子"，成为名副其实的"金佛手"，是我这些年来不断思索的问题。

记得 2014 年，我刚被派驻到赤松镇，在调研中发现佛手虽是当地特产，但真正在家里种植佛手的人很少。这和佛手多为地栽、高度或达 1 米有关。我有时会看到农户把带着枝条的佛手果插在花盆里售卖，相比传统盆栽，其体积小且美观，但插在土里的单果是没有根系的，并不能放置太长时间。我就想，能不能在佛手的观赏性上做文章，通过实实在在的坐果实现佛手盆栽小型化，从而提升产品价值？我找到当地具有多年佛手种植经验的老农户方伟新，当时他主要做大型佛手嫁接果，在我提出种植微型盆栽的建议后，他感到十分为难。在他看来，小型盆栽不好养，技术难度大，实在不敢冒险。经过我的多次科普和耐心解说，方伟新决定抱着试一试的态度小范围种植。

没想到这一种就种了 5 年。第一年，我们把青果嫁接在佛手 2 年苗上，发现树体完全可以供给佛手果养分，这也坚定了我们继续往下干的决心。但我们也发现，佛手微型盆栽管理和传统的盆栽管理有着很大差异，特别是在水肥管理上，如果按照老办法极易出现涝害、烧苗等情况。接下来几年，我围绕佛手品种筛选和专用品种选育、佛手微型盆栽水肥精准管理开展了一系列研究。到了 2019 年，我们终于培育出了原生坐果佛手微型盆栽，实现了从"0"到"1"的突破，种植面积也从刚开始的 1 亩扩展到了 15 亩。

我们培育出来的佛手微型盆栽大小只有 15—20 厘米，高度仅为传统盆栽的 1/3，体积为 1/10，具有占地面积小、培育周期相对较短、观赏时间长、便于网络销售和市场流通等优点。经过矮化处理的盆栽外观雅致、小巧可爱，放在办公桌上、茶几上都是一道亮丽的风景，应用场景广泛，市场前景良好。而且对农户来说，以前一大盆的价格才 30—40 元，现在种佛手微型盆栽，品相好的一盆可以卖到 300—400 元，同时能极大地提高设施大棚的利用率，单位面积效益提高 2 倍以上。

收　获

# 产业链条开拓"新玩法"

收益有了保障，农户们不仅大规模种植，还开始了各种尝试。浙江金佛手生物医药科技有限公司是当地最大的佛手精深加工企业，在与公司总经理张宏明的交流过程中，他提出，金华佛手要做大做强，一定要发展高附加值的佛手加工产品。我俩一拍即合，就佛手产业发展展开了深度合作，着手开拓佛手的"新玩法"。

我们将金佛手产品从原有的蜜饯、饮料的初级加工拓展为深加工产品，开发了佛柚复合果汁饮料、金佛手果酱、金佛手酒、金佛手醋等一系列产品。为了能让越来越多的年轻人接受佛手、爱上佛手，佛手汽水、佛手咖啡、佛手冰激凌也应运而生。甚至在日化领域，我们也开发出了洗发水、沐浴露、精油等佛手衍生产品。

佛手产品的热销也带动了当地佛手产业的发展。越来越多的佛手种植户不再满足于单纯的马路交易、花市销售，而是将小小的佛手扩展成了种植、科研、销售、加工等一条龙产业链，甚至向文旅方向拓展。占地500亩的锦林佛手园，从一个佛手种植基地发展成金华市首个"全国休闲农业与乡村旅游示范点"。

传统佛手产业的转型升级让村民们的收入不断增加，佛手成为助力当地乡村振兴的"致富果"。我们通过4村结对，打造"携手共富"党建联建，共同建设了现代化佛手精品种植基地，将鲜果的年产量提高到了1000吨，4个村集体经济经营性收入达560万元，其中，龙头村北山口2022年佛手产业年收入超过8000万元，人均可支配收入达5万元，一举从"薄弱村"迈入村集体经济收入百万村行列，真正走出了一条因村制宜、强村富民的特色发展之路。

创　想

# 做精做强亮出"金名片"

习近平总书记在 2022 年中央农村工作会议上指出："产业振兴是乡村振兴的重中之重，要落实产业帮扶政策，做好'土特产'文章。"佛手作为"金华三宝"，是当地最有辨识度的"土特产"之一，而通过与科技的"碰撞"，这款历史悠久的植物再度焕发了"新生"。

这些年，我多次被评为浙江省、金华市优秀科技特派员，金华市"千团联千村"共建共富行动优秀典型。但最让我开心的不是这些荣誉，而是我和当地乡镇、科技部门通过共建共富联盟、增强农业科技供给能力、打造核心示范基地、新农人培训赋能等举措，有效推动了金华佛手产业与文化、教育、康养、旅游等深度交叉融合，形成"佛手＋"多业态共同发展态势，实实在在地为金华佛手产业发展出了一份力。

下一步，我将针对金华佛手产业现状和薄弱环节，继续做好科研工作，依托金华佛手综合利用开发专业实验室，创建产学研结合的产业联盟，深度挖掘金华佛手的特征功能因子和特殊香气成分，为金华佛手高值化利用提供理论依据和数据支撑，实现金华佛手产业发展破局。

同时，我还要充分发挥科技特派员的桥梁作用，积极搭建平台，拓宽合作渠道，让越来越多的人加入这一"芳香"事业，把佛手产业做精做强。在打响佛手"金名片"的同时，促进农民收入稳步提升，为乡村振兴和共同富裕赋能助力，让金佛手真正成为金华人民的"开心果""致富果"。

## 评述点赞

金华市金东区赤松镇农业农村综合服务中心主任金振：王轶是我们这里的"老"科技特派员，做事情很扎实，对佛手产业也有自己的想法。

金华市金东区赤松镇华源佛手专业合作社社长方伟新：我很早就认识王轶了，我们和家人一样相处。他鼓励我们种植佛手微型盆栽，使我们的年收益从10余万元变成30余万元，我很感谢他。

王轶（右）在现场指导盆栽种植

# 李因刚——磨好"科技富农"这把剑

## 我的初心

我是浙江省林业科学研究院派驻丽水市云和县紧水滩镇和结对服务长兴县花卉苗木产业的科技特派员。都说十年磨一剑，当了10年科技特派员，我的初心是磨好"科技富农"这把剑，让农民的钱袋子鼓起来、笑容多起来。

我是林学博士，研究员。工作20年来，主要从事林木新品种选育研究与推广工作。作为第一完成人制定省级地方标准1个，获授权发明专利2项，育成彩色树种国家植物新品种、省级林木良种9个；作为主要完成人获梁希林业科技进步奖二等奖1项、浙江省科学技术进步奖三等奖1项。

### 故 事

## 快来吃西瓜啊

我生在农民家庭，是个地地道道、土生土长的农民儿子，后来上了农校，进了农门，干了农业，20年来一直在田间地头奔走，和土地打交道，和农民交朋友。所以，得知省里要选派新一批的科技特派员，我毫不犹豫报了名，希望能够通过自己的专业技术特长，为偏远山区的百姓尽一份自己的力。2013 年，我作为省科技特派员被选派到云和县。

尽管承担科研项目时也有过下基层、跑基地、采样品的经历，但这份特殊的工作、全新的使命，对于我来说也是个不小的挑战。为了尽快熟悉工作，上任的第一天我就换上胶鞋，带上资料，跟着分管领导走村入户调研走访去了。

但是村里的农户们却不买账。10 年前的我，还是个毛头小伙子，那时村里人见到我都犯嘀咕，这么年轻，能懂些啥？说实话，面对这些质疑，我心里还是有些沮丧的，但是作为科技特派员，不就是要"做给农民看，带着农民干"吗？真心换真心，只要我弯下身子干，一定能得到他们的认可。

渡蛟源村孙克宝家种了 68 亩油茶，但是产量却始终上不去。看到我在村里调研，便抱着试试看的想法找到我，希望我能给他家的油茶树"把把脉"。其实，他的这个问题并不难解决，我当即给他开出了"垦复修剪"的药方，让他对 68 亩老油茶地进行垦复、修剪和施肥。药方开出后，我也时不时去他的田里看一看，跟他讲一讲具体的操作方法。第二年 11 月，我再到渡蛟源村的时候，孙克宝拉着我，指着满院子的油茶果，乐呵呵地对我说："李老师，幸亏听了你的主意，你看，我家今年的油茶果比以前多多了，场地都晒不下了。"

大牛村的张安定有块油茶山，本该处于盛果期，但由于品种选择不当，亩产油量不到 10 千克。了解到情况后，我为他制订了高接换种的办法，把壮年的油茶树品种改造为长林 40 号，亩产量达到了 40 千克，现在的他见到我，总要热情地拉着我去他家里喝杯茶。

田垟村的叶雄伟新种了几百亩油茶，可新油茶种下去要 5 年以后才能挂果、产生经济效益。他找到我说："我这油茶每年得除草施肥，现在光有投入还没油茶果采。李老师你是林科院的专家，有啥好办法吗？"为了解决他的问题，我特地咨询了单位里的资深技术专家，综合考虑后，给叶雄伟带来了套种西瓜的复合经营模式，这样不但能够减少除草的劳动力支出，西瓜的产量还能达到每亩1200千克，也是一笔不小的收入。当时，我坚持每月从杭州赶到田垟村手把手教授种植技术。现在每到西瓜成熟的季节，叶雄伟总乐呵呵地打电话给我："李老师，快来吃西瓜啊。"

我与当地老百姓之间的感情，就在这一件又一件的小事中慢慢建立了起来，村民的收入也越来越高。现在，云和县已经建立了油茶低产低效林改造示范基地236亩，辐射推广5000余亩，基地的油茶产量提高至每亩20千克，比实施前增产50%以上；在油茶幼林下套种西瓜，亩增经济效益2200元。

## 收 获

# 免费送专利　全县增效益

湖州市长兴县是全国著名的花木之乡，花木面积25.35万亩，是香樟和梅花的主产区。20世纪90年代，经历了"地瓜革命"的长兴人，尝到了一棵香樟比一亩地瓜赚钱的甜头，放下锄头拿起铁锹的苗木人至今已过8万人，辉煌时期亩年均收入超2万元。然而，近些年，由于香樟的种植门槛不高，同质化严重，林农的亩年均收入下降到不足1万元，人人都在等待转型契机。

2013年，我在成为个人特派员的同时，还被选为团队科技特派员，服务长兴县花卉苗木产业。一到长兴，长兴县花卉苗木协会的负责人就找到了我，希望我能给长兴香樟产业的转型想一条出路。

通过前期调研，我发现，长兴的香樟产业主要存在培育技术落后粗放、缺乏标准化种植方式等问题。而我作为第一完成人的发明专利"全冠绿化容器大苗快速培育技术"刚好可以解决这个难题，使用这种新技术后，香樟苗木收益可以达到传统地栽苗的 2 倍以上。综合考虑后，我决定把这个专利免费提供给长兴的苗木企业使用。

如今，这项技术已经在长兴进行了示范推广，覆盖面积占全县樟树苗培育面积的 20%，累计为苗农新增效益 6.8 亿元。现在，熟悉我的苗农碰到我，总是拉着我的手说："李老师，你给我们的技术，真的管用、好用！"

创 想
# 向下一个 10 年进发

2023 年是我担任科技特派员的第 10 年。10 年里，我收获了当地农民的信任与认可，也看到了生产一线的现实需求。我将这些需求带回实验室、带到试验苗圃，积累了大量实验数据，把论文写在了田野大地上，总结形成了技术体系，育成了新品种。这些工作不仅帮助农民实现了增收致富，也让我个人从最初的团队成员成长为团队科技特派员的首席专家。我还荣获了 2019 年度第 13 批省优秀科技特派员、全省林业技术推广突出贡献个人等荣誉称号。

把论文写在田野大地上，把青春献给"三农"事业，这是我作为一个农民儿子的担当和情怀，也是我始终不舍的初心。脚下的田坎也许并不宽，但很长很长，我会永远走下去；脚下的土地也许并不平，但充满绿色希望，因为我知道，自己洒落的每一滴汗水都会滋润一棵棵小苗快乐成长，最终绽放丰硕的金黄。

下一个 10 年，我将在派出单位浙江省林科院专家团队的支持下，继续脚踏实地服务林农、林企，为云和县油茶、香榧等特色经济林的发展精准把脉，精准施策，让山区林农的钱包更厚实；我将与同事们潜心研究，育成更好的林木良种，支撑苗木的品种化升级；我将结合苗木产业现状，引进苗圃专用机械，减轻苗木从业者的劳动强度；我将推广精准施肥施药，降低苗木的培育成本，为花卉苗木的高质量发展、继续保持行业内的示范引领地位做出贡献。

## 评述点赞

长兴县林梅苗木专业合作社党支部书记胡孙坝：我们支部的党员都是苗木带头人，他们都认识李老师。李老师提供给我们免费用的香樟容器大苗培育方法很好，让我们的收益翻了番。希望李老师多来指导，让我们的红梅苗也能卖个好价钱。

长兴县水口乡徽州庄村金裕焕：我认识李老师快 10 年了，他几乎每个月都来我们这里指导。他没有省里专家的架子，每次来，他都耐心地传授苗木管理的各种细节，并且带着我和工人师傅一起干。他是我的引路人，在他的指导下，我苗圃里的苗更值钱了。

李因刚在油茶林下查看西瓜生长情况

# 张晓勉——扎根青山闯出林下共富路

## 我的初心

我是浙江省林业科学研究院派驻金华市磐安县双峰乡的科技特派员，从 2013 年至今，连续 10 年为磐安县开展科技服务工作。作为科技特派员，我的初心是发挥专业特长，促进林农林企增收，助推共同富裕。

我是"80 后"，2008 年从南京林业大学毕业后一直在浙江省林科院工作，是副研究员、博士，研究领域聚焦于森林生态、林下经济，已完成国家及省级科研项目 15 项，发表论文 40 余篇，参编专著 4 部，获得梁希林业科学技术奖三等奖 1 项、浙江省科技兴林奖一等奖 2 项。

## 故 事
## "30" 遇上 "30"

当 30 年食用菌种植大户遇到 30 岁林业博士，会擦出怎样的火花呢？这个问题在我第一次见到包金亮的时候就萌生了。

那一年，我 30 岁，刚作为省派科技特派员来到磐安县双峰乡。磐安是

"中国香菇之乡"，鲜香菇出口量占据全球 1/3，具有较高的知名度。彼时的包金亮是磐安县山之舟生态农业有限公司的总经理，在大棚里种植了近 30 年的食用菌，已然是一名资深的种植大户。

那个时候，刚迈入而立之年的我，以科技特派员的新角色，正在思考"以何立、何以立"的问题。作为一名林业博士，搞林下经济是我的拿手好戏，但是当时以香菇为代表的食用菌主要是田间大棚种植。如何将农业的食用菌与现代林业进行嫁接，进而延伸食用菌产业链、助农增收，这是一直困扰着我的难题。为此，我做了不少功课，也走了很多弯路，终于探索出了林下发展食用菌的新路子，但是急需落地实践。

俗话说"瞌睡遇到枕头——正是时候"，正当我发愁的时候，包金亮找到了我，要求提供技术指导。这位种植大户在踏出转型发展第一步的时候就遭遇了不小的技术瓶颈，传统的田间大棚栽种占用农地，现代的工厂化栽培在土地和工厂建设上又是一笔不小的开支。"还有更好的栽培模式吗？"这个问题让他辗转反侧。

"种食用菌你比我懂，如果你有兴趣搞林下经济，把食用菌种到山上，我可以帮你！"听了我的话，包金亮顿时眼前一亮。我们两个一拍即合，后续我就申报了科技特派员项目"基于生态循环工艺的食用菌林下近野生栽培技术示范与推广"。

就这样，30 年食用菌种植大户和 30 岁林业博士在经验和技术的双重加持下，擦出了林农合作的灿烂火花，开启了发展林下食用菌产业的新征程。在我们的努力下，食用菌林下返野生栽培项目实现了食用菌生产成品率达 99%，污染率在 1% 以下，项目建设的 60 亩示范基地年产值在 120 万元以上。

收　获

# “一亩山万元钱”有了拓展版

“十年磨一剑，一亩超万钱。”依托科技特派员的良好平台，我与包金亮在多年合作探索的基础上，又联合研究建成了“林菌虫生态循环模式”，实现了“林业废弃物→菌棒/菌料（工厂化培养）→林下返野生菌菇栽培→菌渣工厂化养虫→虫入药/食用/观赏→虫粪返林”等多级生态循环。整个技术模式可使单位面积山林经济产出增加20%以上，经济效益十分可观，被认定为“一亩山万元钱”科技富民模式的拓展版。

从林菌到林菌虫，我扎根双峰乡，以自身专业知识和浙江省林业科学研究院的科研技术力量为依托，累计完成各类科技项目11项，经费累计近300万元；带动200余户农户发展林菌虫生态种养，面积近600亩；在杭州、宁波、绍兴、上海、新疆等地辐射推广林菌虫生态循环技术，面积达到近1.3万亩。“锚定林下不放松，无怨扎根青山中”，我兑现了自己初来双峰乡时许下的承诺。

10年的辛苦努力，延伸了磐安县食用菌产业链，助推双峰乡实现了共同富裕，我个人也收获了巨大的成绩。2015年我在山之舟生态农业有限公司建立的示范基地被浙江省科技厅授予“浙江省科技特派员示范基地”称号，2018年“林菌虫生态循环模式”参加浙江省科技特派员工作15周年展，2019年我被评为“浙江省优秀科技特派员”，2022年“林菌虫生态循环技术推广与示范”作为典型范例参加“全国科技大讲堂”。

在双峰乡做科技特派员的10年，有过艰辛付出，有过花团锦簇，有过困惑苦恼，有过志得意满，但更多的是收获了乡亲们的信任、志同道合者的理解、同路人的支持。从三十而立到四十不惑，这段科技特派员的日子绝对是我一生中最有意义的一段回忆。

创 想

# 下个 10 年再出发

2013 年，30 岁的我带着"发挥专业特长，促进林农林企增收，助推共同富裕"的初心，首次作为省派科技特派员服务基层，此后，双峰乡便在我生命中留下了深深的烙印。

2023 年，40 岁的我拥有了双重身份，既是科技特派员，又是服务本单位科技特派员的"服务员"。这样的身份让我体会到科技特派员工作的不易，更让我体会到科技特派员工作的重要性和艰巨性。

未来 10 年，我将继续依托专业知识和省林科院这棵技术、人才"大树"，继续"锚定林下不放松，无怨扎根青山中"，在林下食用菌新品种筛选及栽培技术、多功能昆虫筛选及应用、森林康养产品开发等方面，充分发挥桥梁纽带作用，以点带面，为整个派驻县提供更优质的科技服务，为当地实现共同富裕贡献自己的绵薄之力；我也会当好单位科技特派员的"娘家人"，落实好各项政策，制定好规章制度，提供好展示舞台，鼓励更多的科技人才到广袤的农村大地、广阔的山间林下，挥洒汗水、激扬青春，把科研的根扎在泥土里，把论文写在乡村振兴的大地上！

## 评述点赞

磐安县双峰乡乡长任松波：感谢张老师 10 年来为我们乡提供技术、项目等各方面的支持。张老师不仅为促进我们双峰乡食用菌产业转型、发展做出了很大贡献，在科技助推我们乡实现共同富裕方面也成绩突出。

磐安县山之舟生态农业有限公司董事长包金亮：我认识张老师已经10年了，张老师在技术方面给我们公司提供了很大的支持，我们有问题随时交流、沟通。张老师帮助我们公司实现了产业升级，延伸了食用菌产业链，给我们整个磐安县食用菌产业带来了新面貌。

张晓勉（左）在指导食用菌培育

# 杨华——大树下有"聚宝盆"

## 我的初心

我是浙江省林业科学研究院派驻金华市婺城区的科技特派员，至今已有10个年头。我的初心是走进田间地头、深入生产一线，用科技知识助力农村发展，助推农村产业兴、农村美、农民富。

我主要从事林木遗传育种工作，10年来，累计主持各类项目13项，获浙江省科学技术进步奖二等奖1项，以第一作者的身份发表论文26篇，获授权国家发明专利8项、实用新型专利3项，获国家植物新品种权3项。

## 故　事

### 刚被派驻就应对大"烤"验

我还清楚地记得我第一年担任科技特派员的情景。那是2013年，我刚被派驻到金华市婺城区沙畈乡没多久，这里就遭遇了数十年不遇的极端干旱天气。上千亩的粮食作物和4000余亩的经济林木因为缺少灌溉，均不同程度地受到了影响，形势十分严峻。看着干涸的土地，我急得像热锅上的蚂蚁，焦急地思考怎么应对这场"烤"验。

灾情就是命令，坐在办公室里是解决不了问题的。我冒着酷暑，第一时间赶到了沙畈乡，开始了连续半个多月的抗旱救灾工作。一到沙畈乡，乡领导都劝我先休息一下再上"战场"，但是空调房外火辣辣的太阳提醒着我，不能停下前进的脚步。我戴上草帽、穿上胶鞋，走进田间地头，一对一为农业企业和大户开展送科技、送政策、送温暖的"三送"服务，把最新的"抗旱抗高温技术措施""竹林旱灾防灾减灾技术措施"等技术材料发放到农民兄弟手里。我多次参加乡里的防旱抗灾座谈会，边抗灾边积极为复工复产向乡政府抗旱建言献策。

记得抗灾期间，听说要进行人工增雨，我和猕猴桃苗种植户都很激动，心想这下猕猴桃苗有救了，可是从早上等到下午，除了听到几声"雷声"，半滴雨水也没有下到田里。看着种植户脸上失望的表情，我也十分失落，但我还是笑着鼓励大家："天气条件太差了，人工增雨都不关照我们这里。我们只能辛苦点，一株一株地浇灌山上的猕猴桃苗了。"说完，便撸起袖子，拎起水桶，挑水去浇苗了。我的干劲鼓舞了大家，他们也拎起水桶干了起来。就这样，上百亩的猕猴桃苗被我们一点一点地灌溉完了，不仅保住了猕猴桃苗，更保住了大家的希望。后来，大家每次见到我，都像见了亲人一样，总会亲切地邀请我到基地坐坐，看看长起来的猕猴桃，尝尝美味的果子。

此后数年时间里，婺城区也经历过数次恶劣天气，我每次都能从容地面对，积极采取措施，最大限度地减少农户的损失。2022年，根据婺城区科技局的统一安排，我的科技特派员驻点轮换到了长山乡。得知我要走的消息后，沙畈乡的农户着急地问我："你以后还来不来沙畈乡了？"我欣然地说："我虽然换了一个服务乡镇，但不论我在哪里，你们这边有问题还是可以随时咨询我，就是让我现场来指导也没问题！"

## 收 获

# 哪里有需要，我就在哪里

包根玉是我第一个科技特派员派驻点金华市婺城区沙畈乡的一名金线莲种植户。金线莲被称为"南方的冬虫夏草"，但它对种植要求非常高。由于管理和技术跟不上，老包田里的苗木长势并不好，药材被动物吃光、被雨水冲走，以及冻伤，都是常有的事，这让老包伤透了脑筋。后来，听说我是搞林下种植的，他就主动找到我，希望我能在金线莲种植上给他一些技术支持。把技术落到田里，把论文写在大地上，把成果送到家中，这是我作为一名科技特派员的使命，我毫不犹豫地答应了。

此后，在我的帮助下，老包的林下基地规模不断扩大，种出来的金线莲品质也越来越好。老包见到我，总要热情地跟我聊几句："杨老师，多亏了你的帮忙，今年金线莲干品的每斤批发价已经超过1万元，你真是帮我们实现了大树下有'聚宝盆'的目标啊！"

一枝独秀不是春，百花齐放春满园。作为一名有10年科技特派员工作经历的科技人员，我扎根欠发达山区，不遗余力地用自己的专业知识帮助派驻点发展油茶、香榧、猕猴桃、薄壳山核桃、林下经济等产业，累计引进优良品种20余个，传授栽培技术10多项，举办各种内容和不同形式培训班20多次，培训农户近千人次，建立示范基地4个，推动当地种植面积提升近40%，效益提高80%以上，极大地提振了农户的生产信心。此外，依托中央财政林业科技推广示范项目，我还在金华推广了8000多亩的杜鹃，为当地新增产值2亿多元，真正实现了拓宽"绿水青山就是金山银山"转化通道，让村民走上了发家致富路。

创 想

# "用""心""工""作"

总结梳理 10 年来的科技特派员工作经验，我觉得自己真正做到了"用""心""工""作"这 4 个字："用"，就是用对成果、用对人，实现科技转化"零公里"；"心"，就是心系基地、心连心，确保科技工作"零延误"；"工"，就是背靠单位、心向农民，积聚智慧"全支撑"；"作"，就是整合渠道、作宣传，实现增收宣传"两促进"。

2023 年是浙江省科技特派员制度实施 20 周年，省里对我们的工作提出了新的要求，农民对科技特派员有了新的期盼。接下来，我将在"互联网＋""数字经济""云上"等新理念、新业态上发力，力争建立更多的示范样板基地，培育更多科技型企业，造就一批乡土人才和新型劳动者，带动农业现代化水平提升，促进乡村振兴，实现农村共同富裕。

## 评述点赞

**婺城区沙畈乡党委书记郑展科**：杨华博士是一位十分认真负责的同志，工作完成得保质保量，让人放心。特别是乡里想重点发展林下经济产业，她给我们介绍了很多好的种植模式，联系参观基地使乡里对发展林下经济有了更直观的认识。她还经常下乡指导农户，开展科技培训，利用她的技术知识，帮助乡镇村民开阔眼界、共同致富。

**包根玉家庭农场负责人包根玉**：我很早就认识杨华博士，之前她来乡里召开培训会，给我们介绍了许多林业种植技术。近距离接触后，我感受到了她对我们企业的支持，让我更加佩服她的敬业精神了。她还协助我申报了省、市两级的林业乡土专家，申报了金华市农业科普基地，帮我写报告、搞科研，我们现在成了好朋友。

杨华（右）在基地查看受灾后猕猴桃的生长情况，传授病害防治技术

# 岳万福——从"甜蜜事业"到"湖羊博士"

## 我的初心

我是浙江农林大学派驻丽水市遂昌县垵口乡的科技特派员。我的初心就是让所学科技知识造福农民，用科技创新创业来实现共同致富，把青春、服务和知识留在农村的发展上。

我生于 1967 年，留学美国、日本，是引进留学回国人才，副教授。30 多年来，在动物科学研究领域取得了多项研究成果，获浙江省农业农村厅技术进步奖一、二等奖各 1 项，主持制定地方农业标准规范 2 个，获授权发明专利 14 项，参加选育的湖羊新品系被内蒙古、新疆等地区引进。

### 故　事
### 助农养蜂的"甜蜜事业"

2014 年 6 月，我前往遂昌县垵口乡开展对口科技服务。一到遂昌，我便被当地的自然资源深深吸引。在深入小岩村等地调研后发现，遂昌有森林面积 332 万亩，野生蜜源植物极为丰富，如果按照每群中蜂需要 6.5 亩阔叶林估算，全县可养殖 10 万群左右。我粗略一算：如果按照市场上每千克 120—200 元的价格，蜜蜂养殖产业潜力很大啊。

　　我一头扎进坟口乡大山村，将发展蜜蜂养殖作为农户扶贫的切入点，开始带领当地群众发展"甜蜜事业"。万事开头难，当时蜜蜂养殖事业在遂昌属于"三无"状态：无数字、无管理、无人员。从机关管理职责来看，养蜂应该由农业局、畜牧局管理，但去办理文件的时候我碰了壁，对方给我泼了一盆冷水："发展养蜂，上面没文件，领导没指示，部门无法操作。"

　　我没有气馁，直接找到了时任遂昌县县长。他在听了我的构想后，被我的执着打动，就分派挂职副县长郑永利专门抓好遂昌中蜂发展工作。郑县长不仅有昆虫方面的知识基础，还充分认识到蜜蜂养殖对脱贫致富的意义，在他的支持和推动下，全县的中蜂养殖工作迅速开展起来。

　　那些日子里，我和当地农民吃住在一起，就是为了能抓住一切可以利用的时间指导更多农民群众养殖中蜂。同时，我还在当地开设了多个公益培训班，定期实地传授养蜂技术，就优质蜂王的培育、蜂箱的制作、蜜蜂的饲喂、蜂病的防治等养蜂技术进行详细讲解，领着农民"入了行"。

　　我听闻大山村有个养蜂能手，叫李益纯，从20多岁就开始养蜂。我心想：如果能有一个"意见领袖"在众多"零基础"的农户间起带头作用，那对于今后的养殖工作将有很大的裨益。于是，我多次来到他家，重点指导他如何用蜂箱养蜂、取蜂蜜。如今，蜂蜜产量高了，价格也上去了，这让李益纯对养蜂事业充满了信心。李益纯的成长也带动了更多的养蜂能手，大山村中蜂养殖从此不愁技术和人才了！

　　一转眼近10个年头，2023年，阳春三月，遂昌县举办了首届中蜂"开蜜节"，"遂昌土蜂蜜"成为国家地理标志产品，杭州开往北京的高铁，竟有了"遂昌土蜂蜜"专列。如今，蜜蜂养殖产业已成为当地农业经济增长新亮点。遂昌县现有养蜂场（户）2098家，居浙江省首位，养蜂产值可达1亿元以上。随着遂昌"甜蜜事业"越做越好，现在遂昌周边的文成、龙泉等地也纷纷迈入发展队列，中华蜜蜂养殖区域进一步拓展，以期带领更多山区群众养蜂致富。

## 收 获

# 农民的"好口碑"才是"金奖杯"

春节寒假，对于大部分高校教师来说，不仅是探亲访友、与家人团聚的时间，也是科研实验、自我充电的好时机。但对我们而言，却是走向农村基层，以科技成果为"红包"助力农民增收、服务"三农"的最佳时机。甚至有一年的除夕，我还赶到遂昌百合专业合作社负责人家里，一群人一边吃着简单的饭菜，一边构想着遂昌县百合产业的未来发展图景。

自 2014 年从事志愿服务以来，我深入遂昌县垵口乡悉心调研，与农民交朋友，帮农民做实事，根据当地产业实际，积极发展中蜂产业，引导建立了"十箱蜂·万元钱"扶贫模式，撬动遂昌县、丽水市中蜂扶贫事业，在得到省农业农村厅的肯定后，在全省乃至全国进行推广。科研成果"熊猫羊"，经 CCTV《科技苑》推广，在内蒙古、新疆、云南、四川等地区得到转化。

如今，在宏象村，我的名字也被刻在建筑和村规之中——休闲长廊命名"万福亭"，宏象村定位"清廉茶韵，万福宏象"。农民的信任与赞誉对我而言，无疑是一种最大的褒奖。丽水市委、市政府农业和农村工作领导小组办公室向我任职的学校发来感谢信，感谢我为乡村振兴和脱贫攻坚做出的贡献。我也因此获得了"浙江省优秀科技特派员""浙江省优秀农村指导员"等荣誉称号。

创 想

# "湖羊博士"的产业梦

13年前，我在美国科罗拉多州参观一个牧场时，看到9个人养殖8万只羊，技术并不复杂，这对我的触动很大，我决心将其引入中国并推广。

这样的思忖并不是天方夜谭——因浙江临安有着丰富的笋竹资源，每到春天竹笋上市后，数万吨笋壳被随意丢弃野外，无法得到有效处理，已逐步成为污染当地环境的影响因素之一。羊又主要是以青草、笋壳等植物纤维为食，若能够将数万吨笋壳通过加工，制成羊喜欢吃的主要食物，不仅可以有效解决临安的笋壳污染问题，使大量的笋壳实现循环利用，还可以有效降低养殖成本。

多年来，我为了实现这一目标踏破铁鞋，在调研的基础上，与临安当地有关牧业公司合作，开始养殖吃笋壳、竹叶的羊。经过实践，我发现以吃笋壳、竹叶为主的湖羊不仅养殖成本更低，而且肉质更为细腻，味道也更为鲜美，深受食客喜欢。浙江农林大学的一位老师还将吃笋壳、竹叶长大的湖羊称为"熊猫羊"。如今，湖羊产业在遂昌县从无到有，已经形成2个规模达1万只的养殖场。从此，我也被大家亲切地称作"湖羊博士"。

从晨曦微露到日薄西山，科技特派员的工作伴随着我蹚过了岁月的漫漫长河，但我仍然步履不停、奔走其中。在未来，我希望自己继续"朝花夕拾"，争取在快速繁育、新品系培育、异地规模化养殖方面取得更大进展，为畜牧支柱产业做出贡献。

## 评述点赞

坴口乡原党委书记周安涛：十箱蜂，万元钱，脱贫致富在眼前。岳万福对农村工作有耐心、有韧性，在遂昌县坴口乡建立的中蜂扶贫模式对全省、全国的扶贫工作有指导和引领的意义。

宏象村党支部书记王新根：岳万福与农村农民朋友亲近、接地气，访贫问苦，对低保户、低边户等弱势群体尤为关心。大事小事应对积极，实干笃行，彰显了科技特派员的品质。

遂昌喜羊羊动物养殖有限公司蓝根钗：岳老师实心实意地帮助我们养好湖羊。无论我们遇到什么困难，他都帮我们想办法，联系客户，把我们的事当成自己的事情。

岳万福（右）在遂昌县提供科技服务

# 朱璞——让"新农人"爱上种地

## 我的初心

> 我是金华市农业科学研究院派驻金东区江东镇的科技特派员。我的初心是让科技造福、造富农民，让农民朋友爱上种地。
>
> 我是"80后"，高级农艺师，工作近20年，主要负责瓜类新品种选育及配套栽培技术研究，是金华市"321人才工程"第二层次培养对象，获金华市青年科技奖和"金华市最美科技追梦人"称号，参加选育的瓜类新品种有5个通过省农业农村厅认定。

## 故 事
## "共同成长"是最美体验

2000年，高考前夕，舅舅和我说："朱璞呀，现在农业和农村的舞台非常广阔，人才十分紧缺，你去报考农业大学吧，未来可以有一片属于自己的天地。"之后，我如愿考上了农业大学，并在毕业后回到家乡，进了金华市农科院蔬菜研究所。

2013年，我受组织选派，从恩师俞金龙手上接过"接力棒"，成为一名科技特派员，开启了服务金东区江东镇的模式。该镇地处金华市区南大门，辖区内有着市区最大的交通枢纽工程——十八里立交桥，这里果蔬飘香，莴苣、甜瓜、番茄、草莓、黄瓜等农民自己种植的蔬菜水果，半小时内就能直达当时金华最大的农产品交易市场，是市区最重要的"菜篮子"之一。如果说从事农业科研成就了我的看家本领，那么科技特派员的工作则给了我最好的施展舞台，而且符合我在高考前的初心——服务"三农"。

那一年，我结识了金华市江芦蔬菜专业合作社社长卢桂金，也认识了他的儿子卢建军。当时卢建军是一名"90后""新农人"，不太懂农业相关技术，但每当我们一同畅想未来农业发展时，他眼里总是放着光芒。后来，我们经常一起交流学习，好学而聪慧的他越来越熟悉农业，对农业的理解也越来越深刻。我们俩便达成了一个共识：重振江东草莓产业。

2018年，我们一同前往建德学习草莓无土栽培模式，考察了基质生产工厂、各种栽培架式。2019年，在我们的共同努力下，金东区最大的草莓无土栽培基地应运而生，我们的"水肥一体化"技术非常成功，当年就产出了香甜个大的草莓。我们还引入了草莓新品种，售价可达200元/千克，在市场上供不应求。

回顾这一路，我和这位"新农人"的共同成长是最为美好与难忘的经历。无数人因为太阳和汗水放弃了农业，但坚持让我们收获了喜悦与自信。

收　获

## 务农比打工好

作为科技特派员，我会经常深入田间地头查苗情、问肥情、看病情，分类施策，为农户提供田间管理的技术指导和服务。江东镇有不少农业新生代，但他们在农产品种植、管理上缺乏经验，我便时常与他们交流，开展实用技术培训、推广新品种、传授推广新技术，他们起初对农业的质疑也因此慢慢变成坚定。

瓜类研究是金华市农业科学研究院的强项，"碧月"是我们选育的苦瓜新品种。在我们的指导下，江东镇农户贾贵章引入了"碧月"，并采用了"草莓＋苦瓜"轮作的模式。如今，贾贵章夫妇二人种植了5亩多地，每亩地的年收入在6万元以上，生活过得很惬意。贾贵章说："我不想进城打工，务农比打工舒服。"

此外，在新品种、新技术推广方面，我逐渐发现建好示范点对于产业发展极为重要，周围人的进步和富裕对于农户来说有着无穷大的吸引力。我把江东镇的桂金家庭农场作为草莓展示示范点，积极开展相关培训和指导，基地的草莓亩产由原先的1250千克增长至1750千克。

同时，我们将示范基地从单一的草莓种植销售转向农旅融合发展模式，积极拓展草莓采摘业务，为农场增收带来了新途径。如今，农场的规模不断扩大，基地面积也由最初的10多亩变成现在的百余亩，"粉玉""白雪公主""越心""越秀""红玉"等新品种纷纷入驻，逐步实现了草莓苗供应、种植技术培训、草莓售卖与采摘等多元化业态。在示范基地的带动下，目前江东草莓种植面积已发展至1300多亩，年产值在2600万元以上。

在2021—2022年期间，金东区共有12名科技特派员，是金华全市派驻科技特派员数量最多的县（市、区）。作为金东区科技特派员服务组组长，我多次带领科技特派员组团下乡，帮助当地优化产业结构、发展现代农业、组织技能培训、培育新型农民等，尤其在强对流、台风等极端天气前后，总是第一时间进乡镇、下农田，全心全意为农户排忧解难，用实实在在的行动推动乡村振兴，致力于成为农业科技的传播者、乡村致富的带头人。

近年来，我多次荣获"浙江省优秀科技特派员""金华市优秀科技特派员""金东区科技使者"等荣誉称号。面对如此之多的荣誉，我会加倍努力，培养一批有文化、懂技术、善经营、会管理的农民，带领农户实现乡村振兴、走向共同富裕，让更多农民朋友感受到——务农比打工好。

创 想

## 科技是主线，更应该是杠杆

2021年11月，我与卢建军合作的"高质量草莓农旅观采园打造及全产业链服务输出"创业项目荣获"智汇金义·创享未来"金义新区（金东区）自贸人才创新创业大赛三等奖。这时，我意识到，我们应该把服务工作做得更加深入，而不仅仅局限在科技上。

2022年9月，我组织开展了科技特派员服务校园活动。在金东区含香小学的劳动基地"涵香园"里，一群五年级的小学生化身"小农人"，进行了一场播种大赛，彼时他们要PK的对象是一台我从单位带来的半自动播种机。人机大战的结果是小朋友们输了。其实我是想让孩子们真实感受到现代化播种的神奇之处，从小树立科技强农、机械强农的意识，同时让他们了解到，在机器面前，人的力量虽然看起来很渺小，但是功能再强大的机器，都是科技人员发明的，所以一定要学好本领、服务社会。

我时常在想，面对新形势、新挑战、新要求，如何才能发挥出科技特派员服务产业发展、助力乡村振兴的最大优势？我想，我们可以组团服务，可以互换科技资源，可以服务农户中的"弱势群体"，可以"从娃娃抓起"，可以关注农业接班人，可以服务好农业主体，可以与团委、妇联、农业、经信、发改、教育等多部门合作，进一步拓展服务的广度和深度。科技是主线，更应该是杠杆，我们选好支点，定能撬动农民的财富增长，为实现共同富裕夯实基础。

## 评述点赞

金华市金东区含香小学校长王莹：科技特派员带着农业设备、农业知识进校园，一方面弥补了校园劳动教育的不足，让孩子们接受正规、前沿的现代化农业知识；另一方面，劳动课"上新"，师资供给需创新，老师们同时接受科技特派员的专业知识培训，将来可以更好地带领学生成长。

"新农人"卢建军：朱璞大哥隔三岔五就会来农场帮忙，讲解农业知识，提供农产品管理的科学方法。在他的帮助下，我们农场还引进了不少蔬果新品种。一路走来，他是我的好老师、好参谋，我们也成了好朋友。如今我的事业蒸蒸日上，离不开朱大哥的悉心帮助。

朱璞（右）在田间指导农户防治病虫害

# 何勇——我也长成了"小甜枣"

## 我的初心

　　我是浙江农林大学派驻衢州市开化县池淮镇的科技特派员。我在我国中部地区的农村长大，从小一直思考怎样才能改变农村的风貌，让像我父亲一样的农民们富起来。从本科到博士，我选择了园艺专业，希望在农业科技上有所作为。因此，我的初心是用科技解放农民，让他们不再面朝黄土背朝天般辛苦，帮助他们富起来。

　　"80后"的我，是浙江农林大学教授。10多年来，在设施蔬菜栽培等方面取得了多项研究成果，获浙江省科学技术进步奖三等奖、自然科学奖三等奖各1项，参与制定地方农业标准规范3个，获授权发明专利3项。

## 故　事
### 意外遇见"小甜枣"

　　自2014年到开化县服务以来，我便开始调研池淮镇的园艺产业，发现开化县蔬菜水果种类很多，但没有形成自己的特色产品，在省内缺乏影响力，产品附加值也相对较低。因此，如何形成具有开化县特色的优势农业产业，成了萦绕在我心头的一个大问题。

　　2017年，在为开化中悦农业开发有限公司服务期间，公司负责人汪舜希望能打造开化特色品牌，形成优势产品。在这一点上，我俩一拍即合，随即一起开始走访调研。一个偶然的机会，我们在中部地区的一个小山村里品尝到了一种小枣，它个头不大，但风味足、口感好。这意外的缘分，让我和汪总经理当机立断，决定把这个品种引入开化，并取名"小甜枣"。

万事开头难，在引种过程中，我们遇到了许多"拦路虎"。最初由于原始品种种苗不多，面对种苗繁育的瓶颈，我们开发了扦插育苗、嫁接育苗等技术。此后，为进一步提升"小甜枣"的品质，在科技特派员项目的支持下，我们开发了"小甜枣"的植株调整技术、水肥一体化技术，实现规模化种植。我还牵头成立了开化县的专家工作站，重点研发"小甜枣"质量控制与分级标准。

种植标准化后，"小甜枣"的产量和品质更稳定了，在全省农业系统内也声名鹊起。2019年，"小甜枣"亮相浙江省农博会，受到了时任浙江省副省长彭佳学的点赞。作为开化县委、县政府重点发展的农业产业，"小甜枣"的种植面积从最初的5亩增加到了800亩，种植区域从池淮镇扩展到了华埠镇、马金镇和中村乡等3个乡镇。2022年，小甜枣的亩均商品产量达到1000多斤，平均价格达到70元/千克，亩效益达到4万元，产值达到1600余万元，成为开化县共同富裕的"甜蜜枣"。值得一提的是，"小甜枣"也成了供应2022年世界互联网大会的优质农产品之一。

## 收 获

# 实践与科研"相得益彰"

作为一名大学教师，我的基本职责是开展教学、学科研究和社会服务。担任科技特派员期间，深入田间地头实践，充分反哺了我的教学工作，与我的科研有了良好的互动。

与种植户交流，是一个帮助我凝练科学研究方向的途径。躬耕于田间地头，我能第一时间掌握现在中国的园艺产业需要什么技术与品种。曾经，我帮扶的种植户告诉我，他们种地往往施很多的肥料，这既增加了成本，产量也不见得提升。了解到这类问题后，我专门开展了基于人工智能的茄果类蔬菜营养诊断技术开发工作，并得到了省重点研发计划项目的支持。之后，我把山地蔬菜绿色高效生产技术在开化等地予以推广，覆盖面积达124.34万亩，该项研究也获得了2020年浙江省科技进步奖三等奖。

同时，我作为科技特派员期间积累的丰富经验，也得到了学生们的充分认可。由于我的课程案例多、实践性强，有声有色、有趣有料的授课方式深受学生喜爱，我也两次获得浙江农林大学"优质教学教师"荣誉。

作为乡村振兴的"排头兵"，我扎根池淮镇，帮助当地的农户、农技人员、企业主以及当地政府实现"多赢"——农户们收入水平提高了，农技人员在退休前晋升高级职称了，池淮镇更是多了优势特色产业。可以说，作为科技特派员，我助力开化县实现了产业振兴。但同时，这份工作也成就了我，近年来我不但顺利晋升教授，并2次被评为省级优秀科技特派员，还成功入选浙江省高等学校领军人才支持计划高层次拔尖人才。

创　想

# 我也长成了"小甜枣"

自2014年担任科技特派员以来，我在开化县池淮镇已经待了近10年。这些年，我把自己视为开化县的一分子，与池淮镇的老百姓同呼吸、共命运、心相连，把为池淮镇人民服务的念头植入基因、化为本能。

正因如此，一旦学校成功研发了新技术、新品种，我下意识地就会想是否能把它们引到开化。2015年，我和驻地科技特派员们先后为开化引进了"钱塘旭日""夏日阳光""浙蜜5号"等12个番茄、茄子、甜瓜品种，并向池淮镇和芹阳办事处赠送了价值6000余元的蔬菜种子。此外，由于目前生产上的大多数栽培管理依靠经验，对光照、温度、湿度、养分等影响产量和品质的要素关注很少，为帮助农户科学种植，我们引进并赠送了"花花草草监测仪"，在环境管理和栽培上助农户"一臂之力"。

平日里，一旦有自然灾害出现，如2017年开化特大洪水、2019年"利奇马"台风和雪灾、2020年新冠疫情后的复工复产，我便赶赴现场给予支援，为对接的乡镇及项目基地提供全方位技术指导与服务工作。当国家和省里出台相关新政策时，我也会积极向开化县宣传。2017年，科技部着手建设农业农村的创新创业平台——"星创天地"，我在第一时间向开化县科技局和池淮镇汇报相关情况，并结合池淮镇产业情况，帮助当地申报建设了衢州市首个国家级"星创天地"。

在开化服务时期，我也长成了"小甜枣"，在当地生根发芽、发展壮大，为开化发展贡献自己的绵薄之力。未来，我将继续带领团队，围绕着"小甜枣"这一特色产业，用自己的所学所长，与当地企业一起选育新品种、延长产业链、提升价值链，为当地的共同富裕和高质量发展贡献自己的力量。

## 评述点赞

池淮镇农技员王朝林：2014年以来，池淮镇委、镇政府全力打造"五香池淮"（花香、果香、菜香、茶香、书香）。何老师来了以后，和我们一起谋划池淮的"果香"与"菜香"。他为我们引进了很多水果品种，带来了很多新技术。现在，池淮实现了一年四季都有水果吃，何老师功不可没。

开化小甜枣农业开发有限公司总经理汪舜：何勇老师既是我母校的老师，也是我的好朋友。当初我开始创业时，对农业几乎一无所知。他把自己的专业知识技能毫无保留地传授给我，耐心讲解农业的现状与未来。正是由于何老师的帮助，我的企业才能蒸蒸日上，我们的"小甜枣"也得到了省委领导的点赞。

何勇在给池淮镇农户上课

# 曹春信——把成果变成乡亲尝到的
# "科技甜头"

## 我的初心

我是金华市农业科学研究院派驻东阳市南马镇的科技特派员。我的初心是与农民做知心朋友,让农民用上新品种、新技术,依靠科技实现共富。

我是"80后",高级农艺师。已在蔬菜研究领域取得多项科研成果,获浙江省科学技术进步奖三等奖、浙江省农业丰收奖一等奖等科研奖项8项,主持或参与制定国家行业标准、市级地方标准等8个,获授权国家发明专利11项,作为主要完成人育成蔬菜新品种4个。

## 故　事
## 永康肉饼充当6年午餐

记得刚到金华市农业科学研究院工作时,我便经常跟着科技特派员刘新华老师前往各地开展科技服务,当时觉得这项工作充满着使命感,希望自己也能早日成为一名扎根基层的科技特派员。2015年,我从刘老师手里接过科技特派员的"接力棒",先后被派驻到永康市龙山镇、金东区曹宅镇、东阳市南马镇等地开展科技服务。多年来，我始终践行着"哪里需要到哪里"的服务宗旨，积极助力当地蔬菜产业发展。

初到永康市龙山镇，我的第一感觉就是"远"，经常早上 8 点从金华南站坐大巴出发去镇里，10 点左右才能抵达，一到基地便投入工作，中午吃 2 个永康肉饼，下午继续开展工作，忙碌而充实。这永康肉饼，我一吃就是 6 年，我和龙山镇的农户们也建立了深厚的感情，他们在生产上遇到难题时，总会打电话给我，我都会第一时间奔赴现场帮助解决。而我也对科技特派员这项工作有了更深的理解，我把自己和农民的土地牢牢地"拴"在一起。

为了方便与农户联系，我 24 小时开机。每当手机听筒里传来农户焦急的求助声，就意味着农作物面临即将减产的问题，这也是让我们这些科技特派员时刻放心不下的原因。2019 年的一天，金东区的农户赵秋明反映自家田块 50% 以上的西葫芦植株出现了新叶卷曲、烧焦症状，他心急如焚，整夜睡不着觉。了解情况后，我第一时间赶到基地，现场查看、询问农户近期农药使用情况，判断该病症为喷施恶霉灵导致的植株新叶中毒，建议农户傍晚喷施植物生长调节剂芸苔素，促进植株尽快恢复生长。一周后回访，植株中毒症状得到有效缓解，已恢复生长，农户脸上露出了久违的笑容。

既然老百姓相信我，我就不能辜负这份信任。一有空，我就访农家、进田间，为农户耐心讲解知识、手把手教授技术、示范推广新品种，从栽种、施肥、病虫害防治等全环节、全方位开展跟踪服务，确保当地蔬菜产业高质量发展。

收 获

# 把成果变成乡亲尝到的"科技甜头"

农业科技是一项事业，也是一个梦想。做科研，做农业，不能怕苦，要把成果实实在在地转化为生产力。

浙江花园农业发展有限公司是省级农业科技型企业，致力于开发农业科技成果和技术产品，现有基地规模 1000 亩，基础设施条件好。来东阳市南马镇担任科技特派员后，我将科技特派员示范基地放在了该公司，帮助引进嫁接番茄、鲜食子莲等蔬菜新品种 7 个，推广应用嫁接育苗、水溶肥等新技术。如"太子""金妃"等番茄新品种，我从一粒种子开始，到育苗、定植、管理、收获全过程参与，做好品种引进、遴选工作，试验示范、打造精品，让最适应的品种得到种植推广，最终实现平均亩产 6120.1 千克，比当地主栽品种增产 11.3%。

产业做大做强，需要机械化、规模化、智慧化、数字化发展。花园农业发展公司的负责人吕健是一位有梦想、懂技术的"新农人"，我们一同谋划发展数字农业，运用智慧农业云平台实现物联监控、统计分析、智慧种植、绿色追溯、农事管理等功能。如今，通过可视化监控，基地棚内的各项数据和农作物的长势一目了然，实现了用科学数据替代经验判断。这些年，我在各派驻地分别建立起了特色蔬菜示范基地，结合当地实际积极开展特色蔬菜新品种、新技术示范推广工作，帮助当地实现每亩增收近千元，有效增加了农民收益，促进了蔬菜产业转型升级。从"靠天吃饭"到"科技兴农"，我努力走进乡亲们的心里，让大家尝到了科技的甜头，不光腰包鼓了起来，脑袋也"富"了起来。

创 想

# 在农村大地写出最新最美的"论文"

科技特派员是农民的"致富参谋""智慧锦囊",重任在肩,不能有丝毫懈怠。自担任科技特派员以来,我每年坚持开展农民技术培训,内容从新品种到新技术,从科学施肥到病虫害防控,从防寒到抗旱,年均培训5次以上,培训农民200余人次,也因此结交了许多农民朋友。

接下来,我将继续深入基层调研,开展宏观农业研究,提供农业产业发展规划服务,促进各地农业高效、持续、健康发展;积极举办各类培训班、产学研活动及新品种新技术现场观摩会,组织农户、企业参观学习,让晦涩难懂的科技术语"听得懂、传得开、立得住";依托金华市农科院优质资源,以团队形式开展全方位服务,实现科技创新及成果转化资源、专家人才资源与创新发展需求的精准对接和有效融合,让科技成果在基层一线转化,助力农业产业高质量发展,帮助农民实现共富梦。

比如,我们计划利用农机团队,进一步提升智能化设施,给农作物开展云端"问诊",通过摄像头识别来诊断植株是否缺肥、有没有病害和健康状况如何,从而达到省人工、省成本、提高品质的目的,推动传统农业向智慧农业转型升级。

促进土地增产、农民增收——我想只要坚定这个目标一直走下去,一定会在农村大地上书写出我们最新、最美的"论文"。

## 评述点赞

金华市金东区曹宅镇杜店村党支部书记、村委会主任陈卫明：曹老师性格随和，为人低调，在田间地头勤勤恳恳干事，帮我们引进了金华市农科院茭白新品种"浙茭7号"，并示范推广了茭白育苗新技术，促进全村茭白产业发展，成为我们共富路上的好帮手。

浙江花园农业发展有限公司董事长吕健：我与曹老师很早就相识，在他成为我们镇的科技特派员，特别是把科技特派员示范基地放在我们公司后，我们从朋友成了伙伴。我们企业在生产上遇到问题首先就会想到曹老师，他总是耐心地给予解答。在我们的共同努力下，基地成了第21届全国"村长"大会分会场活动参观点之一，并广受好评。

浙江省原人大代表郦继琼：曹老师平易近人，专业知识过硬，经验丰富，村民们都很喜欢他。我们村是辣椒种植专业村，近年来曹老师先后为我们引进了辣椒新品种60余个，并在村上建立了浙江省高品质绿色科技示范基地，切实推动了产业发展、村民致富。

曹春信（右四）与农户分享丰收的喜悦

# 续写振兴

XUXIE
ZHENXING

他们大多是新生代科技特派员

是乡村振兴的生力军

# 庄晓伟——小县大城创新"逐梦人"

## 我的初心

我是浙江省林业科学研究院派驻丽水市云和县木制玩具行业的团队科技特派员之一，我的初心是做企业家的知心人、木玩行业的解码人、创新事业的领路人，与企业共成长、共呼吸、共命运，走共同发展致富之路。

我是"70后"，副研究员，目前担任浙江省林化重点实验室副主任、全国林化产品标委会委员。主持浙江省部级项目12项，成果获浙江省科学技术进步奖二等奖1项、三等奖3项，浙江省科技兴林奖一等奖3项；发表论文40篇；获授权发明专利12项。

## 故　事
## 特派员变身"招引大使"

作为科技特派员，有一天会成为招商引智大使，这是我没有想到的。

2021年6月的一天，云和县科技局的工作人员突然找到我，告诉我丽水市正在选聘"双招双引"大使，而且这次和往常不同，市委组织部决定从省派科技特派员中选拔一批人，我是其中之一。乍听到这个消息，震惊之余有欣喜更有压力。"双招双引"可是丽水市"十四五"开局之年的"一号工程",担任"招引大使"不仅仅是荣誉,更多的是一份沉甸甸的责任。"我可以吗?"带着这样的忐忑,6月11日,我接过市委组织部颁发的"双招双引"大使聘书,同其他9位省派科技特派员一起正式履新。

"招引大使"的工作开始得并不顺利。我作为云和县木制玩具行业的科技特派员,招引的主要工作之一是要积极宣传推荐美丽云和、创业云和,把更多行业优势资源和创新创业人才吸引到云和。作为"中国木制玩具城",云和县的木玩产业有着50余年的发展历史,底蕴深厚,市场空间极大,而且本次招引的政策预期效果非常好,这些都给予我满满的工作底气。可是现实总是残酷的,我总是一次次乘兴而去,又一次次败兴而归。比如丽水腾创新材料有限公司的创始成员李守海博士,一开始对偏居浙西的丽水充满了好奇,这里的生态优势、政策优势、行业优势确实打动了他,但是他心中更多的还是对云和县的审视,对交通物流、政策持续性、行业空间的担忧。我只能一遍遍地组织洽谈,一遍遍地修改合作方案,在一次次不成功的磨炼后终于用真诚和专业引来了"金凤凰"在云和县"筑窝"。落户的腾创新材料有限公司为云和县的木玩产业带来了水性漆产品安全保障和技术支撑,弥补了行业空白。公司2022年实现年产值2800多万元,纳税160多万元。我与李博士还在云和县联合成立了研发中心和检测分析实验室,合作研发了生物质基绿色助剂、生物基活性单体等产品,力争在纳米新材料和绿色助剂市场上有所作为。

"招引大使"的使命还在继续,我的忐忑却早已不见。"我可以!"这是我对未来的新宣言。

收 获

# "云和'小县大城'20周年"代言人

谈到收获，我最想说的是——作为科技代表，我与"最美云和人"、老一辈杰出手艺人、"最美园丁"等 20 位行业同人一起出现在了宣传云和"小县大城"20 周年的媒体上，代表近 13 万云和人展现云和县倾力打造全国山区共同富裕样板县、奔赴高质量发展的奋斗之姿。这是云和县给予我的莫大荣誉，更是对我工作的巨大肯定。

作为一名科技特派员，我在云和县的木制玩具行业已经扎根了近 10 年。10 年寒暑过往，云和县早已成了我的"第二故乡"。在那里，我几乎每天都去企业"报到"，和工程师、一线工人们一起在实验室、中试基地、生产车间奋斗，讨论技术难点、推广应用项目、研发新型产品。带着与企业共成长的初心使命，我刻苦钻研业务，潜心研究行业发展，利用自身资源优势、专业优势和行业优势，下大力气带头攻克云和县木玩行业发展过程中存在的制备工艺落后、生产管理和环保处理不到位等瓶颈问题。

我带领实施了浙江省重点研发项目、浙江省级新产品研发等创新研发和成果转化项目 24 项，解决了行业关键技术和企业技术难题 85 个，与企业合作获授权发明专利 4 项，合作共建研发中心 6 个、技术服务平台 1 个、示范基地 1 个，协助云和县木制玩具企业在资源高效利用、机械换人、清洁生产等方面实现了突破。

我给云和县带来的改变是微小的，云和县给予我的回报却是丰厚的，它成就了我的事业，更带给我诸多荣誉。2017 年我入选"浙江省农技推广中心竹木加工专家组"，在 2018 年浙江省科技特派员工作 15 周年总结表彰会议上，我受到浙江省委省政府表彰，2021 年我被评为浙江省级优秀科技特派员。

创 想

# 创新发展的"逐梦人""筑梦人"

小木玩变成大产业，这是我最期盼的事情。要想打造更壮美的产业图景，还有很长的路要走，必须把创新进行到底。在我的工作计划书里，我将以打造木制玩具行业发展新引擎为目标，聚焦"两条链"发力。

积极培育和开拓木玩业务新领域，延伸产业链。以木制儿童家具为业务重点，加快推进行业自动化、数字化和清洁化生产技术研发与应用，有针对性地引进行业急需的先进技术成果进行转化应用，通过材料创新、设计创新和制备技术创新为云和县木制儿童家具行业插上腾飞的翅膀。

着力聚集优势创新创业团队，建强人才链。依托科技特派员平台和"双招双引"工程，充分发挥个人所长，联合高校科研院所、社会化研发机构和研发团队、下游应用大中型企业、服务机构打造"高校科研院所＋研发团队＋企业"优势创新体，为云和县的木玩企业提升创新能力、成果转化能力、市场推广能力提供最强大脑和最强技术支撑。

云和县是我奋斗的地方，也是我逐梦和筑梦的地方。为云和县人民奔向幸福生活尽心尽力，是本分，是情怀，更是一名科技特派员的责任和使命。无论何时，我想，只要云和县有所呼，我必有所应！

评述点赞

浙江木佬佬玩具工艺品有限公司办公室主任胡红燕：企业急需的是真正懂技术、善应用、接地气的专家，庄博士在我们企业发挥了很大的作用，一直是我们公司的知心朋友，"上得了场面，下得了一线"，急企业所需，干企业所急，给我们送来了金点子、带来了新技术，帮我们干成了新事业。

云和县木玩协会原秘书长毛凤鸣：传统木玩行业处于转型升级的关键时期，需要引入更多的新鲜血液，带动更多的先进技术成果在云和县落地转化应用，支撑和保障云和县木玩产业的可持续发展。庄老师的到来，不仅为企业创新提出了新思路，也为企业打开了一扇窗，让企业看到了创新带来的好处和实效。庄老师帮助我们实现了木玩产业资源利用、产品创新等多方面的新突破，为云和县的木玩产业插上了腾飞的翅膀。

庄晓伟（右一）在推介创新综合体展示平台

# 尹兆正——父老乡亲把我当"自家人"

## 我的初心

　　我是浙江大学派驻龙泉市道太乡的科技特派员。龙泉市是浙江大学西迁办学地，也是学校的"第二故乡"。我的初心就是让自己成为"第二故乡"的"自家人"，发挥专业特长，联结浙江大学资源，为驻地乡村振兴和产业共富贡献力量。

　　我出生于1965年，博士、研究员，专业是动物遗传育种。研究成果获浙江省科学技术进步奖二等奖等省部级奖3项、浙江省农业科技成果转化推广奖1项。2021年获"浙江大学脱贫攻坚先进个人"荣誉称号。

## 故　事

## 家庭农场的增收梦

　　2014年3月，学校计划安排我担任龙泉市道太乡科技特派员。作为浙江大学的一名教师，能有机会为学校的"第二故乡"开展服务，我深感荣幸，便欣然接受了派遣任务，准备利用自身的专业"轰轰烈烈"地干一场。

　　然而，当我在网上搜索后，惊讶地发现这一浙江省乃至华东地区面积最大的库区移民乡镇，因地处紧水滩水库——仙宫湖畔，正全面开展"五水共治""三改一拆"等工作，畜牧用地趋紧，治污压力加大，一些村庄被列入限养或禁养区，数家禽畜养殖场列入关停或整治范围。面对这种局面，我十二分纠结：我到底能做什么？

带着疑惑，我来到了道太乡。乡党委刘书记、分管科技的赖副乡长专门带我来到全乡生猪饲养规模最大的养殖场——仙平家庭农场进行实地调研。听到省里派了科技特派员上门驻扎服务，农场主、村支书龚仙平带着农场员工及养殖户们远远地迎了上来，和我握手打招呼。

不过，热情之外，每个人的脸上都写满了忧愁与不安。近年来，农场在龚仙平的带领下，饲养瘦肉型良种猪，发展商品猪生产，产销两旺，正在谋划进一步扩大养殖规模。可是眼下，用地审批严了，大伙儿都觉得"让腰包鼓起来"的愿望"落空"了……"尹老师您可得帮帮我们呀！""对啊，我家那口子天天愁死了，睡不好觉。"大家你一言我一语。

"大家静一静，别着急。"刘书记把目光转向我，"如何破解道太乡生猪产业发展难题，让家庭农场这一新型经营主体增收，恳请尹老师多支着！"此后经过一次次的调研、座谈，我围绕"山区瘦肉型猪适度规模养殖增收"这一目标，向农场开出了"二改一建"的"药方"：改母猪圈养为限位笼养，着力解决节地问题；改商品猪过度育肥为适时出栏，着力解决产出问题；新建猪粪沼气池，采取"猪—沼—果"农牧结合、生态消纳养殖模式，着力解决污染问题。

大伙儿说干就干。很快，拥有70个设施笼养母猪新猪舍建成了，商品猪出栏数增加了，猪场不臭了，农场生产和生活还用上了沼气发电，生猪养殖稳步发展，效益可观。特别是2015年，遇上了生猪生产的难得好年景，生猪市场销售价格一路上涨，农场全年出栏商品猪2600头，实现销售收入500万元、利润150万元以上，年底还被认定为"浙江省级示范性家庭农场"。

"乡里搞治水，养猪心发慌；来了特派员，问题一扫光。"听到这个"顺口溜"，我发自内心地高兴，几年奔波也都化作了一个字："值！"

收　获

## 特色产业的振兴梦

我来到道太乡后，才了解到当地发展的背后故事：为支援国家建设，道太乡经过大白岸电站、紧水滩电站 2 次大移民及后靠用地安排，成了浙江省陆地面积最大的库区移民乡，区位一下子"偏僻"起来。因为缺少产业支撑，乡里有 2/3 的人选择外出谋生。

这是为了大局做出"牺牲"！我深感特殊的责任与使命在肩。"民族要复兴，乡村必振兴；乡村要振兴，产业是核心。"为此，近 10 年来，我先后围绕绿色中华蜂、优质瘦肉型猪、高效石斑鱼、特色果桃等产业领域，积极组织团队协作，以项目实施为抓手，扎实开展产业谋划指导、畜禽良种引进、示范基地建设、实用技术推广、成果转化应用及培训指导服务等工作，成功让"第二故乡"实现了产业振兴、让父老乡亲们增收。如今走在路上，农户们总是亲切地称呼我为"老尹"，就像自家亲兄弟一般。

现在，我欣喜地看到，通过项目规划的顺利实施，道太乡及龙泉市的中华蜂、生猪、石斑鱼等产业的层次和科技含量实现了有效提升，也算是为"家乡"贡献了"乡贤力量"。目前，道太乡已成功建立 15 个中华蜂、生猪、石斑鱼、果桃等示范性强、带动效应好的高效生态种养示范基地，年生产无公害瘦肉型商品猪 3000 头以上，中华蜂饲养量 2000 箱以上，优质果桃种植面积 260 亩以上，带动种养农户 300 户以上，实现产值 6000 万元，利润 800 万元。

2019 年，我被评为浙江省优秀科技特派员。但是内心的长久快乐，却是因为自己能够真正为库区特色产业振兴和农民增收做出积极贡献，收获乡亲们满满的笑容。"金杯银杯，不如老百姓的口碑。"

创 想

# 第二故乡的共富梦

习近平总书记在党的二十大报告中明确提出，中国式现代化是全体人民共同富裕的现代化。作为科技特派员，我要走遍田间地头，努力把科技送到群众手中，并积极组织团队，整合资源，为农户们送上"定心丸"。

如何当好一名科技特派员？我觉得最重要的，可能就是得俯下身子调研实情、扑进工作找到对策。通过近10年来的科技服务工作，我真正体会到了山区发展急需科技、人才和信息，因此十分注重内引外联，先后联系畜牧、兽医、水产、加工、果树、茶叶等方面的专家，对龙泉市、丽水市开展全方位的科技支撑服务。

如今，"道太乡"这3个字已深深地镶嵌在我的生命轨迹之中，我爱这里的山水，爱这里纯朴的人民，这里已经成为我的"第二故乡"。我会继续用好自己的科研特长，做农业科技的传播者，关心道太乡、心系道太乡。

"初心就是坚持不懈，使命就是坚韧向前。"2023年，是浙江省推行科技特派员制度20周年。作为一名高校科技特派员，我将坚持践行初心使命，以立德树人为根本，以强农兴农为己任，把论文写在大地上，把科技送到基层去，把成果转化到农户中，努力在助力乡村振兴和共同富裕示范区建设中做出新的更大的贡献。

## 评述点赞

**龙泉市仙平家庭农场主龚仙平**：尹老师指导我进行了笼养设施改造、沼气池建设等，猪场用地省了，防疫消毒到位了，猪舍臭气少了。2015 年，农场被评为"浙江省级示范性家庭农场"，申请到了市级科技项目，还赶上了猪肉特别俏。这些年，尹老师为我们做了很多，就像家人一样，我家农场有啥困难，先找尹老师。

龙泉市叶火松家庭农场主叶火松：尹老师率领的专家团队不远千里来基地传经送宝，为我们带来了项目、技术和成果，还组织蜂农培训和参观学习，真正让我们吃了一颗"定心丸"。

龙泉市道太乡党委委员、常务副乡长毛卫英：尹老师发挥自身专业特长，积极组织团队，深入基层一线调研，谋划产业发展，培训技术骨干，助力产业升级，有效带动了产业增效和农民增收。尹老师带来了先进的养殖理念和技术，为道太乡的经济发展做出了突出贡献。

尹兆正在对养蜂户进行中华蜂高效生态养殖技术培训

# 黄凌霞——数字农业赋能"新农人"

## 我的初心

我是浙江大学新农村发展研究院研究员，长期从事数字农业与精细农业、农业物联网等方面的科研与技术推广工作。2014年以来，我担任浙江大学驻浙江省台州市天台县平桥镇科技特派员，为当地农业产业信息化提升等提供服务，至今已近10年。

我是一名科技特派员，我的初心，或者说我一直追逐的目标，就是用科技造福农民，让农民了解科技、使用科技，真正享受到社会发展的红利。在天台县的近10年，我始终秉持这样的初心，不忘自己的使命，干实事，帮助农民实现共同富裕。

## 故　事
## "第一时间"里总有初见的激情

2014年，鉴于浙江省科技厅的工作任务与天台县平桥镇的工作实际，再结合本人的技术专长，我成了一名省派科技特派员，来到了天台县，正式与天台县结缘。

我在天台县开展的第一个项目是"设施梨园智能监控物联网关键技术与系统示范应用"。当时，数字农业的概念还不是那么深入人心，实施基地也抱着尝试的态度开展项目。我带领团队实地考察，针对设施梨园实时和远距离采集信息的要求，利用我们团队开发的物联网技术，改进了实用的无线传感器网络应用模式、组织方式和节能方式。

经过一年的努力，建成了设施梨园安全生产物联网核心区，果园管理人员可以通过手机App实时进行田间灌溉、土壤温湿度监控、梨园整体情况监测，明显提高了当地蜜梨的栽培管理水平。

在和农民一起上山下地的日子里，我深刻体会到了农民的辛苦及科技为他们带来的便利，也坚定了我要做好一名科技特派员的决心。我更加努力地奔波在天台县的山林乡野，在天台县的大地上书写我们"第一时间"的故事。

2015年，强台风"灿鸿"冲击当地的梨园基地，我赶到现场，帮忙扶起倒伏的树木，指导灾后保果工作。2017年，夏天持续高温干旱，极端高温达41℃，我赶赴天台县，指导当地园区开沟引水工作，缓解园区干旱灾情。2018年，开年就遇到暴雪冰冻，我在长途客车停运的情况下，自己开车赴园区指导枇杷花期防寒工作，和农民一起共渡难关。一路走来，我不仅收获了知识和经验，也收获了一大帮农民好朋友，看到他们那对知识、对技术渴求的脸庞，我告诉自己，我的工作内容虽然有限，但是我要用无限的热情和最大的能力来回馈这片热土。

2023年是我与天台县相识的第10年，我依然抱着初见时的激情，继续为天台县贡献我的绵薄之力，同时也希望我与天台县还有更多的10年。

## 收 获

# 循着初心向前走

我在担任天台县科技特派员期间最大的收获，就是帮助当地农民利用科技的力量实现增产增收、脱贫致富，真正享受到社会发展的红利。

2014 年以来，在浙江省科技厅的支持下，在天台县科技局和实施单位的帮助下，我开展了多批次的项目。每一个项目、每一个园区、每一滴汗水，都为我们浙江大学"新农人"的兴农之路添上了浓墨重彩的一笔。

设施梨园智能监控物联网项目实施后，明显提高了当地蜜梨的栽培管理水平和果农的科技素质，不仅转变了果农的经营管理观念，还显著增加了果农的经济收入，有效地促进了当地的经济繁荣。同时，农药、肥料和灌溉水的使用量大大减少，实现了蜜梨的低碳、清洁生产，有效地改善了区域生态环境。我们指导的容田家庭农场被评为浙江省精品果园，蜜梨也被评为浙江省十大梨品牌之一。

山地枇杷优质生产技术示范应用项目在实施过程中，合理使用喷灌设施，有效达到节约灌溉用水、降低地下水位等目的，也使得山地枇杷长势良好。在园区遭受暴雪冲击后，我迅速指导基地开展防治抢救工作：采取对压断的枇杷枝干进行削平断口、树体涂以保护剂、大枝裂口及时绑扎紧实等急救措施，并用磷、钾肥进行根外追肥，在土中追施速效肥。如今，我们在天台县成功种植上了"白沙"这个本不容易种植的品种。在收获季节，产品供不应求，农民获得了沉甸甸的喜悦。

近期开展的设施葡萄高效种植项目，主要是通过建设数字农业精准调控下的设施葡萄种植示范基地，因地制宜改良种植条件，实现葡萄的避雨栽培、促成栽培、延迟栽培等。

每当一个项目取得重大突破、重大成果后，我都由衷地感到高兴，因为这不仅证明了我所坚持的事是正确的，更证明了我们的工作能够实实在在地为农民带来共富好日子！

创 想

# 我与"兴农"有个约定

2020年，新冠疫情的冲击为工作带来了困难，但我想到最多的还是当地农民的困境，因此在做好防护及坚决服从国家防疫政策的前提下，我依旧前往一线工作，赴基地调研生产情况。这一年开展的"坡地优质果园生态健康种植技术集成与示范"项目，实现了天台县现代农业园区坡地优质果园生态健康种植技术的实施和优质、高效的栽培管理，同时建立了集成技术示范园，有效提高了水果栽培品质。

2022年，新一轮的特派员工作又开始了，这次我们在园区开展"数字农业精准调控下的设施葡萄高效种植模式示范"项目后，果农已经意识到数字农业对效益提升的重要作用，大家纷纷要求来学习和参观。

在国家、地方政府、科研院所的大力支持下，近年来，天台县的经济大踏步发展，农业技术也随着时代的进步得到提升，一批批科技特派员与地方结对，书写着"新农人"的"兴农"故事。

在我看来，全面建设社会主义现代化国家，最艰巨最繁重的任务仍然在农村。"新农人"虽然站在时代的风口，但也面临着许多困难和挑战。现实要求我们"新农人"敢于迎着困难上，能够在风雨中成长。"新农人"的蜕变和成长，也将见证和影响农业的发展变迁。

土地不会辜负每一份辛劳。在伟大的新时代，我将继续尽情地挥洒热情和汗水，把科技兴农、乡村振兴等美好愿景，奋力"书写"在希望的田野上。

## 评述点赞

天台县平桥镇原副镇长杨勇：黄凌霞老师为我们带来了新技术，让我们感受到了科技的力量，原先我们干农活都是风吹日晒的，现在可以在室内检测农作物的生长情况，而且作物的产量也提高了。自动化程度这么高的设施农业大棚，也成了我们新农村的新风景！

平桥镇三吴村党支部书记吴伟永：我们村原本是镇里的后进村，跟旅游村一点也沾不上边，没想到，黄老师来到我们村后，指导我们将农场和村里一起规划，一起建设，现在村民开始吃起旅游饭了，村里也被评为 AAA 旅游村。

天台县容田家庭农场主张月明：自从黄老师成为我们镇的科技特派员，经常往返于杭州市和农场之间，人对人，手把手，教我们技术，改进模式，探索数字农业，现在农场被评为浙江省精品果园，果园中的梨被评为浙江省十佳梨品牌之一，并通过了绿色认证。

黄凌霞（右）在平桥镇坡地指导农户开展白枇杷种植

# 温明霞——变"百香果"为"百项果"

## 我的初心

> 我是浙江省农业科学院柑橘研究所派出的科技特派员，从 2015 年至今，任科技特派员已有 8 个年头，先后被派驻到台州市黄岩区北洋镇和衢州市柯城区石梁镇。我的初心是给果农做帮手，和果农交朋友，用科技让果实更香甜。
>
> 我是土壤与植物营养学博士，副研究员。主要从事植物营养与生理、土壤健康维持及施肥管理、果园生态、果实品质提升等方面的研究，主持多项相关科研项目，参编施肥管理及柑橘种植相关著作数本，获授权发明专利 6 项。获得"浙江省优秀科技特派员""工作成绩突出科技特派员"等荣誉称号。

## 故 事

## "百香果"特派员

说起我当科技特派员，就不得不说说"百香果"的故事。

2015 年春，初任台州市科技特派员的我，被派驻到了台州市黄岩区北洋镇，这是一个拥有良好生态资源和历史人文遗迹的小镇。

报到那天，镇里的领导跟我聊到当地的果树种植时，我看出了他的担心。他说："果农引种果树的热情很高，有人想种水蜜桃，有人想种蓝莓，还有人想种猕猴桃、大樱桃……但是不知道这里的土壤和气候条件是否合适，栽培管理技术是否跟得上……"当他听说我有土壤与植物营养学的专业背景，又有果树研究经历时，一下子兴奋起来："那我还愁什么嘛，一起努力，争取把镇上打造成百果园，百果飘香时，你就是'百香果'特派员啰。"

虽然是句玩笑话，但饱含希望与信任。冲着这份信任，当"百香果"科技特派员成了我的梦想。而实现梦想的途径，就是让这里百果飘香！

从此，我追着梦奔跑，频繁往返于果园和实验室之间。从土壤采集、分析检测到配方施肥、营养诊断，从整形修剪到增强树势、品质提升，在果树生长的每一个环节我都尽心尽力，丝毫不敢有半点马虎。经过6年的努力，北洋镇建成各种水果示范基地10家，水蜜桃、蓝莓、猕猴桃、樱桃、柑橘等水果在这里扎了根。北洋镇从一个名不见经传的小镇，变成了频频在网络报刊中曝光的"网红"小镇。每到节假日，会有众多游客慕名而来，采摘游玩。眼见"果香"注满"钱箱"，果园的"颜值"转化成"价值"，我的心里别提多开心了。

这些年，我将自己的科研理论与农村实践实现无缝对接，努力打通"送科技到农户"的"最后一公里"。虽然离"百香果"的名号还相差甚远，但我坚信，只要有梦，敢于追梦，梦想就一定会实现！

收　获

## 乡村振兴，果园飘香

说到收获，果农的笑容和使服务乡镇产业振兴，是我最大的收获。

被派驻到台州市黄岩区北洋镇让我与果农零距离接触，对柑橘的田间管理有了更深入的了解，果农在种植过程中遇到问题时我们尽量第一时间帮助解决，用自己的专长为农村、为果农做一些贡献。在北洋镇任科技特派员的6年间，我积极助力当地发展现代农业、开发休闲旅游、打造特色生态宜居乡村。通过引进农作物新品种和推广应用先进技术，将北洋镇最大的蔬菜种植基地——曦禾农场打造成集种植和经营于一体的现代化高效有机农场，为附近农民提供工作岗位200多个，为当地农户增加收入6000多万元；协助台州市富伟果业有限公司建立400多亩柑橘水肥一体化示范果园，申请了"黄岩源头"红美人商标，同时借助直播、电商等销售新渠道，使当地果品快速地销往全国各地，实现柑橘产业绿色高效发展。

在此期间，北洋镇也先后获得"省级农业特色强镇""省级平安农机示范乡镇""省级现代农业科技示范基地""省级农业特色观光小镇"等荣誉称号，擦亮了小镇农业科技的"金名片"。

"橘奴千树，筐筐满家，市橘之舟，鳞次河下"，这是徐霞客笔下的衢州柑橘。2021年初，我以省派科技特派员的身份被转派到中国椪柑之乡衢州市柯城区石梁镇。在短短的2年间，我为当地引进"无核椪柑"新品种，因地制宜引入避雨保温设施大棚，有效地解决了土壤退化、多雨、低温等引起的树势衰退、真菌性病害及果实品质下降等问题，集成现代化柑橘栽培技术并进行推广，促进柑橘提质增效。经过系统的指导和定期的走访，石梁镇各类农业科技问题逐渐得到有效解决。

在这8年科技特派员生涯中，我先后获得"浙江省优秀科技特派员""工作成绩突出科技特派员"等荣誉称号。

创 想

# 不忘初心的"百项果"

对于未来的科技特派员之路，我满怀信心与期待，我将赋予"百香果"新的内涵，那就是研发及引进百项成果，在衢州市乃至在整个浙江省落地实施"百项果"；同时，针对自身专业及工作实际，在柑橘产业振兴方面持续发力，不断推广应用柑橘栽培管理新技术，使橘香更浓。

2023年一开春，我就和专家团队来到衢州市柯城区召开了一次柑橘产业咨询会。会上，衢州市柯城区石梁镇柑橘种植大户、企业代表与乡镇农业负责人，一一提问在柑橘生产中遇到的难题。我们除了在会场为他们答疑解难，也到各个基地去进行现场指导。一年之计在于春，柑橘园的春季管理是否到位，直接影响柑橘一年的生长发育与产量。我能感受到他们内心的期待，接下来我要做的就是尽我最大的能力为他们多做一些事情。

目前，我们已经为石梁镇引进了6项柑橘生产技术，正在逐步推广应用。在韵泽盈农业科技发展有限公司率先建立了柑橘示范基地，针对幼龄橘园行间空地富余等实际情况，采取套种西瓜、花椰菜和草莓等措施，既能实现橘园全年有收入，又可减少杂草生长，还能有效地增加土壤有机质，改善橘园的生态环境。据估算，在幼龄柑橘设施大棚内采用上述套种技术，西瓜年产量可达5000斤/亩，可增加经济效益10万元以上，花椰菜年产量能达到2000斤/亩，可增加经济效益5万元以上。这项技术也受到了农户的一致好评，下一步将进行改良并推广。

梦在远方，我们一直在路上，不管道路是否坎坷，一定要做到：不忘初心，砥砺前行！

## 评述点赞

北洋镇富伟果业有限公司柑橘基地负责人王富球：我以前是做生意的，对种植柑橘一窍不通，温老师经常来我的基地指导。她人很好，总是笑呵呵的，不厌其烦地给我们讲技术。柑橘收获的时候还为我们推荐客户，帮我们卖柑橘。我们基地的柑橘在温老师的指导下，果实很漂亮，品质好，卖的价钱也高，很多人羡慕我，外地人都来向我取经。

浙江韵泽盈农业科技发展有限公司基地负责人郑振华：温老师没来柯城区当科技特派员之前，就经常来衢州市的柑橘基地指导柑橘栽培管理技术，来过我们基地很多次，我也听过温老师的培训讲座，讲课很生动，既有理论知识，又有实践案例，很容易听懂，操作起来也不难。我在申报科技项目的时候，也多次向温老师请教过，她总会给我提出修改建议，非常感谢她的无私帮助。

温明霞（右）在讲解柑橘采收前后的管理技术要点

# 陈思宇——深耕竹乡，做产业创新升级"护航人"

## 我的初心

我是浙江农林大学派驻龙泉市八都镇的科技特派员，也是"非典型科技特派员"，"科技特派员＋市长助理"的身份让我和龙泉市的感情越来越深。我的初心是一辈子深耕竹乡，做好一个产业，让"草根"的竹木加工插上科技的翅膀，为林农共富贡献绵薄之力。

我是"80后"，教授，现任浙江农林大学艺术设计学院党委书记。近年来，发表论文30余篇，出版专著2部、教材3部，获授权发明专利76项，主持项目40余项，获中国产学研合作奖、浙江省科技兴林奖等共4项。

## 故　事
## "及时宇"与"三板斧"

2015年，我被龙泉市以高端人才"柔性引智"的方式聘任为产业首席专家，成了市长助理，负责龙泉竹木产业转型升级及技术革新工作，同时也是龙泉市的科技特派员。

龙泉市位于浙闽赣边境，是"九山半水半分田"的浙西南山区林业县，也是浙江省重点帮扶的 26 个经济欠发达县市之一，有竹林面积 61 万亩，竹业收入占林农收入的 60% 以上，竹木产业对龙泉市来说是关乎百姓脱贫致富的富民产业。

刚到龙泉市的时候，当地正在开展环境综合整治工作，不少违法搭建、存在安全生产隐患的家庭作坊式粗加工厂被拆除或要求整改，竹木加工产业到了转型升级的攻坚阶段。看到被拆除整治的竹木企业、不断下跌的竹木价格、竹农渴望改变的眼神，我感到自己肩上的担子沉甸甸的。

为帮助产业渡过难关，我第一时间组建了科技服务团队，走遍龙泉市的 8 个镇 7 个乡 4 个街道，走访 600 余家企业和林农，写了一份 6 页纸的调研报告，列出了竹木产业存在的 4 个问题和解决方案，为政府出台竹产业相关政策提供决策参考，被大家称为竹乡"及时雨"。

这个称呼里，饱含了竹乡干部群众对我的期望。为此，虽然称不上是"大刀阔斧"，但我一环紧扣一环，使出了精心谋划的"三板斧"：

一是在我的倡导和努力下，龙泉市竹木产业协会成立，整合了以前的竹胶板、木质玩具等 7 个分协会，把分散的甚至是较劲的力量联合了起来。我又发挥自己的信息和资源优势，带领协会成员去北京市、四川省等地考察学习，邀请国内外著名竹木产业专家来现场指导，通过技术对接、项目合作、创意设计等工作，助推龙泉市竹木企业加快转型升级。

二是从 2016 年开始，我牵头组织六届"龙韵杯"（国际）竹木产品设计大赛，吸引国内外众多设计师参与，有力提升了龙泉市竹木企业的创新意识、知名度，弥补了产品创新不足的发展短板。

三是我引导企业将研发中心、销售中心等高端人才集聚型部门设立在上海市、杭州市等地，将生产基地等劳动密集、操作型部门留在当地，解决竹木产业"研究无、应用缺、操作老"的人才困惑问题。

目前，龙泉市竹木产业产值达 60 多亿元，为企业和林农带去了实实在在的经济效益。

## 收　获

# 联名信让我常留"我的龙泉"

在我的手机里，随时可以调出龙泉市几乎任何一家竹木企业的电话，我用心为企业解决各类技术难题，大家遇到什么困难和问题，也总是第一时间向我反映，把我当成朋友。

可是，2017 年，在我任职期满的时候，这些朋友却瞒着我做了一件事，20 余家竹木产业协会副会长单位代表 400 余家竹木企业联名给浙江农林大学写信："恳切希望继续得到贵校的支持与援助，让陈思宇同志继续留任龙泉市工作一段时间……"

我是又震惊又感动啊，没有想到，我只是做了一点微小的工作，却得到了这么多家企业的认可。

龙泉市委、市政府也高度重视，第一时间派专人与浙江农林大学对接。于是，我这一留就是 6 年。

这些年，我收获了不少荣誉：龙泉市"杰出人才"、"市校合作先进个人"、丽水市"创新引领"突出贡献个人、浙江省突出贡献科技特派员、浙江省林业推广突出贡献个人……但在我的心中，有一个特别珍视的荣誉，那就是龙泉市"荣誉市民"。

将来无论在哪里，我都会以自己的方式，为龙泉竹木产业的转型升级和技术革新继续努力，建设"我的龙泉"。

创 想

# 做好产业"护航人"

作为一名科技特派员，我把企业的实际诉求带到学校，把高校的智力资源转化到生产车间，在市内与市外、企业与市场、政府与高校之间架起一座技术桥梁。

但我知道，我这个科技特派员和其他科技特派员又不太一样。市长助理的身份，让我有更广阔的平台，能调动更多资源，把竹木产业放在龙泉市发展的大局中去思考。

在龙泉市的8年里，我推荐1个团队科技特派员服务县域产业，3个省级科技特派员服务3个乡镇，8个工业科技特派员对接8家企业，构建了以团队科技特派员、省派科技特派员、工业科技特派员为梯队的竹木产业服务体系。2019年，浙江农林大学龙泉市科技特派员工作站正式挂牌成立，我又组建"浙江农林大学龙泉市竹木产业科技创新团队"，构建了"教师＋研究生＋本科生"的产教融合联合培养人才体系，与企业及合作社共建8个学生实践基地，每年都有大量的学生服务在生产第一线，有效培养了学生爱农支农、重农强农的"三农"情怀，并且已有多位学生作为引进人才留在地方，在农林系统任职，成为实实在在服务"三农"第一线的人才。

我还鼓励竹木企业利用电商平台创新销售模式，带动小家具等产品快速推向市场，以鞋架、书架、衣帽架等为代表的龙泉竹木产品在网上销售名列前茅，推动龙泉市成为以竹木小家具为特色的竹木制品生产销售中心。2019年6月，我起草的《关于构建龙泉竹木电商产业平台的建议》引起市委、市政府的高度重视。几经研究，目前，投资4.5亿元的龙泉市竹木电商产业园已经开工建设，配套的浙江省龙泉森林经济综合体项目也已获批，竹木产业展现出了良好的发展势头。

这2年，整个产业结构不断升级，产值规模也扩大了，目前总产值达到60多亿元，规上产值增长34.2%。其中，电商模式增长量最大，在竹木小家具类目里面，全国排名前10的店铺里有7家是龙泉市的。

我给龙泉市竹木产业定了一个小目标：5年之后总产值达到100亿元。我坚信，龙泉市竹木产业的未来无可限量。

## 评述点赞

龙泉市竹木产业协会秘书长叶裕东：陈老师是我们竹木产业协会的主心骨、"娘家人"，只要他在场，我们就有了底气，他是拼命三郎，经常日夜兼程，为了企业来回奔波，一趟就是800多千米，对企业有求必应。

龙泉市原常务副市长熊勇军：陈思宇刚来时，市里只期待这个知识分子给竹木产业带来一些新理论、新观念，渐渐地，大家发现，陈思宇是真正在做事，兢兢业业，一点儿也不含糊。

《科技日报》报道：如果真的要用某种科技特派员类型来界定陈思宇，他倒更像在浙江省丽水市已经服务了好几年的工业科技特派员。对龙泉市来说，陈思宇本是个外来客，但仅仅4年时间，就成了龙泉市的"荣誉市民"和杰出人才，也成了当地企业家的"娘家人"。（张盖伦：《外来客变身本地竹木产业"娘家人"——记浙江龙泉科技特派员陈思宇》，《科技日报》，2019年11月25日）

陈思宇（右一）在指导竹木玩具企业生产

# 鹿连明——科技让蜜橘更香甜

## 我的初心

我是浙江省农科院派驻丽水市莲都区太平乡的科技特派员。我的初心就是学以致用，尽己所能，聚焦农业生产中的堵点、难点问题，为柑橘产业发展插上科技的翅膀，助力乡村振兴和共同富裕。

我是"70后"，博士，副研究员。工作以来，在柑橘植保领域取得了多项研究成果：主持科研项目10余项，发表学术论文30余篇，参编学术专著3部，获授权发明专利16项，获浙江省科技兴林奖二等奖、三等奖各1项，入选浙江省"151人才工程"第三层次培养人员。

## 故 事
## 从"第一战场"到"第二战场"

说起我的科技特派员经历，首先要从我的"第一战场"说起。

2014年，丽水市庆元县与蓝城农业开发有限公司合作，计划建立甜橘柚规模化生产基地，急需柑橘领域的专家提供技术服务。为此，我作为柑橘研究所引进的第一位博士，便成了此次选派优先考虑的人选。

然而，事不凑巧，彼时庆元县甜橘柚产区乡镇已安排好了科技特派员，唯有不适宜甜橘柚种植的东部乡镇尚有空缺。就这样，阴差阳错，我被选派到了丽水市庆元县左溪镇，自此开启了我的科技特派员生涯。

初次踏上前往庆元县左溪镇的行程，给我的第一感觉是"路远道艰"。那时丽水市庆元县还没开通高铁，从台州市乘大巴到丽水市再转车到庆元县要近 7 个小时，而到庆元县后已没有前往左溪镇的班车，只能先住一晚后再乘坐第二天的班车经 2 个小时的山路才到左溪镇。就这样每个月来来回回，我在左溪镇一待就是 5 年。

因切身感受到左溪镇的交通不便，便更能体会到在大山深处发展农业的艰辛。为此，我积极与地方政府和老百姓沟通交流，深入调研，分析当地产业发展现状和实际需求，先后组织实施了金银花、猕猴桃和香榧等产业的相关项目。因这些产业非我专业所长，为此我一边恶补相关知识，一边邀请专家开展培训指导，功夫不负有心人，5 年下来，猕猴桃产业在左溪镇落地生根，金银花、香榧产业也得到了稳定的发展。

岁月如流，转眼来到 2019 年。莲都区因 2016 年的严重冻害和黄龙病的肆虐，失管和半失管果园日渐增多，柑橘生产效益持续下滑，全区柑橘产业发展遇到了前所未有的困难。如何突破柑橘发展瓶颈，加快产业转型升级，已成为当时亟待解决的问题。因为我本人有着近 10 年的柑橘黄龙病研究经验，经多方协调，便被转派到了莲都区太平乡，自此开启了我科技特派员生涯的"第二战场"，我也准备在这里放开手脚大干一场。

收  获

## 最是橙黄橘绿时

一分耕耘，一分收获。作为科技特派员，我的收获不是在论文产出上，也不是在职称晋升上，而是在那"树树笼烟疑带火，山山照日似悬金"的无限风光中。

在庆元县持续多年的科技服务，带来的是甜橘柚的优质高效生产和产业的蓬勃发展。各项先进生产技术措施的示范应用和推广，提升了当地果农的栽培管理技术，更新了其生产经营理念，为甜橘柚产业的高质量发展提供了强有力的技术支撑。与当地农林部门合作的项目"甜橘柚良种引选及高品质栽培技术推广应用"，获得第 22 届浙江省科技兴林奖三等奖；联合申报的 2023 年度浙江省"尖兵""领雁"研发攻关计划项目"甜橘柚无病毒苗木繁育及优质高效生态栽培关键技术研究与示范"，获浙江省科技厅立项。下一步将在甜橘柚无病毒苗木繁育、优质高效生产和绿色生态栽培等方面，开展系统研究并推广，为庆元县甜橘柚产业发展不断注入新的活力。

在"第二战场"莲都区持续近 4 年的科技服务，带给我的收获是核心示范基地带动莲都区柑橘产业转型升级的良好态势。通过项目的实施，太平乡牛头山柑橘基地内黄龙病的发病率控制在了 0.5% 以下，2021 年实现橘果平均售价 4 元 / 千克，2022 年橘果可溶性固形物平均达到 13° Bx 以上，销售价格达到 8—10 元 / 千克。原来杂草丛生、树势衰退、病虫多发的老旧果园，已逐渐转变为具有勃勃生机的崭新示范基地，并逐渐成为可复制、可推广的柑橘提质增效的样板。同时，作为丽水市水果产业技术创新与推广服务团队专家，我积极推动国家现代农业（柑橘）产业技术体系综合试验站项目、国家重点研发计划项目等在莲都区落地实施。

"一年好景君须记，最是橙黄橘绿时"，柑橘丰收的时节，也是我作为科技特派员收获的时节。

创 想

## 科技让蜜橘更香甜

回望来时路，感慨万千。从初当科技特派员时的惶恐不安，到现如今开展工作驾轻就熟，从埋头于实验室的科学研究人员，到在田间地头与农民朋友并肩工作的科技服务人员，近 10 年的科技特派员历程，让我不断进步和成长。

学以致用。近 10 年来，我深切感受到科学技术在农业生产中的重要性，也深刻体会到农民朋友们对知识的渴求，我将个人所学毫无保留地投入科技特派员工作中。每次下乡时，听到老乡们称呼我为"鹿老师"，每次举办培训会时看到座无虚席的会场，我总是会心潮澎湃。授人以鱼不如授人以渔，经费虽能解一时之困，但科技帮扶才是农民增收致富的长久之计。我总是担心自己服务得不够好，便经常邀请其他研究方向的专家一同前往，希望不断提高服务质量。

用以促学。近 10 年来，我更懂得了搞科研、做学问不能闭门造车，也更理解了"把论文写在田野大地上"这句话的含义。我深入了解农业生产中存在的堵点、难点问题，深刻剖析问题产生的根源，以问题为导向组织项目申报，集中力量开展课题研究和技术攻关，在提升科研水平的同时又将科研成果转化到生产实际中去，不断提高科技服务的水平和能力。

科技，让蜜橘更香甜；服务，永远在路上！当前，庆元县的甜橘柚产业发展势头正劲，接下来将从无病毒苗木繁育、优质高效生产和绿色生态栽培等方面，做好有力的技术保障。莲都区示范基地建设成效初显，但在带动全区柑橘产业转型升级方面还有很长的路要走，下一步将在品种结构优化、产量品质提升等方面持续发力，重新擦亮"太平蜜橘"品牌，不断推动莲都区柑橘产业发展。

## 评述点赞

莲都区农业特色产业发展中心副主任吴宝玉：很早就认识"橘博士"鹿连明，他被派驻到莲都区太平乡后，见面的次数就更多了：有时是在培训会场上，他作为技术专家在授课；有时是在田间地头，他在手把手指导工作。我们经常跟他开玩笑说："丽水市已经是你的第二个家了。"

丽水市傅梦萍蜜橘专业合作社负责人傅陈波：他是我认识的老师中最接地气的，在他身上甚至看不到"书生气"，跟其他农民一样整天穿梭在橘园中，和他闲聊时也总是三句话不离本行，向我传授先进的柑橘生产技术、管理经验和经营理念。

鹿连明（左）在柑橘基地分析柑橘树势衰退原因及指导缺素矫治

# 章钢明——菜农的特殊"服务员"

## 我的初心

我是浙江省杭州市富阳区农技推广中心派驻富阳区场口镇等 4 个重点农业乡镇的科技特派员。我的初心是用科学的种菜知识灌溉农民的心田，使他们增收致富，成为联络、指导蔬菜生产的"服务员"。

参加工作 40 年来，作为研究员的我在蔬菜（食用菌）领域取得了 20 多项成果，编撰科技书 3 部，发表论文 16 篇，获浙江省科学技术进步奖一等奖和浙江省农业科学技术进步奖一等奖各 1 项，参与制定地方农业标准规范 3 个。

## 故 事

## "G20 保供"

在成为科技特派员的那一年，我有了件最难忘的事，那就是"二十国集团（Group of 20，G20）杭州峰会保供"。

2016 年，G20 杭州峰会召开，富阳区的黄瓜、茄子被列为备选保供菜品，我也被指定为保供小组的组长。当时压力很大，但我下定决心，不惜一切代价，坚决完成 G20 杭州峰会保供任务！

当时，我们的保供基地是杏梅坞高山蔬菜基地。这个基地位于海拔 500

米的山上，周围的自然环境复杂且不能安装围栏，防破坏和防病用药都需谨慎。我与工作小组成员一接到任务，就入驻基地。其间，我们保持 24 小时不松懈，每日按时检查、认真记录、科学防治、精育品种，几乎可以说，是与基地业主同生活、同劳动。唯一一次出基地，是因为那一年干旱导致蔬菜灌溉受到极大影响，不得不紧急救援。

在以往的科研中，我也有 24 小时不眠不休、长时间做实验测试的情况，但这次保供还是给我留下了十分深刻的印象，它的责任更重、标准更高、工作更紧，并且不容出一点儿差错。驻点 47 天，我们共运送杏梅坞高山蔬菜 9 车次，其中黄瓜 3490 千克、茄子 2560 千克。后因工作认真、具体指导到位、处置措施得当，我负责的杏梅坞基地由备选升为主供，后来更是成为质量优、数量大的峰会食材供货大户。

这次保供工作圆满完成后，我不仅得到各级领导的肯定和赞赏，也获评"2016 年浙江省 G20 保供工作先进个人"。

## 收　获

# "冬瓜王"和抗疫先锋

自担任科技特派员以来，我一直注重用专业知识发掘"农业新点子"。挑战"浙江农业之最"是其中最亮眼的一项。2020 年，我指导杭州市富阳区场口镇场口村滕雁鸣师傅种出重 223.9 千克的大冬瓜，这个成果打破了当时的吉尼斯世界纪录，也让我过了一把"登台亮相"的瘾。"冬瓜王"的长成是科技助农的典型实践。我从育苗、移栽、肥水管理等细节入手，在早春、炎夏、秋天不定期到基地查看，通过大肥大水增加瓜蔓的叶数、叶面积、叶片厚度、提升光合效能。特别是夏秋高温时节，更是采用瓜柄涂药防病、沟灌保湿降温等方法，确保植株健康旺长。

我还坚持为农民做好服务。2020 年，突如其来的新冠疫情，让蔬菜遭遇了前所未有的"寒冬"。蔬菜流通成为当时最大的难题——菜园的蔬菜收不回来，菜农的蔬菜卖不出去，千万家庭无菜可吃。我第一时间召集人员成立了蔬菜生产技术服务指导组，指导农户科学保鲜，同时和基地、社区沟通，提出"无接触配送"的服务建议，由交通运输部门和骨干基地提供支持。最终设想成为实践，大伙儿团结一致，成功将蔬菜送到了餐桌上。经我精心组织，配送大户由 1 月 28 日的 3 家扩展到 12 家，数量从一开始的几十单至 2 月 5 日已有 1200 余单，销售额达 10 万元；有的配送到小区，也有的配送到超市，更多的是通过微店、网店平台销售。现在的"菜婆婆""小象""鲍少"等网上平台都是当时成长起来的。"无接触配送保供"的做法得到了各界的肯定，并迅速推广，我也被评为"杭州市抗击新冠疫情工作先进个人"。

## 创 想
## 孕育"更有味道"的蔬菜

我常说，做科技特派员，要走得出去，沉得下去。

要坚持把解决疑难问题的技术送到田间地头。有一年，我接到消息，杭州市富阳区万市镇彭家村的万兴种养殖专业合作社的香菇减产，赶紧赶过去。恰逢大雪，农民十分着急。检查后才发现，因为夏天暴雨冲走了不少菇棒，当时农民没在意，结果再遇大雪导致菌菇减产。我组织加固大棚，及时挽救损失。我还应邀到云森农业园、新沙岛快乐公社、新登悦家果蔬基地等地方，帮助制订基地规划和生产计划，不定期开展上门指导或电话、微信指导服务。作为科技特派员，要真正成为他们的"服务员"。

要把发掘"农业新点子"的习惯传承下去。在指导农户的过程中，我发现，同行的交流也十分重要。比如，我希望利用现在的数字技术，搭建一个学习和交流的平台，共同指导孕育"更有味道"的蔬菜。目前，我正在致力于这个平台的建设。希望能发动各方力量参与，把现代科技的种子播撒进广袤的田野，帮助农民走出一条乡村振兴的新路。

## 评述点赞

富阳电视台报道：作为科技特派员，章钢明每年指导农林科技项目4个以上，在项目设计、具体实施及资料整理等方面都给予指导服务。章钢明自担任科技特派员以来，先后在杭州市富阳区大源镇、万市镇、常安镇、场口镇等驻扎，这些年来，他一直致力于用自己的专业知识指导农户种植，帮助农民致富。

场口绿禾源负责人朱伟锋：章钢明工作勤恳踏实，时刻为我们农业人着想，了解我们的困难，他提出的高品质瓜果生产建议，正符合我们基地的生产和销售策略，很接地气。他总是积极帮助我们，是我们非常难得的好朋友。

常安镇杏梅坞蔬菜专业合作社负责人何喷香：我们从2001年开始种茄子、辣椒时就认识章老师了，是他一直帮助我们发展和成长，我们杏梅坞基地有今天的成绩离不开他的支持。他把学到的知识技能毫无保留地传授给我们，在我从农民技术员成长为高级农民技师的过程中，是他手把手教我写论文、报项目、搞科研，他是我真正的"师父"。

章钢明（左）在指导小番茄架式无土栽培

# 刘长国——放大骨子里的"热爱和不舍"

## 我的初心

我是浙江农林大学教授，自 2017 年起，被派驻到温州市平阳县腾蛟镇开展科技特派员服务工作。我的初心就是以自己的专业知识与资源，让农民企业、农民朋友了解科技，让科技实现他们的创业梦想，用科技提高经营效益、实现共同致富。

我主要从事中药在宠物产业中的应用及保健产品研发，是浙江省中青年学科带头人、中国畜牧兽医学会家禽学分会理事、浙江省畜牧兽医学会理事、世界家禽学会（WPSA）会员、浙江省乡村产业振兴带头人培育"头雁"项目专业导师、国家自然科学基金委员会评审专家。主持科研项目 10 余项，发表论文 50 余篇，获授权发明专利 5 项，参编著作 2 部。

## 故　事
## 我的担心纯属多余

我在省属高校工作，如何实现科研与地方产业挂钩，既服务地方产业又从中发现问题，并以此作为科研对象，是我一直在琢磨和想要付诸实施的心事。

当我作为一名科技特派员出发前往派驻乡镇时，我的心里还是有不少顾虑的。我既担心自己不善于言谈交际会制约帮扶工作的开展，又担心自己当时还不会开车，难以到达山沟僻壤把技术及时送到最困难也最需要帮扶的农户家中。思虑再三，我决定：不善言谈就多干活，实实在在带着农民干、做给农民看，当好一个"接地气"的科技特派员。让我感到十分高兴的是，一旦投身实际工作中，我的担心纯属多余。

平阳县地处温州市，这里的人们勤奋、务实、重视科技，浓厚的奋斗精神和创业氛围渗透每个角落，为我开展好科技帮扶工作提供了各种物质和精神保障。

尽管学校的教学任务比较繁重，我仍坚持每个月从杭州市赶去派驻地开展实地服务。而让我印象最深的是我参与了平阳县的一次抗台救灾工作，这次抗台救灾在帮助当地农户减少损失的同时，更是对我的科技特派员工作产生了积极而又深远的影响。

2020 年 8 月初，我一如往常到达平阳县腾蛟镇，没想到台风"黑格比"马上要登陆苍南县、平阳县。腾蛟镇全镇都在紧张有序地组织抗台工作。第二天，风雨交加，出行条件极其恶劣，我跟随乡镇工作人员一起参与抗台防灾工作，一起紧盯台风走向，判断汛情发展，一起落实应急物资，转移老人小孩，一起 24 小时值班值守，做好各项后勤保障工作，一起做好灾后救护工作、复工复产工作……

这次抗台经历，让我真正理解了浙江省沿海人民艰辛而坚强的抗台精神，这种精神深深地感染了我，成为我不惧艰辛、不避风雨，做好科技特派员工作，帮扶当地农户共同奔赴共同富裕道路的力量之源、成事之基。

## 收 获

# 架起科研和产业的桥梁

腾蛟镇山多地少，畜禽和宠物养殖是当地农户的重要收入来源，这也正是我的所学所长。担任科技特派员多年，我和腾蛟镇的很多农业企业负责人、养殖户及乡镇社区工作人员精诚合作，成了很好的朋友。

养殖企业和养殖户喜欢听我从专业的角度传授疫病防治方法、营养配方、生产管理方法，在积极践行后，还会及时反馈应用效果、分享实践经验。我深感自己与他们之间不是单方面的教与学，而是共同讨论、双向互通的理论与实践相结合的互学互促，在帮扶当地产业和促进农户增收的同时，我本人也受益匪浅。

除了传统的畜禽养殖，结合当地特色，我围绕宠物食品的功能性进行研发拓展，促进产品升级，当地的温州致兴宠物营养科技有限公司积极响应，企业科研能力不断提升，2020—2022年获得了17项授权专利，并于2021年成功申请为浙江省中小型科技型企业。科技新产品的开发生产也为企业带来了良好的效益，并且产生共同富裕带动效应。在疫情期间，温州致兴宠物营养科技有限公司凭借产品优势，实现了大幅逆势增长，年产值从2020年的2200余万元，增长至2022年的1.39亿元。随着效益的增加，企业为当地农民提供了稳步增长的就业岗位。尤其在2022年，随着生产需求的增加，企业进一步开创"公司＋社区联合创业"模式，在社区设立分工厂，将农村闲散劳动力联合起来一起创业。目前创造农民就业岗位240个，人均年增收5万元。

尽管高校的教学、科研任务繁重，我仍时刻关注着腾蛟镇的发展状况，我把这里当成了自己的"第二故乡"，一直到现在，养殖户遇到了问题，大家都还是愿意向我咨询。这应该就是省派科技特派员的正常工作状态，是一座桥梁，将科技知识和农业实际生产紧密联系，保证先进的科技知识能迅速转化为实际生产力，解决农业生产问题、难题。我很喜欢这里的工作环境与氛围，我在这里的付出也深得人们的肯定，2021 年我被评为"浙江省优秀科技特派员"。

创　想

## 放大骨子里的"热爱和不舍"

几年的科技派员工作让我深有感悟，乡村振兴首先要振兴农业，农业有效益了，就能稳定、集聚农民，如此，农村自然就能繁荣。

科技特派员的精力是有限的，因此，我们必须摸清当地的农业主导产业或特色产业，然后将自己的工作融入主导产业或特色产业领域，主抓一些有影响力的企业或养殖户，助力产业效益的提升，形成较强的辐射带动效应。

此外，当前坚守在乡村、坚持农业养殖的散养户，大多数都是有很多年养殖经验的农民。这些散养户都很勤劳，他们从事养殖是希望能够创收，同时骨子里也有着一种对养殖事业的热爱和不舍。作为科技特派员，应该多和他们接触，帮助他们放大骨子里这种深耕农业的"热爱和不舍"，把他们作为朋友，相互交流学习，不仅可以从他们那里得到一些信息，获得解决问题或创业的灵感，同时还能产生行业共鸣，建立职业归属感。

深耕农业进而带动农业增效、农户增收、农村繁荣——这也是我对科技特派员工作的"热爱和不舍"！

## 评述点赞

温州致兴宠物营养科技有限公司总经理林世矿：刘教授是个很朴实、真诚的人，而且他对产品的市场反馈信息非常敏锐，总能提出有效的、有针对性的优化方案。我们应当尽力支持、配合刘教授的工作。

腾蛟镇岭门社区党总支书记陈焕楼：刘教授来了就是闷声干活，无私奉献，不讲究吃住，不摆架子；对于农户的要求，总是不嫌麻烦、踏实地落实。

刘长国举办专题讲座，传授宠物营养设计、食品与原料保存技术

# 陈庆根——稻花香里说丰年

## 我的初心

我是中国水稻研究所派驻浙江省内欠发达乡镇的科技特派员。从2005年开始，我陆续在温州市泰顺县松垟乡（现松垟社区）、丽水市庆元县举水乡担任省派科技特派员。作为农民的儿子，我见过农民吃不饱饭的样子，能发挥我的所学所长，用单位研发的新品种、新技术带动欠发达地区的农村发展、农业进步、农民致富，就是我最大的心愿。

我在30多年的工作生涯里，曾主持中华人民共和国农业农村部软科学、科学技术部成果推广等研究课题20余项；研究成果获得全国农牧渔业丰收奖1项，浙江省科学技术进步奖三等奖3项，浙江省高产优质竞赛奖1项。

故　事

## 从"冒出念头"到"一腔热血"

自1986年到中国水稻研究所工作后，我看着研究所内每年层出不穷的新成果、新技术，就一直在思索：虽然技术在不断更新迭代，但为什么农民生产的农产品产量和质量都没有提高？为什么农户辛辛苦苦忙碌一整年的收入还是老样子？为什么偏远农村还是有人吃不饱饭，延续着代际贫穷？如果能把科研院所的技术成果在农村落地，一定能为当地的发展做出贡献。

2005年，浙江省科技厅下达科技特派员的相关文件后，我就冒出了下乡的念头。在提交派驻申请后，第二天一大早我就坐上了前往温州市泰顺县县城的大巴车，到达时已是当天下午5点。由于我所派驻的松垟乡距离县城还有50千米的山路，第三天一大早我又坐公交车颠簸了2个多小时才到达松垟乡。当时的我有着一腔热血，没顾上身体的疲惫，当天就与乡领导去村里察看了欲建水稻科技示范基地的田块，并与农民进行了座谈与交流。

由于松垟乡地处偏远，当地的农户信息闭塞，在交谈的过程中，他们根本不相信世界上有亩产700千克的"超级水稻"，以为这是"天方夜谭"，对我建议种植的"超级水稻"品种也很抵触。只有一个种粮大户章庆义提出愿意配合试试，当时的我就如飘在空中的"种粒"突然有了着床的土地一般，立即决定在该农户的土地上试种"超级稻Ⅱ优8006"品种，并建议他将村内的土地全部承包连片，来年建立百亩科技示范基地。

我暗暗下定决心，一定要将中国水稻研究所亩产700千克的优良品种和先进种植技术运用于此，让农民们增收致富。2006年，我在松垟乡所属的上仁村比较平坦的一片良田上建立百亩优质水稻科技示范基地，并确定章庆义为生产负责人。

在基地里，我经常头顶烈日，冒着酷暑高温，为农户们手把手操作示范，讲解优质水稻品种的特性和育秧技术。关于水稻秧苗、稻株生长期何时灌水、何时烤田、何时施肥、何时打药，我都在现场给予指导。记得有一次在田间栽秧苗时，由于田埂过于光滑，我不慎落入水田里，狼狈不堪，引得村民们哈哈大笑。正是在这样日复一日的相处中，我和农户们的距离进一步拉近，他们对我的信任也日渐深厚。也正是因为我如"拼命三郎"一般的投入，当地农民根深蒂固的水稻种植老传统、老观念被彻底扭转了。

## 收　获

# 稻花香里说丰年

由于选用了优质水稻品种、建立了超级稻百亩示范科技基地，2006年泰顺县的亩产量达到672.7千克，为驻点乡农民增加产值150万元。之后的2007年、2008年超高产优质水稻品种在该县的其他10余个乡镇成功推广，激发了全县农民种植超级稻、优质稻的热情。我个人也因此被泰顺县委、县政府推荐为"浙江省科技成果推广奖"候选人。

之后，我在庆元县举水乡任科技特派员期间，除在粮油合作社、家庭农场、种粮大户中推广研究所的优良品种与种植技术外，对庆元县农业龙头企业——庆元县举水乡天宸农业公司的水稻项目进行深入指导，并提出一连串建设性建议——对本乡的种粮大户、家庭农场生产的高产优质水稻进行全方位收购，由公司统一加工、包装、对外销售，以提高水稻产品的附加值……这极大地促进了企业发展。此外，由于该乡是以对外旅游、农家乐为主的产业结构，农业生产领域相对薄弱。针对此情况，我牵头举办了全县"乡村振兴产业先行技术途径、措施探讨"培训班，增强了全县干部与企业的致富欲望，农民们纷纷表示要将自己的产业做精做细，做强做大。

我用脚步丈量偏远村落里的每寸土地，利用村里的生态环境优势，强化技术和品种的"引擎"作用，实现当地水稻产品优质化、营养化、功能化，以自己的专业知识让一批农户也成了"稻田专家"。"稻花香里说丰年"，在帮助农民的同时，我的个人价值也得到了彰显，取得了一些荣誉：获泰顺县科技特派员工作简报通报表扬10次，浙江省科技特派员工作简报通报表扬3次。泰顺县水稻优质高产百亩示范方法获得2007年浙江省农业农村厅优质高产竞赛奖，获得第六届中国农业推广研究征文优秀学术论文一等奖。

创 想

# 做创新之果的"推广桥梁"

在担任科技特派员期间，我意识到虽然全国的超级稻品种有几十种，适合浙江省种植的品种也不少，但都没能在贫困偏远地区落地生根，其原因在于"推广桥梁"的缺位。

应运而生的科技特派员制度架起科研机构和农户之间的联系桥梁。尽管各偏远山区条件比较艰苦，但这项制度是让科技成果快速落地、帮助科技人员将论文写在大地上的一项有力举措。20年来，在制度和政策的号召下，一批批科技特派员奔赴科技兴农第一线，把汗水挥洒在青山绿水间，手把手地将农业新技术传授给农民兄弟们，在希望的田野上播撒新科技，谱写了一曲曲科技惠农、科技富民的动人乐章。

目前，尽管我已不在科技特派员岗位上，但"身离心不离"，只要农户们需要我，我就会继续为他们教技术、讲经验，让科技成果能够在农村大地上遍地开花。"一生中能为人民做一两件有益处的事情，我就心满意足了。"这是年轻时的我刚到松垟乡时在"驻村"日记上写下的一句话。如今，只要我还干得动，就一定会为农民致富不懈努力，"稻花香里说丰年"，是我做科技特派员的一辈子的情怀！

## 评述点赞

泰顺县科技局原副局长郑晓青：陈庆根老师来我县当科技特派员，一心为农民着想。他建立的水稻科技百亩示范基地，不仅获得了历年来全县水稻最高产量，还获得了浙江省水稻优质高产竞赛奖，是一个很不错的科技特派员，值得称赞！

丽水市庆元县举水乡原党委副书记周应荣：陈老师默默无闻地干着农民们干的活，一点也没有省里下来的干部的架子。他还帮助乡里培训乡村振兴方面的有关知识，针对乡里的现状，寻找技术途径，提出应采取的措施。他在乡里待的时间较长，不同于以往科技特派员来一次就走的作风，是一个实实在在为农民着想的省派科技特派员。

陈庆根在观察"超级水稻"秧苗培育情况

# 许寿增——鼓起农民的"钱袋子"

## 我的初心

我是杭州市桐庐县农业农村局派出的科技特派员，已经连任3期近6年。我的初心就是用我掌握的科技知识和经验让农民少走弯路，降低生产成本，增加农业产出，多出效益，引导农民领略科学技术的魅力，达到共同富裕，成为值得他们信赖的"最美科技工作者"。

我是农业推广研究员，已在中药材和粮油技术推广领域取得了多项丰硕成果，获杭州市农业丰收奖一等奖、三等奖各1项，浙江省农业技术推广贡献奖1项，主持制定地方农业标准规范2个，获授权发明专利2项。

## 故　事
### 和覆盆子的近6年缘分

说起我当科技特派员的经历，就不能不说我和覆盆子的故事。我任科技特派员的近6年，也是与覆盆子结缘的近6年。

在大家的印象中，覆盆子是一种野果，殊不知，它的果实也是一种重要的药材，具有固精缩尿、益肝肾、明目的作用。由于长期从事粮油和中药材技术推广工作，所以我一直关注中药材的品质和行情。2009年，我开始关注覆盆子的行情，连续 7 年，覆盆子鲜品的收购价格一路上涨，从最初的 3 元 / 千克，涨到了 2017 年的 80 元 / 千克以上。根据多年的工作经验，我预测覆盆子产量严重过剩的情况马上就要来临，也就是说，覆盆子的断头行情即将到来。在这样的情况下，如何保障药农的经济效益？我想，必须做好覆盆子产量、质量工作。

刚好从 2017 年 8 月起，我被派驻到桐庐县覆盆子主产区的瑶琳镇，连续 2 年，我到瑶琳镇东琳村、百岁村、皇甫村、潘联村 4 个覆盆子基地，和药农商讨落实覆盆子产量、品质的试验方案和实施步骤。同时，我还和浙江桐君堂中药饮片有限公司联系，开展覆盆子样品的质量检测工作，根据检测结果，调整覆盆子种植技术和采摘时间。

为进一步扩大覆盆子的试验范围和增强试验数据的科学性、精确性，自 2019 年起，我先后到其他覆盆子主产区合村乡、旧县街道开展覆盆子仿生栽培试验示范工作，并和浙江省中药研究所对接影响覆盆子品质的理化指标检测分析工作。4 年来，我进行了 48 项试验研究，开展了 192 个批次理化指标检测和 1125 个数据观测、记录，集成了覆盆子的优质高效生产技术。自 2021 年起，我又连续 2 年开展相关的覆盆子优质高效技术培训工作，在瑶琳镇、百江镇、横村镇、旧县街道、合村乡等地推广覆盆子仿生栽培技术，面积达 2500 余亩，并积极与浙江桐君堂中药饮片有限公司联系，为相关种植户落实销售事宜。

一系列的措施，有效守住并进一步鼓起了农民的"钱袋子"。自 2018 年起，覆盆子价格一直在下降，到 2019 年处于谷底，但在我的帮助和指导下，桐庐县的农户们栽培措施合理、采摘时间恰当、烘干处理合适，覆盆子都达到了优质品标准，价格高出市场价 15%—20%，取得了良好的效益，这也是让我最感欣慰的地方。

收　获

# 农民科技致富的"带头大哥"

在担任科技特派员的近 6 年间，最让我感到自豪的事，就是在家乡大地上，用自己的专业知识帮助农民发展粮油和中药材产业，帮助他们致富。

这期间，我推广的新品种达百余种，推广适用技术 60 余项，取得了良好成效。在我的帮助和指导下，桐庐县的水稻单产突破 900 千克，小麦、油菜等单产分别突破 561.5 千克和 258.6 千克，创造了桐庐县粮油产量新纪录。桐庐县的粮油生产技术水平及中药材种植技术水平都处于全省先进水平。

此外，我还主持制定了栝楼、白及等的市级农业地方标准，参与制定了道地药园、鲜食蚕豆促早栽培技术规程等省级推荐性地方标准，申报了 30 多个省市县农业科技和农业技术项目，开展技术培训 40 余期，培训 2100 余人次，极大地提高了桐庐县的粮油、中药材生产技术水平。

作为一名科技特派员，我的初心就是让农民少走弯路，降低生产成本，增加农业产出，多出效益，因此，只要农民朋友有需求，我不分周末和节假日，都会深入田间地头解决他们的难题，从不回绝农民的请求，深受农民的信赖、欢迎。正是在我的帮助和支持下，许多农民朋友的生产技术明显提高，粮食产量不断增加，经济效益也显著提高，年收入可达数十万元、上百万元，过上了美满的生活。农民朋友们都会向我问好，亲切地叫我"许老师"。

我先后获得了"桐庐县优秀科技特派员""最美科技工作者""浙江省优秀科技特派员""杭州市首届十佳科技特派员"等荣誉称号。可以说，这是对我从事农业科技工作取得成绩的高度肯定。但最让我高兴的，还是农民朋友们的称赞："老许他懂农业、爱农村、爱农民，他就是我们农民科技致富的'带头大哥'。"

创 想

# "最美科技工作者"是工作目标

作为从事粮油和中药材技术推广的科技特派员，要做好粮油和中药材技术推广工作。

近年来，随着水稻、小麦等高产品种的推广，水稻、小麦等粮食产量有了大幅度提升，同时水稻、小麦等秸秆的产量也有了大幅度的提升。在不能在田间焚烧秸秆的情况下，秸秆全部还田是当前秸秆处理的主要方式。尽管秸秆还田可以提高田块有机质的含量，但也带来了诸多负面影响，例如病虫害增加、秸秆腐熟过程中消耗大量氧气和肥料等，而人工移除秸秆花费巨大，又拖延农时，成了当前许多农户的困扰。

因此，"消灭秸秆危害、提高粮食产量"成为我的新追求。当下，我正积极地和有关机械厂家联系，希望在合理的运行成本下，引进秸秆打捆机。同时，我还计划开展微生物发酵降解试验，以期找到一个较好的秸秆处理方法。

作为农业科技特派员，我最大的追求，就是围绕提质、增产、增收、节本开展工作，接地气、心贴心地去帮助农民增加收入。打铁必须自身硬，尽管已从事农业工作30余年，我依然不断学习，提高自身素养，以期更好地服务农业、农村和农民，成为农民朋友们值得信赖的"最美科技工作者"。

## 评述点赞

百江镇钱家村桐庐垚钱农业开发有限公司总经理李百顺：科技特派员许寿增来基地搞技术指导就是好，去年在他的指导下，我在百余亩白及、黄精当中套种一茬玉米，通过玉米的遮阴，白及、黄精比未种玉米时长得还要好，真是"一种多得"。

桐庐县分水镇峰耀家庭农场总经理王陈峰：作为"农二代"的我从事水稻种植时间不长，许老师成为我们镇的科技特派员后，他把专业知识和经验手把手、毫无保留地传授给我，使我的水稻种植技术有了突飞猛进的提高。在他的指导下，去年的水稻产量达到了创纪录的 912 千克 / 亩，为桐庐县的历史最高值，他是真正的技术"大拿"，不愧为"最美科技工作者"。

许寿增在调查覆盆子开花结果状况

# 傅鸿妃——撸起袖子干出"彩色花海"

## 我的初心

我是杭州市农业科学研究院派驻杭州市西湖区双浦镇的科技特派员。我的初心是想农民所想、急农民所急，为乡村振兴和科技富农贡献智慧。

我是"80后"，正高级农艺师。自2002年参加工作以来，一直从事蔬菜新品种、新技术研究和示范推广工作。20多年来，共获得浙江省科技进步奖三等奖等奖项6项，在各类期刊发表论文31篇，参编专著2部、地方标准1个，获得授权发明专利2项、实用新型专利1项，参与选育辣椒新品种1个。

## 故 事
## "边角料"地块上的"彩色花海"

西湖区双浦镇，曾经是杭州市主城区的农业重镇。每逢初春，位于该镇的湖埠村田野里就处处绽放着彩色油菜花，美不胜收。而这片花田背后承载着我任科技特派员助力乡村振兴的梦想。

殊不知，如今春光烂漫的这片区域，曾经因为水产养殖污染，产业规模分布较散、面积较小等问题，一度呈现农业产业萎缩态势。经过近几年的整治修复后，又因为土质和水源等原因无法达到水稻种植的要求，一度成为当地农业发展过程中最大的难题。

带着解决这部分"边角料"地块的耕作问题的使命，我被派驻到双浦镇，自此成为当地的科技特派员。在走访、勘探现场后，我反复琢磨了很多办法，考虑了芝麻、毛豆等诸多作物，但是最后都因高昂的人工费用被否决。

一次偶然的机会，与同事聊天听到"油菜花"3个字，瞬间得到了很大的启发：如果能在观赏价值上做文章，那这些油菜花不就更"锦上添花"了吗？随后，这个想法在我的心里扎根得愈来愈深——现在国家正大力推进乡村振兴，农作物不仅要满足吃的需求，还要满足审美需求，彩色的油菜花就能满足乡村观光旅游。双浦镇距离老市中心仅15千米，地理位置优越，是市民周末休闲的最佳去处，探索"农业＋旅游""农业＋教育"等产业融合发展是符合双浦镇实际的。

我几乎兴奋得手舞足蹈，心想着蓝图绘就完毕，那就只剩下"撸起袖子干"了。为了让市民尽早置身彩色花海，我二话不说联系各方力量、整合各种资源，以百米冲刺的速度推进项目实施。除了要当好"联络员""指导员"，我还要做好"研究员"。那段时间里，我整日把自己关在实验室里，以普通油菜花作为母本，以红花色的萝卜作为父本，进行远源杂交，再通过小孢子培养，种植出了五颜六色的油菜花。

次年3月，我终于见到了梦寐以求的场景：双浦镇湖埠村的百亩彩色油菜花竞相绽放了。那段时间，"彩色花海"不仅吸引了浙江卫视、《杭州日报》《都市快报》等主流媒体争相报道，也吸引了知名汽车品牌——长安汽车来示范基地拍摄新车宣传片，为当地带来了更大的客流量，使双浦镇湖埠村农家乐产业重焕生机与活力。

现在每逢周末，湖埠村的道路两旁停满了车辆，农家乐座无虚席。从原来的门可罗雀到如今的门庭若市，几家已经关门和即将关门的农家乐也"起死回生"。昔日的甲鱼塘和建材堆场，变成了今日的"网红"打卡地，为当地村民带来了实实在在的经济效益。每当看到这样的场景，我的心情都会和七彩油菜花一样明媚灿烂。

## 收 获
# 科技资源"下沉"，企业逆势"上扬"

担任科技特派员期间，我的足迹遍布了西湖区双浦镇 21 个建制村和 9 个社区。唯有迈好"脚力"，行好"眼力"，用好"脑力"，对全镇农业产业的基本情况如数家珍，才能更好地为开展后续工作奠定基础。

农业的问题要从科技中找答案，农民的问题要从土地里找答案。4 年间，我以科技特派员项目为契机，帮助引进了 10 个彩色油菜品种和 2 个旱稻品种，并将双浦镇湖埠村和社井村的"边角料"地块"变废为宝"，建立了 170 余亩的彩色油菜和旱稻轮作示范基地，有力地推动了双浦镇"农业＋旅游""农业＋教育"产业融合发展，实现了"美丽乡村"向"美丽经济"的转变，绘就了"三产"融合发展和科技带动乡村共富的满意答卷。

前几年，镇上不少农业企业在疫情的"阵雨"中"打了蔫儿"，面临着农产品滞销、物流不畅通等问题。在得知这一情况后，我第一时间赶赴当地，采取"面对面"培训、"手把手"指导的方式为企业纾困解难，培训农业从业人员 100 余人次，为 8 家企业解决品种、技术和茬口安排等生产实际问题 20 余个，成功帮助企业度过瓶颈期，做到了让科技资源"下沉"，让农业企业在逆势中"上扬"。

就这样，我把派驻地当成了我的家乡，将手把手援助的农户当成了自己的父老乡亲。正因满腔的热爱和真挚的情谊，我先后荣获"浙江省科技特派员工作成绩突出个人""杭州市优秀科技特派员"等6项荣誉。我的家庭也被杭州市委直属机关工作委员会评为"战'疫'最美家庭"。所获荣光，皆转化为我接续奋斗的动力。

创 想

## 把论文写在大地上

2016年5月的全国科技创新大会、两院院士大会、中国科协第九次全国代表大会上，总书记深情寄语："广大科技工作者要把论文写在祖国的大地上，把科技成果应用在实现现代化的伟大事业中。"对此，我深以为然。

把论文写在大地上，强调农业科技成果要转化应用，也强调农业科技创新要立足实际。然而，论文不仅要写在祖国大地的"田坎"上，更要写在农民的"心坎"上。对于农民而言，他们最关心的问题是很实际的。成为双浦镇科技特派员后，当地农户最常问我的问题就是："傅老师，怎样才能减少病虫害对农作物的影响？怎样提高种植结果率啊？"农业报告上的产量对普通人而言也许只是一个数据，但对他们来说是赖以生存的根基。为了这个根基更牢固，我们农业科技人员还有很多事情可以做、值得做。

很多年前，我就在心中勾画过未来的乡村模样——远处有炊烟，枝头有鸟鸣，风吹动着麦浪，泥土芬芳迎面拂来，农户们背着丰收的箩筐满载而归……为了实现这个令人向往的图景，我会始终牢记农业变强、农村变美、农民变富的初心使命，让更多的科技之光照进农家，给田野带来新希望。

## 评述点赞

**杭州景城建设管理有限公司副总经理毛睿富**：傅鸿妃老师成为双浦镇科技特派员后，就成了我们公司的编外技术员，公司技术员在生产中遇到困难，她都倾囊相助。她帮忙引进赏食兼用的蔬菜品种，传授蔬菜育苗技术和套种栽培模式。为解决旱地周年种植问题，她经多次实地考察提出引进旱稻、彩色油菜新品种进行周年轮作，成功将公司在湖埠村的流转土地打造成了"网红花海"。

**西湖区双浦镇湖埠村党委委员姚辉**：傅老师引进的彩色油菜很成功，受到杭州市民的热烈欢迎，看油菜花的游客络绎不绝，当年为湖埠村带来了近30万名游客，直接带动农家乐、民宿收入达120余万元。傅老师的项目，为我村农旅融合项目的开发提供了有力的示范参考。

傅鸿妃在查看油菜生长和开花情况

# 朱开元——"以花为媒"的农学博士

## 我的初心

我是浙江省农业科学院派驻金华市磐安县大盘镇的科技特派员。20 多年来，一直致力于多功能苗木花卉的栽培及应用研究。我的初心就是以自己多年来掌握的专业知识与优良品种资源，服务于农业产业发展，通过建立示范基地，探索农村产业增产增收的发展新道路。

1995 年，我毕业于浙江农林大学，是长期从事园林植物新品种引选、栽培、选育与种苗快繁技术研究的农学博士。主持和参加国家、省、市等科研项目 45 项；获浙江省科技兴林奖二等奖 1 项、三等奖 8 项，杭州市科技进步奖三等奖 1 项；参编专著 3 部；获授权国家发明专利 12 项。

## 故 事
## 吃下一颗"定心丸"

我的科技特派员生涯，与浙中山区的磐安县大盘镇结缘，常常让我想起花卉科研人员很喜欢的一句励志的话——石头上也能长出花。这句话用在科技特派员工作里的含义就是：如何克服先天性自然劣势？如何引进新技术？如何提高农产品产业化程度？

与大盘镇镇长陈化安第一次见面时，我问他大盘镇有什么发展"拦路虎"，他就眉头紧皱着说开了。我仔细听完后，轻轻地拍了拍他的肩膀，将接下来"以花为媒"的工作思路向他娓娓道来。没想到，这让他顿时吃下了一颗"定心丸"。

说干就干！我借助浙江省农业科学院花卉所的技术平台，带领团队在大盘镇建立新型木本油料作物山地牡丹和赏食兼用型中药材金银花新品种基地，带动农户增收致富。指导满山红家庭农场 80 亩油茶基地采用了油用牡丹套种技术，光凭牡丹产籽产油就能抵消人工、管理费用，油茶年产值50 万元左右。

转眼间来到了 6 月，油用牡丹进入了结果期。看着日渐饱满的果荚，大盘镇潭下村满山红家庭农场的工人们喜上眉梢。"自从您指导我们搞这个油茶套种牡丹，丰产期每亩至少能增收 4000 元。"农场主楼金六笑盈盈地对我说。

光有满山的"牡丹"还不够，大盘镇还需要找到实现乡村振兴的"武林秘籍"。为此，陈化安再次找到我，希望能够推荐一种适合大盘镇种植的中药材，跟上磐安县中药材产业结构升级的大步伐。经过认真考察，结合大盘镇的土地条件及农民的种植需求，我确定了金银花作为适合普通农户种植的主要中药材。但在土地非粮化整治工作中，陈化安又犯起了难。原来被划为耕地的土地不能再种植其他经济作物，一时间又找不到合适的粮食作物来替代，这可如何是好？

作为科技特派员，我最不愿看见的就是农户脸上的愁容。我主动找到陈化安，提出可以帮忙引进浙江省农业科学院的小番薯新品种进行种植。陈化安一听，愁绪即刻烟消云散，连忙说："好好好，朱老师，这下您可帮了我们大忙啦！"

就这样，大盘镇的产业结构升级之路，在我们的共同努力下打开了门道。

收　获

## 农民丰收的喜悦，是我最大的收获

作为一名农学博士和科技特派员，我常常思考一个问题：如果技术不能为农民带来实实在在的利益，那有什么意义呢？

我在大盘镇的 6 个年头里，无时无刻不在践行"把论文写在田野大地上"的使命，为了把最先进的农业理论和实践技术带到农户中去，农户们总能在山间、田垄上或是大棚里见到我"把脉问诊"的身影。每次我出现，农户们总是围拢过来向我寻求技术指导。他们总是笑着跟我说："有朱老师在，就踏实安心。"对我而言，他们来年丰收的喜悦，便是我最大的收获。

我的科技特派员实践在大盘镇交上了一张可圈可点的答卷：适合大盘镇普通农户种植的中药材金银花新品种已经完成试种，下一步可以全面推广，金银花可赏食兼用，种植效益每亩预计达到 6000 元左右。大盘镇光明村、小盘村推广种植浙江省农业科学院的小番薯新品种 2 个，第一年试种 120 亩就取得非常可观的经济效益，第二年村里组织成立小番薯生产合作社负责种植，镇里专门成立小番薯产业领导小组，负责搭建对外宣传和网购平台。

6 年来，我把科技推广作为光荣使命，利用所学为大盘镇人民找到致富之路的同时，也收获了自身成长的契机和动力。在为农民服务的时候，我发现并解决了农业生产中遇到的各类问题，这也为我的科研工作提供了不少启发，使我的研究方向更接地气、更符合实际需求。可以说，大盘镇的共同富裕之路有我出的一份力，而我个人的成长之路也离不开大盘镇对我的反哺。

创 想

# 为更多地区的农户送去技术"大礼包"

虽然我作为科技特派员已经被派驻磐安县大盘镇6年，但作为浙江省农业科学院花卉所的党委书记兼所长，对科技特派员工作的着眼点就不局限于大盘镇了。在我的带动和全所同事的共同努力下，浙江省农业科学院花卉所现有科技特派员14人，服务全省10个县市的14个乡镇。

我时常想，不谋全局者不足以谋一域，如果只有我对口帮扶过的地区"富"起来，那也是远远不够的。于是，在我指导磐安县的小番薯种植基地获得成功后，便没有停下脚步，立刻安排派驻台州市仙居县的科技特派员将小番薯新品种和种植经验推广至仙居县，同样也让当地农户尝到了丰收的"甜头"。

在科技共富的路上，一个都不能掉队。如今在浙江省，还有千千万万个"大盘镇陈化安"在构思着如何走好产业结构转型升级之路。抱着能抹去更多农户的"愁容"、见到更多农户"笑容"的愿景，在接下来的工作中，我将继续发挥书记兼科技特派员的带动作用，整合浙江省农业科学院花卉所的科技特派员资源，发挥团队效应，探索和创新科技帮扶新模式。通过科技特派员以点带面的能力，为更多地区的农户送去技术"大礼包"，带动农户增收致富，让"乡村振兴、共同富裕"的旗帜流动在浙江省内更多的乡村。

## 评述点赞

大盘镇镇长陈化安：朱老师做事总是亲力亲为，每次到了种植的关键时期，都要去每一片地里看一下。他总是主动帮助我们解决问题，有些我们没有注意到的问题，他也能够及时发现并且提出解决方案。比如说这次土地非粮化整治，他提出可以种小番薯。虽然他不是种植小番薯的专家，但是通过他的牵线搭桥，我们拿到了浙江省农业科学院的小番薯新品种，也请到了小番薯专家来指导种植。小番薯的种植非常成功，这都是他的功劳。

满山红家庭农场主楼金六：朱老师的派驻点就是我们农场，我跟他是最熟悉的。当时朱老师看到我的油茶园，发现油茶之间的空隙比较大，就提议可以套种油用牡丹。油用牡丹和油茶一样可以榨油，我的榨油设备刚好可以用上，一下子增加了很多收入，真是太感谢他了。朱老师的知识很丰富，我在种浙贝母和其他中草药的时候碰到什么问题，都向他请教。

朱开元（右二）现场传授油用牡丹人工授粉技术

# 刘大群——富"口袋"也富"脑袋"的科技工匠

## 我的初心

> 我是浙江省农业科学院派驻景宁畲族自治县东坑镇的科技特派员。我的初心是通过科技赋能乡村产业，助力打造共富工坊样板。
>
> 我是"70后"，副研究员。参加工作近20年来，在果蔬加工研究领域取得了多项成果，获浙江省科技进步奖三等奖4项，获授权国家发明专利10项，主持省级以上课题10余项。

## 故　事
## "到东坑吃咸菜去"成了顺口溜

古朴的八仙桌上摆放着野生蕨、茄子干、豆腐乳、牛肝菌等十几种咸菜，或碧绿或金黄，菜的鲜香和咸香扑鼻而来……

这是我对东坑咸菜的第一印象。通过与咸菜馆老板赵大娘的交流，我得知东坑咸菜制作历史悠久。农妇在农闲时光，制作一盘咸菜，再泡上一杯当地的高山茶，惬意悠闲，"到东坑吃咸菜去"也成为城里人节假日娱乐消遣的一句口头禅。

赵大娘侃侃而谈,激发了我对东坑咸菜的兴趣:这么好的美食文化,其背后自然有品牌挖掘的价值。于是,我向镇领导汇报相关设想,镇领导爽快回应:"要不你到东坑镇来做科技特派员吧!就围绕咸菜开展标准化示范。"就这样,我因咸菜结缘东坑镇,成了镇里的科技特派员,开始了咸菜标准化和产业化的探索之路。

可是,说起来简单,操作起来并不容易,碰到的第一个困难是如何标准化。东坑咸菜大多为村里留守老人及妇女利用闲暇时间制作的,品类多,随意性大,这项工作开展难度很大。

但开弓没有回头箭,说干就干。第一步,我带领团队进行大量调研,蹲守在赵大娘咸菜馆 10 余天,了解了每一种咸菜的制作工艺和过程,并根据田野调查制订工艺规程和操作规范;第二步,开展大量培训,并主要培育以赵大娘为"领头雁"的咸菜制作能手。

完成了"两步走"战略后,新的问题又来了:如何实现产业化?在经过几个夜晚的辗转反侧后,我果断拿出了"走出去"与"引进来"两步走的方案——所谓"走出去",是利用浙江省农业博览会等各种平台推广东坑咸菜,让更多的人熟识东坑咸菜;所谓"引进来",是利用东坑镇在腌制蔬菜行业的优势,与相关企业开展实地交流洽谈,引进乡立方、倪老腌等专业团队开展"咸菜工坊"项目。图纸画好了,准备工作做好了,东坑咸菜产业化和标准化指日可待。

在我和当地农户长达 6 年的共同努力下,如今白鹤村已成为丽水市唯一的咸菜特色村,我也逐渐成为村民口中的"娘家人",与镇政府共同打造的"贤惠巧妇、闲暇时光、咸菜产业"的畲乡"三 xian 经济"实现了农户年均增收 5 万余元,让闲置劳动力资源价值充分涌流,诠释了"盘子虽小,意义重大""小咸菜、大经济"的内涵。

收 获

# "共富工坊"里家家能创富

如何充分运用科技特派员自身的专业优势，以科技赋能乡村振兴，达到扶智提能、兴业提能、创新提能的效果？最终"扮靓"乡村、"带富"农民？这是我任科技特派员以来一直思考的问题。

近年来，除了向科技借力帮东坑镇的"小咸菜"转化为"大经济"外，我还致力于推进深垟村多肉产业链的延伸。这要从该村打造"共富工坊"开始说起。

深垟村是一个名副其实的"石寨"，有石屋、石巷、石围墙、石台阶，家家户户都有庭院，院内围墙上到处种着多肉植物。大批县内外游客慕名而来，"会开花的石头"走红后，这个昔日深藏在大山深处、平平无奇的小村庄，变成了远近闻名的"多肉石寨""网红"打卡村。

然而，"网红经济"往往面临着昙花一现的尴尬，若想扎稳根基，必须从延长产业链入手，提升其产品附加值。为了让"多肉石寨"持续释放生机，我赶赴深垟村，对 50 多个品种的多肉进行成分检测，分析主要品种的全营养成分和降脂降糖功效，针对分析结果研发新产品，最终落地了"多肉共富工坊"。在镇政府和合作社的带动下，我还参与设计了"一带两路"景观打造方案，打造集多肉种植、销售展示、科普研学、文旅观光于一体的"共富工坊"，以拓宽多肉应用场景，提高多肉经济效益。

如今，通过"共富工坊"，东坑镇人人有事做、家家能创富。这不正是我利用自身专业优势所创造的价值吗？但我知道，仅仅架起村民家门口的"致富桥"还远远不够，共同富裕是浙江省山区 26 县写在一张纸上的梦想，为了这个梦想，我还需要步履不停，跋涉到更远的远方，倾听更多农民的心声……

创 想

# 富"口袋"也富"脑袋"

促进农民农村共同富裕是高质量发展建设共同富裕示范区的重要内容，而农业农村发展的重点、难点、关键点在山区 26 县，对此，科技特派员的责任重大。

在指导农业生产时，我时常发现自己并不是"无所不能"的，偶尔也会有自己的"空白地带"。于是我开始思考，当有一些技术问题在现场得不到解决时，事后应该怎样去弥补？

深思后得出的答案是——要发挥科技特派员的桥梁纽带作用。我们这支队伍中每个人身边都聚集着不同领域的人才，每个人都有自己的专业知识背景，每个人都有自己的研究"小切口"。如果能把大家的资源整合起来，充分利用好派出单位这一大后花园的技术力量和人才优势，那将农业科技优势转化为派驻地的富民推动力就不会是一纸空文。

为了发挥好科技特派员队伍的桥梁纽带作用，我经营起自己的多重角色。对内当好东坑镇农业科技"联络人"，为东坑镇邀请各领域专家做桃子、猕猴桃等果树种植养护的定期培训，富"口袋"的同时也富"脑袋"；对外做好景宁县的"推广员"，把科技服务辐射到其他乡镇，用最时髦的直播带货方式推广大漈茭白等特色农产品，获得了 3.1 万余份的订单。

对不少地区的农民而言，他们一生中能接触到的功能性信息是有限的，而他们所应对的问题却是极为复杂的，他们不可能指望用自己的同一类话术、同一种方法一劳永逸。有时候，往往是资源整合下的集体智慧让他们"灵光一现"，解决了困惑他们好久的问题，拯救了持续低迷的产量。

诚然，一个人可以走得更快，但一群人才能走得更远。有我们这样一群人"撑腰"，农民的信心和底气也更足了。在未来，我始终愿意提供最朴实的指导、最真切的关怀，以农民的愿景为圆心，以科技"智囊团"为半径，画出服务乡村振兴的同心圆。

## 评述点赞

丽水市景宁畲族自治县东坑镇深垟村雅景花木专业合作社理事长吴勇：刘老师依托科技特派员的专业优势，帮助我们解决多肉产品单一、产业链短、附加值低等问题，拓宽多肉应用场景，提高多肉经济效益，打造了一条集多肉种植、加工、文旅于一体的共富产业链。

丽水市景宁畲族自治县东坑镇白鹤村村民赵彩英：尽管咸菜是以小作坊生产为主，但是其一直是我们农户经济收入的主要渠道。科技特派员的到来，提升了我村咸菜的品质、标准化水平和包装设计水平，实实在在地增加了村民的收入。

刘大群在给农户开展咸菜标准化培训

# 姜葳——"从 1 到 7"开启梦想之旅

## 我的初心

我是杭州电子科技大学人文数艺学院产品设计系教师，也是一名被派驻到浙江省丽水市云和县雾溪乡的科技特派员。我的初心是为木玩产业转型升级贡献一分力量，为高校科技成果转化搭建桥梁，助力云和县乡村振兴开启新的共富路径。

我是"80 后"，出版教材 2 部，承担浙江省科技厅一般项目 2 项，参与浙江省哲学社会科学规划课题 1 项，获授权实用新型专利 10 多项，指导学生参加浙江省级学科竞赛获奖 10 多项，参与组织国际设计营 10 余次。

## 故　事
## "从 1 到 7"的梦想之旅

2017 年，我被派驻到丽水市云和县雾溪乡担任科技特派员，为当地的木制玩具产业发展提供支持。刚开始时，我对如何开展工作感到迷茫，带着忐忑和思考，来到这个充满童话气息的小镇。

我穿梭于木制玩具生产车间，虚心向老"派友"请教，与云和县科技局领导进行深入沟通。经过几天的走访和调研，我了解到该地的木制玩具产业在发展过程中存在着研发能力不足、关键技术受到制约和创新服务短缺等问题。

云和县科技局决定举办一场木制玩具创意设计大赛，他们知道我具有工业设计专业背景，多次参加设计大赛，而且有组织设计营的经验，因此将这个艰巨的任务交给了我。而我也知道，要举办一场成功的比赛绝非易事，牵涉到很多环节，责任重大。

然而，我并没有退缩。为了不辜负云和县政府的厚望，我几乎倾注了所有的心血，连续3个多月投入这场比赛中。结果完全超出了我的预期，我们征集到了460件作品。

大赛圆满结束后，获奖作品被11家企业以竞价的方式拍下，这让我感到格外欣慰和自豪。那一刻，我深刻感受到自己的付出得到了回报，也为这个小镇带来了新的希望，这让我更加坚定了服务的信念。

首届木玩创意设计大赛取得了很大成功，并受到了广泛关注，不仅得到了浙江省科技厅官方微信平台"创新浙江"和浙江卫视、经济生活频道等媒体的报道，云和县科技局也因此受到了丽水市局的表彰。由于第一届比赛的成功，该项赛事后来成为一项长期活动，现已连续举办了7届。"从1到7"的这一活动，已为云和县的产业发展、人才培养及创新能力提升做出了积极贡献，可以说，这也成了我作为科技特派员的梦想之旅。

## 收 获

## "不利因素"，让我收获满满

通过成功举办首届云和木玩创意设计大赛，我获得了当地政府和企业的信任，并在此后几年中接到越来越多的产品设计和技术应用咨询。通过深入走访企业，我发现绝大多数企业仍存在着家族式管理、品牌能力弱、产业链层级不高、同质竞争、人才缺乏、创新意识不强等多种不利因素。

也正是这些不利因素，让我收获满满。

为了解决这些问题，我从项目入手，指导云和县多家企业申报科技计划项目，引入专家团队提供智力支持，并成功申报绿谷精英创业项目。同时，我与10余家公司签订项目合同，研发新产品并实现市场转化。

2018年，我协助云和县政府向浙江省科技厅申报的云和木制玩具创新服务综合体获得批准，这也让我的工作得到了当地政府的认可，我也被评为"2018年度云和县优秀科技特派员"。在这个过程中，我结识了许多朋友并建立了深厚的友谊，也深刻感受到了云和县人民的友善和热情。

创　想

# 让更多人分享到科技创新"红利"

在云和县的这几年，我对木玩产业有了更深入的认识和体会，并计划结合杭州电子科技大学的学科特色，在数字化应用场景、企业技术转化、产品研发等方面加大推进力度。我相信，智能电子技术与木玩产品的结合，将为孩子们带来更多富有趣味和创意的体验。

与此同时，我也认识到当地经济发展、生态保护等方面的需求，因此我将探索服务于这些领域的数字化应用场景，为提升当地经济发展水平贡献力量。我的科技特派员项目"雾溪水库水质动态监测和水资源生态价值核算办法研究"已经取得了不错的成果，这也让我更加深刻地理解了科技创新对社会发展的重要作用。

我将继续努力，为实现美好的社会愿景而奋斗，助力更多人分享到科技创新的"红利"。

## 评述点赞

《浙江教育报》报道：姜葳从 2017 年起便担任云和县科技特派员，急云和县之所急，想方设法升级木玩产品技术和款式设计。（程振伟、李大鎏：《赴一场山"电"之约——杭电支持浙江山区 26 县实现共同富裕行动纪实》，《浙江教育报》，2022 年 3 月 29 日，第 1 版）

云和县科技局综合科科长卢锐：姜葳老师协助云和县科技局举办的木玩创意设计大赛，已成为一项每年定期举办的赛事，有助于提升企业的创新能力，对云和木玩产业的转型升级起到了良好的促进作用。

雾溪乡宣统委员艾月娥：姜葳老师在雾溪乡实施的水质动态监测项目有助于提升饮用水源的保护力度，是地方需求与数字化应用场景结合的有益尝试。

姜葳（左三）参加云和木玩创意设计大赛作品评审

# 徐燚——建成更多"梦开始的地方"

## 我的初心

我是中国美术学院派出的科技特派员，中国美术学院设计艺术学院副教授，担任了3届科技特派员，2017—2019年被派驻到浙江省丽水市云和县安溪乡，2021年至今被派驻到浙江省杭州市淳安县屏门乡。

在6年的特派员工作中，我设计过农产品标志、优果礼盒包装、旅游纪念品，助力乡村AAAA级景区建设，设计服务涉及规划、文创、影视等领域。作为设计艺术领域的科技特派员，我是第一批艺术赋能乡村振兴的实践者，我的初心就是让设计走进绿水青山，让艺术装点金山银山，建成更多"梦开始的地方"。

## 故 事
## 搞艺术的也能成为科技特派员？

搞艺术、做设计的，也能成为科技特派员？这是很多人的疑问。

这得从2017年说起。那年，浙江省科技特派员的人选，首次从农业技术拓展到艺术设计、市场营销、电子商务等领域，在这样的背景下，一名本应在城市工作的设计师走进了偏远的乡村，开始了陌生而具有挑战的科技特派员工作。

我首次被派驻的丽水市云和县安溪乡是少数民族聚居乡，是浙南山区比较偏远的一个畲族乡镇。第一次去安溪乡的时候，我做好了到少数民族贫困山区的心理准备。可是当我到达那里的时候，我被眼前优美的溪色山景和一幢幢的3层自建房惊呆了：这怎么会是贫困山区，这完全已经实现了小康生活，各方面并不比国外的小山村差多少，如果不是地方偏远，完全是一个周末度假旅游的胜地。

带着这样颠覆性的感受，我见到安溪乡主管科技工作的副乡长蔡志林，他向我解释了我心中的疑惑和乡里对设计规划的需求。其实安溪乡的需求已经不是脱贫，而是发展乡村旅游经济，打造特色梨花小镇带动农业特产雪梨的销售、带动乡村致富。因此在接下来4年的科技特派员工作中，我紧紧围绕着安溪乡佛儿岩景区的提升、田园综合体的打造、雪梨文化的深耕和民宿的改造等内容进行科技特派员项目设计，从而也深刻体会到科技特派员队伍中设计等多元力量的介入，标志着浙江省内乡村从扶贫开始走向振兴。

收 获

## 设计让乡村"同美""共富"

以设计为抓手，深耕乡村旅游文化，为安溪乡开展了"黄处归巢"田园综合体规划、乡游步道设计等工作。将整个区域分为四季采摘区、特色民宿区、养生健身区3个区块，并设计了总体规划，做了各区的局部效果图。以此规划为基础，结合乡游客接待中心的工作，安溪乡完成AAA级景区建设。不久，安溪乡被列为AAAA级景区建设单位，累计获得各项建设资金超1000万元。

以农产品标志为开端，推出一系列特色包装。安溪乡雪梨单果最大可达2.5千克，直径可达18厘米。我首先设计了安溪雪梨的特色农产品标志，在此基础上结合云和木玩产业，利用木料温润的质感，用原木做成雪梨的礼盒包装。通过一系列的设计和包装提升，雪梨优果的售价翻倍，项目成果获注册商标1项、外观专利4项，项目组发表论文3篇，其中核心期刊2篇。受丽水市农业农村局邀请，我为丽水市做了"农产品与优果包装提升"讲座，培训丽水市果农300余人，浙江卫视在科技特派员制度实施15周年时做了相关报道。

提升物质产品新价值，打造"同美""共富"新内涵。2021年，我被派驻到杭州市淳安县屏门乡。在屏门乡金陵村，我看到老一辈金陵人自掏腰包，背着襁褓中的婴儿挥动铁锹，用人力打通千米村庄下山的天路时，我为老一辈的愚公移山精神所感动，把金陵村的项目设计定名为"云上金陵 红花源记"，在村标志牌和数字党建主界面设计中，艺术地融入了老一辈金陵人开天路的劳动场景，将这些身影竖立在村头，刻印在云端，让后人能永远牢记前辈的无私奉献，牢记今天的幸福来之不易。在金陵村的宣传片中，那漫山遍野的红山茶，正是天路精神的象征；那怒放的映山红，正是走向共富的最好见证。

创 想

# 建成更多"梦开始的地方"

将创意做在乡村一线，将设计画在田间地头。我深感科技特派员任务的辛苦与艰巨，充分考验着每一位设计人员的心力与脑力。这项工作需要深入的调查、精干的团队和跨界的合作，没有深入实地的调查就没有切合实际的设计，没有紧密合作的团队就没有持续发展的设计，没有创意跨界的理念就没有现代体系的设计。所以，未来我的目标，就是秉持偏远山区"绿水青山就是金山银山"的理念，将独具特色的旅游资源和农业资源有效融合，实现一乡一品、一村一貌。

用小资金带动大建设，用小项目带动大战略。在屏门乡，在金陵村，我和项目组成员与乡领导、村干部，以及广大村民一起共同策划，提升打造具有特色的金陵景点，保护好金陵村的自然景观和人文景观，对历史景点进行保护开发，修旧如旧，不做破坏性改造，保留住村庄发展的历史脉络和历史痕迹，将更多的旅游资源吸引进来。我的创想，就是要做好高山特产的品牌开发，提升高山有机茶叶和山茶油的附加值，让金陵村成为理想的"红花源"。

构建乡村与共富之间的桥梁，建成更多"梦开始的地方"。在2016年的科技特派员需求调研中，浙江省敏锐地抓住了广大乡村对设计的需求，于2017年首先向偏远山区派出了设计队伍，随后开始了全国规模的设计下乡活动。2018年，住房和城乡建设部也发布了《关于开展引导和支持设计下乡工作的通知》。设计力量的下乡，标志着广大农村开始从脱贫走向振兴，走向共富。如果说农业科技特派员队伍是助力农村脱贫的土力军，那设计科技特派员队伍就是助力乡村振兴和共富的先遣队。作为先遣队中的一员，我为此感到无比自豪。

## 评述点赞

**安溪乡原常务副乡长蔡志林：**关于安溪乡旅游的开发和建设，徐老师给我们提了很多的好建议，也做了很好的基础规划，我们用他项目组的规划向县领导做了展示汇报，佛儿岩的 AAAA 级景区建设项目获批，是我们共同努力的结果。她做的雪梨标志和包装礼盒，很多人看了都喜欢，其他乡镇的果农都来问可不可以用。包括后面的雪梨纪念套装，都是在云和县本地加工制造，结合了云和木玩加工的地方产业，也为木玩加工提供了生产订单，是双赢的设计。

屏门乡金陵村党支部书记项家龙：徐老师在我们金陵村做科技特派员工作的时候刚好碰到了疫情暴发的几年，因为防疫政策限制来去都相当不便，但是她还是坚持带着项目组做实地调研、做项目规划，多次和我讨论设计思路，根据意见修改设计稿件。在村标志牌和党建界面设计中，很好地展示了金陵村老一辈的天路精神。接下来我们将通力合作，打造"云上金陵　红花源记"。

徐燚（右一）及项目组成员在向屏门乡领导了解乡村振兴发展需求

# 王方——"小身板"蕴含"大能量"

## 我的初心

　　我是浙江省杭州市临安区农业农村局派驻锦北街道的科技特派员，自2016年起，我已连续担任3届科技特派员。田间地头是我们"三农人"的大舞台，要不断深入学习"三农"知识，使自己成为"内行人"；要深入农业农村一线，静下心研究农业技术，沉下去服务农村发展，真正把工作做到农民心里去，这是我的初心也是目标。

　　我是"80后"，临安区农业农村局专职组织员。我被派驻到锦北街道期间，完成农业产业调研报告2份，累计引进新品种20余个，帮助解决实际问题50余个，获授权发明和实用新型专利30余项，举办农业技术培训10余场。

### 故　事
## "吃货"基因再次被激活

　　民以食为天，我是一名"吃货"，从小到大都比较喜欢吃美食。小时候看到电视上曝光三聚氰胺毒奶粉、地沟油、瘦肉精等一些食品安全问题，至今记忆犹新。为了让像我一样的"吃货"们吃得更健康、更放心，我在大学时期选择了食品专业，毕业后成为一名检测员。

2016年7月，我有幸担任科技特派员。在被派驻到锦北街道期间，我发现城区周边种植的水果各有特色——横街村采葡萄、板桥镇摘草莓、青山镇尝杨梅，水果采摘游也被实践证明是促进农民增收的好法子。但我所在的锦北街道，农业不发达又面临雷竹退化严重的困境，如何才能帮助当地村民发展经济作物，进而迈上勤劳致富的道路呢？

带着这一问题我开始实地调研，了解到锦北街道紧临城区，交通便利，具有较好的地域优势，非常适合发展水果采摘。我的"吃货"基因再次被激活，开始四处走访、品尝特色水果。一个偶然的机会，还没人种植过的软枣猕猴桃进入了我的视野。这种猕猴桃是一种高端水果，市场上每500克售价达80—150元，营养价值非常高，但和传统猕猴桃相比又非常有特色，老少皆宜——它个头如冬枣，口感清爽，外表光滑，成熟后洗净不去皮就能食用。多年的"吃货"经验让我坚信它能够满足消费者求新求异的心态，在当地会有较好的销路。

抱着这样的念头，经过精挑细选，我特地从东北引进了软枣猕猴桃品种，并把研究培育的2000余棵软枣猕猴桃苗赠送给了锦北街道的泥川村和龙马村。之后，为了让软枣猕猴桃在锦北街道种植发展，我一边研究栽培技术，一边进行宣传引导，提高软枣猕猴桃的知晓率和农户种植的积极性。

在此期间，由于我怀有身孕，家里人和同事都会劝我尽量少去种植基地、安心休息，但想到身上这份沉甸甸的责任，我还是会定期组织软枣猕猴桃栽培技术培训班，时常到种植户的田头查看苗木的生长情况。每次看到帮扶的农户在品种栽培成功后展露出来的笑容，听到他们一声声真挚的道谢，我深感自己的一切付出都是值得的。

收　获

# "以心换心"让技术扎根

功夫不负有心人，经过 3 年多的用心栽培，目前锦北街道已经建成软枣猕猴桃种植基地 3 个。每年 9 月份，基地里硕果累累，成为锦北街道庭院中的一道美丽风景，通过举办采摘游、亲子游等活动，种植户们收益颇丰。可以说，软枣猕猴桃将"方寸地"变身为农民增收的"致富园"。

因为勤于到田间地头与村民聊天，我总能掌握第一手资料。当了 3 届科技特派员，我的肤色不再如少女时代那般白皙，但我对农村的状况、群众的想法有了更深的了解，还学会了与农民打交道的"窍门"——以真心换真心。正因如此，我的朋友圈多了很多新朋友，这是我当科技特派员的宝贵财富，也是对个人成长的绝佳滋养。

我还参与开展农业科学研究与技术推广项目 10 余项，先后获得浙江省级和杭州市级的科技进步奖、科技兴林奖、丰收奖等奖项 6 项，获授权发明和实用新型专利 36 项，参与制定杭州市级行业标准 1 个。我先后获得了"杭州市职业技能带头人""杭州市五一劳动奖章""市高质量高水平推进农村人居环境提升行动嘉奖""临安区第五届十佳'天目好女儿'"等荣誉称号。我还有幸当选为杭州市第十三次党代会代表及杭州市总工会第十六次代表大会代表。

在外人看来，我瘦瘦小小，加上鼻子上架着一副眼镜，有点像弱不禁风的"文化人儿"，但和我打过交道的农户们都知道，我的"小身板"里有着"大能量"。未来，我也会继续用这份能量为种植户们做更多力所能及的事儿，把更多的论文写在大地上。

创 想

# "转战"金线莲发展林下经济

金线莲被誉为中草药中的"药王",具有很高的药用价值和观赏价值,但由于它自然繁殖少、生长缓慢,并且遭到人为的大量掠夺性采摘,目前单纯依靠野生资源已很难满足市场需要,因此具有广阔的开发利用前景。

看到这片"市场蓝海"后,我成功引进了福建省的金线莲,并采用最新的无糖组培技术进行培养,这打破了传统组培必须用糖的观念,不仅能提高组培苗质量和成苗率、缩短培养周期,还能有效地提高组培苗的生根率和移栽成活率。

金线莲无糖组培试验的成功,将进一步丰富临安区中草药的种植品种、提高中草药种植的成活率。下一步,我将免费把金线莲无糖组培苗提供给试种农户,与他们一起探索金线莲无糖组培苗在山核桃林地及退化的毛竹林、阔叶林等中的林下套种技术,并催生1—2个让农民看得到、摸得着的林下经济高效典型示范基地,积极探索"公司+农户+基地"产供销一体化的共富新模式,在林下经济带动农户增收中让农户能快速掘到"金"。

"做自己喜欢的工作,做自己擅长的事",这是我常常挂在嘴边的话。农业科研是我最喜欢的工作,传播农业技术是我擅长的事情。进入新时代,"三农"面临很多新情况、新问题,不仅要学深悟透,关键还要学以致用。我将继续聚焦"为民服务"主题,找准"三农"工作服务群众的关键点,带着对农民群众的深厚感情开展工作,常下基层,和农民同坐"一条凳"、同说"一家话",倾听他们的诉求和期盼,为"三农"事业,撸起袖子加油干。在今后的工作中,我将一如既往传播科学种植技术,贡献自己的那一份光和热。

## 评述点赞

杭州木木生物科技有限公司董事长陈相涛：大学期间，我和王方就相识了。在她成为我们街道的科技特派员后，我们的情感从"朋友"升华为"战友"。我们一起引进新品种，一起研究新技术，在她的鼓舞和帮助下，我个人也取得了不少优异成绩。

锦北街道区域发展办副主任程锋：还记得 2019 年，王方正怀二胎，为了尽快让软枣猕猴桃在锦北街道种植发展，她不辞辛苦，挺着大肚子，依然坚持赶往种植户的田头查看苗木生长情况，手把手传授种植户技术。她虽然身材瘦小，但是在她身上散发着无穷的正能量，正如她的微信名"小太阳"一样，照亮着锦北街道的角角落落。

王方（左）在组培室里和他人探讨新品种的组培技术

# 牛天新——让心里的"种子"
# 开出"生态之花"

## 我的初心

我是杭州市农业科学研究院派驻杭州市淳安县千岛湖镇的科技特派员。作为科技特派员，俯下身子、沉下心思，深入林间地头，于青山绿水间推进农村环境保护事业，进而助推乡村振兴，就是我的初心和使命。

我是高级工程师，从事环境工程及农业生态环境科研工作 20 多年，获授权发明专利和实用新型专利多项，先后发表科研论文 27 篇；承担的省、市级科技项目里，主持 17 项，参与 20 余项；曾获杭州市政府农业农村工作优秀调研成果奖一等奖。

## 故 事
## 心里的"种子"破土了

自我到杭州市农业科学研究院工作以来，担任科技特派员的念头就像一颗"种子"在我心里生根发芽。但选派科技特派员的专业领域需要与派驻单位的专业技术需求一一对应，多年来需求表上征集得更多的是与农业生产相关的科技人员（如水稻、茶叶、食用菌等专业），我作为一名环境科学研究者，始终没有机会申请报名，只能与一次次的选派机会"失之交臂"。每次听到担任科技特派员的同事分享他们驻村助农工作中的趣事和收获，我内心的那颗"种子"就在不断地萌芽生长。

"念念不忘，必有回响。"2019 年，我们单位开始招募杭州市第 8 批科技特派员。当在需求表上发现淳安县千岛湖镇正好需要一名环境工程专业的科技特派员时，我又惊又喜。但好事多磨，在申报期间我因为出差错过了相关材料的递交时间。我暗暗下定决心，一定不能错过这次机会！为此，在和单位科技处多次沟通后，我成功地成为科技特派员里的一员，来到淳安县千岛湖镇，内心那颗"种子"终于破土了。

到千岛湖镇的头一个月，我几乎每天都在调研，跑遍了镇上的每个角落，掌握了该镇生态环境的第一手资料。由于淳安县城镇化、集约化农业生产和旅游业的持续繁荣，千岛湖面临的环境压力越来越大，保护和改善农村生态环境，刻不容缓。为此，我被派驻到千岛湖镇的第一年里，除了位于 100 千米外杭州市的家，千岛湖镇成了我的第二个家，我和镇上的村民在一周里相处的时间甚至都超过了我的家人。

在和乡亲们的相处中，我对这片土地的情感也愈发深厚。2021 年，我的科技特派员任期将满，我在面对镇政府领导和同事们的问询"怎么样？还留不留？"时，毅然决然地选择留任，继续为当地的发展贡献自己的绵薄之力。我本应只是千岛湖镇的"过客"，但对科技特派员工作的热爱，让我和它的故事"未完待续"。

收 获

## 过硬技术与真心服务，才能换来村民笑脸

为了把好产业发展的脉搏，我深入农家摸底调查，了解农民想做什么、能做什么，结合当地的资源条件，因地制宜，为农民开展技术培训。在进行技术指导时，我会使用朴实简练的群众语言，将复杂的技术简单化，让农户听得懂、学得会、用得上。

同时，我深知，说一千、话一万，都不如示范有效果、有带动力。为此，在充分调研千岛湖镇生态情况后，我决定在淡竹村、富城村开展智能化垃圾分类工作。针对村里没技术、没带头人的现状，我与乡镇、村负责人积极沟通协商，探索"互联网＋"垃圾分类模式，提供农村智慧垃圾分类回收技术，搭建智慧垃圾分类平台。一年里，淡竹村智能收集易腐垃圾39742.41千克，富城村智能收集易腐垃圾1527.4千克，先后处理可腐烂垃圾516余吨，生活垃圾减量比例在90％以上，加工出有机肥36120千克，创造产值14.4万元，可谓是"变废为宝"，增加了村民们的收益。而今，当地的生态环境进一步优化，村民们的收入也水涨船高，真正践行了"绿水青山就是金山银山"这一理念。

此外，我还探索了一套农村易腐垃圾就地资源化处理与利用技术，有效减少了堆肥中的氮素损失，改善了村民的居住环境，实现了农村生活垃圾就地减量化、资源化。建成的千岛湖镇汪家村螺头坞 AAO＋人工湿地农村生活污水处理设施和金家村 AAO＋植物生态式人工地系统农村生活污水处理设施，有效地解决了污水终端设施处理能力不足的问题。

过硬的技术和一颗为农户服务的真心，这是我在千岛湖镇派驻期间与村民打交道的秘诀。也正因如此，我每次前去派驻村庄，当地村民都热情

地骑电动车主动迎接我，每每看到他们热情淳朴的笑脸，我就觉得一切辛苦都是值得的。

**创　想**

# 让心里的"种子"开出"生态之花"

我对自己的定位，是桥梁和纽带。在担任科技特派员的时光里，我把自己变成一张网，网的一头连着村民，另一头连着农业专家。无论当地农户遇到什么困难，我总是第一时间做好技术服务工作，帮助他们联系相关领域的专家，一对一解决难题。去年申报的科技特派员项目，我也没有拘泥于环境行业，而是根据千岛湖镇政府的需要，进行空中草莓项目的攻关。在此期间，我也主动向单位里的草莓专家"取经"，并邀请他们在实地进行进一步的指导。

作为科技特派员，我依托杭州市农业科学研究院这个坚强的后盾，做好科技服务工作，进一步提高农民的环境保护意识。"既要保护生态，又要让农民有收入，帮助农民把资源变成特色产业"，这是我一直以来践行的使命。我为自己能为"功在当代、利在千秋"的环保事业做贡献而感到自豪。未来，我也希望自己能为保护农村的生态环境、建设美丽乡村、保护千岛湖的饮用水源地环境，尽自己的一份绵薄之力，让内心那颗"种子"在此开出"生态之花"。

## 评述点赞

千岛湖镇政府农业办公室主任郑九红：牛老师自 2019 年到我镇后，联合镇生态办对镇上的生态情况进行摸排，到村里进行宣传，培养村民的垃圾分类意识，通过积分的形式将加工有机肥的工作分发到农户手中，增强农户参与环境保护的积极性。她实施的污水处理项目切实改善了农村的环境。她工作认真仔细，是一个实实在在为农民着想的科技特派员。

淳安县千岛湖镇双英家庭农场总经理宋华英：牛老师曾手把手指导我种草莓，因为我是第一次种植草莓，毫无经验，无从下手。牛老师来了之后，解决了我的一大难题，空中草莓栽培技术得以应用，农场从"阳光玫瑰"葡萄、红心猕猴桃及"红美人"柑橘，发展到现在的空中草莓，实现了四季农场。牛老师是我的良师，更是我的益友。

牛天新在调试易腐垃圾就地资源化处理设备

# 郑善坚——让清水鱼成为"致富鱼"

## 我的初心

我是浙江师范大学派驻浙江省衢州市开化县何田乡的科技特派员。我的初心就是要为开化县的清水鱼产业做点事，为农民提供实实在在的服务，让山区农民因为清水鱼实现增收致富，让自己发挥科技特派员的最大价值。

我是"70后"，1993年毕业于上海海洋大学水产养殖专业，30年来一直从事水产养殖及病害防控的教学和科研工作。我是浙江省溪流性鱼类技术服务团队专家组组长、浙江省水生动物疫病防控专家组成员。自当科技特派员起，我已发表学术论文20篇，获授权发明专利3项，获2020年中国商业联合会科学技术奖一等奖1项、2021年浙江省科技进步奖三等奖1项、2021年中国产学研合作创新成果奖1项。

## 故 事

### 听说，有位给鱼看病的医生

在被派驻到开化县何田乡的5年时间里，我走遍了开化县大大小小的清水鱼坑塘，其中，有一个鱼塘，我每次到何田乡，都要特意去看看。

我清晰地记得，初到开化县，在为养殖户开展第一次养殖技术培训时，现场来了一位老大娘。她颤颤巍巍地拿着几条病鱼问我："你是他们说的能给鱼看病的医生吗？"我检查了她的病鱼，并告诉她要怎么处理。无意间看到这位大娘挥动着空袖子时，才猛然发现，这位大娘居然是一位断臂老人。后来乡里的鱼技员告诉我，这位郑家大娘有 2 口鱼塘，因儿子外出打工，她独自一人靠养鱼维持生计。郑家大娘非常勤劳，每天清早都要出门割草喂鱼，有一次割草时发生了意外，让她失去了一条胳膊。大娘的文化水平不高，缺乏鱼病预防意识和养殖技术，她鱼塘里的鱼儿也经常发病，遭受损失。年迈的大娘拿着病鱼一脸期待的模样，让我深深地感受到了作为科技特派员肩上要担当的责任有多重。

在此后的实地调研中，我发现由缺乏鱼病预防意识造成损失的情况在开化县非常普遍，我目睹了养殖的清水鱼大量发病死亡时，农户们那欲哭无泪的无奈。我下定决心，一定要尽自己所能，想方设法帮助农户解决养殖难题。

摸清了清水鱼养殖的关键问题和养殖痛点后，我带领研究生团队，花数年时间开展了清水鱼养殖模式、清水鱼小瓜虫病的物理防控、内服促代谢中草药防控及核酸疫苗的免疫防控研究，多次试验失败后，逐渐形成了一套小瓜虫病害防控的技术方案。

如今，我每年都在开化县开展现场指导培训 20 天以上，特别是针对每年不同的鱼病情况和季节特点，开展 1—2 期清水鱼养殖病害防治技术培训，累计培训农民 400 余人次。通过反反复复地进行宣传指导，渐渐地，养殖户的清水鱼长得越来越好，他们对我的指导也越来越信任，越来越依赖。

"'鱼医生'来啦！"每次到开化县，养鱼农户都会邀请我去他们的鱼塘帮忙检查，指导鱼病防治工作。而每次到何田乡，我都要去郑家的鱼塘看看，帮助大娘指导鱼病预防工作，并多次免费送上鱼药。大娘家的清水鱼养得特别好，收入连年增加，看到大娘的笑脸，我也由衷地感到高兴。

收 获

# "养鱼不换水，种菜不施肥"新模式

科技特派员的派驻地在乡镇，但是我们的服务和支撑对象绝不能限于一家一户、一乡一镇，而是要努力惠及全产业、全区域。我是这么想的，也是这么干的！入驻开化县以来，我根据形势变化和养殖环境，引导农民开展多品种的清水鱼养殖。2019 年，我开始指导田园农场的马口鱼苗种繁育工作，2020 年实现马口鱼苗种繁育 3000 多万尾，促进农民增收 60 万元以上。我指导何田乡卫枫村的集体鱼塘养殖加州鲈鱼，也取得了较好的效果。2021 年，我服务的村庄也从何田乡延伸到大溪边镇、华埠镇、长虹乡等周边乡镇，服务带动农户数量 30 家以上。

开化县养殖清水鱼的流水坑塘有 12000 多口，但基本都是露天养殖，受季节性干旱、病虫害影响较大，对水源水质造成一定的隐患。有没有一种养殖模式既能解决水资源的保护问题，又能解决病虫害的防控问题呢？我一直在思考，要为开化县探索出一个生态协调发展的养殖方式，不仅要帮扶一家家养殖户，还要实现开化县全产业的整体性提升。

2020 年，我在浙江省金华市开展的一个虾菜共生的重点研发项目，给了我启发，如果对清水鱼也采用鱼菜共生模式进行养殖，困扰清水鱼养殖的产业问题不就能解决了吗？说干就干！2022 年 10 月，浙江省首家清水鱼鱼菜共生养殖系统终于落地，放养了第一批鲈鱼、草鱼、马口鱼。该模式采用循环养殖，不受季节性缺水影响，养殖鱼粪可以种菜，解决了规模养殖的污水排放问题，实现了"养鱼不换水，种菜不施肥"的零污染。特别是蔬菜种植区的滤石材料，对小瓜虫掠食体起到了很好的过滤作用，使病虫害在系统内的封闭环境中得到有效控制。如今第一批鱼已经顺利养成。相信不久的将来，鱼菜共生项目将在清水鱼养殖产业升级中发挥越来越大的作用。

创 想

# 让清水鱼真正成为"致富鱼"

作为一名科技特派员,我深刻体会到要实现山区农民共富需要科技帮扶,山区发展需要更多讲奉献的科技特派员的参与。

开化县地处钱江源,环境优美,水质清澈,一方水土养一方人,我接触到的农民也是如此,所以如何将这些"绿水青山"转化为"金山银山",服务好当地产业,让当地的农民生活得到改善,是我一直以来不断思考的问题。

好山好水出好鱼,清水鱼作为开化县的特色产品,越来越受到市场的欢迎。但是,清水鱼养殖业面临的气候环境、自然灾害、人为管理等不确定因素很多,每年都会面临新的挑战。针对这个养殖产业的特殊性,我计划联合更多团队的技术力量,不断在清水鱼病害防控上进行技术创新和模式创新。在开化县山区因地制宜,探索发展鱼菜共生新模式,一步一步总结完善清水鱼产业的系统性解决方案。

我也把发展清水鱼产业作为自己肩负的重任,通过逐步培育、壮大清水鱼养殖品种和产业,把开化县山区优质的水产品如光唇鱼、马口鱼及开化青蛳等养殖品也探索、发展起来,做大做强,实现开化县清水鱼和溪流性鱼类的健康养殖与可持续发展,将清水产业真正做成开化县老百姓的致富产业,使当地老百姓依靠好山好水获得更好的经济效益,为乡村振兴、共同富裕和当地经济高质量发展做出贡献。

## 评述点赞

浙江十一都清水鱼有限公司负责人、总经理邱廷英：我是在一次培训会上认识郑老师的，他讲的养殖技术很接地气，能够解决我们的实际问题。现在我们和郑老师合作开展清水鱼鱼菜共生养殖项目，已取得了非常好的效果，我们的信心更足了。

开化渔趣家庭农场负责人汪利友：作为水产方面的专家，郑老师自担任开化县的科技特派员后，成了养殖户们眼中的"百科全书"，养殖户们有什么不会的不懂的地方都会请教他。

郑善坚（中）现场传授鱼菜共生系统的养殖技术

# 蒋海瑛——本草生态种植的健康使者

## 我的初心

我是浙江省第 13、14 批科技特派员，2016 年 4 月至 2022 年 7 月我被派驻到浙江省金华市婺城区莘畈乡，开展药食两用中药材仿野生栽培与产地绿色加工技术服务。我的初心是指导村民采用本土化生态可持续的生产和加工方式，产出健康的药食同源食材和药材，以减少疾病负担来间接致富。

我是药学专业的副研究员，从事医学科学研究 39 年，主持国家和省级项目 7 项，发表论文 32 篇，出版著作 1 部，获国家计划生育委员会科技进步二等奖 1 项、国家"六五"计划生育科技攻关成果奖 1 项、国家"八五"计划生育科技攻关成果奖 1 项、全国人口与计划生育科技成果奖 1 项、浙江省科学技术进步奖二、三等奖各 1 项。

## 故　事
### 因爱而来　满载而归

2011 年，我参加"把爱带进大山"公益活动，组织筹建了 2 所爱心图书室，其中一所便在莘畈乡中心小学。第一次去莘畈乡中心小学送书挂牌时，我受到乡政府的热情邀请，参观了莘畈乡人民政府，并在办公楼前留影留念。随着每年 6 月送书活动的持续进行，我对莘畈乡的了解越来越多。在对结对孩子进行家访时，为因病致贫的村民感到痛心，深深体会到疾病预防在偏远山区的重大意义。5 年后，当单位选拔新一届科技特派员时，我毫不犹豫地递交了申请表。

2016 年 4 月 12 日，我带着生活用品，历时 4 个小时抵达莘畈乡人民政府。正值午休时间，我在办公楼前静静地等待了 2 个小时后办理了报到手续，打扫好入住的小房间后，我发了一条朋友圈，戏称自己"出家了"。

与热闹繁华的杭城不同，整个莘畈乡是植物的"家"。乡里的年轻人都外出打工了，没有农贸市场，没有商场，只有一些老人，一到傍晚，整个乡空空荡荡。在那个小房间里，我度过了无数个电闪雷鸣的夜晚。那时没有电视，网络也不太好，还时不时断电，陪伴我的只有一幅油画和一本家人的相册。初期的孤独是难免的，随着驻村时间的延长，慢慢地，我有了朋友，先是村民朋友，后是乡干部闺蜜。犹如一颗庄稼种子，我冲破了地下的黑暗期，感受到了阳光的温暖，并努力地绽放，在莘畈乡这片土地上发光发热，力争不负"蒋特派"的光荣称号。

这 5 年里，比起莘畈乡种植农户、乡政府干部对我工作的支持和生活的关爱，我所付出的汗水和艰辛无足挂齿。莘畈乡的山，莘畈乡的水，莘畈乡的村民，让我的生命变得更加自由和丰盈。

## 收　获
### 分享爱　得到爱

对我而言，5 年的驻村公益服务除了收获满满的爱之外，还逐渐转变了偏远山区村民对生产、对健康的认知。

我是非农专业出身，通过自学、实践、跨专业合作，掌握了许多农业知识和技能，加上派出单位（浙江省医学科学院、浙江省中医药研究院、浙江中医药研究所、浙江农林大学、浙江工业大学等）专家团队的援助，我在莘畈乡这个大实验室里进行了本草生态种植的落地实践，种植了黄精、三叶青、浙贝母、无花果、蓝莓、桑葚。区别于传统以化学为主的方式，我们遵循中医药农业的理论和方法，从"病从口入"的源头切入，生产过程不用农药、不用化肥、不用除草剂，也不用激素。这种生态种植模式，虽然对产量有一定影响，但对人、对环境的健康效应是深远的，而且生产方式是可持续的。

我们认真实践"民以食为天、食以安为先、安以质为本、质以诚为根"的理念，既要生产，又要个人健康和绿水青山。这种"小而美"的友善生产方式逐渐获得了村民的认可，并激发了家庭经济有困难的，或年龄偏大的，或因病劳动力衰减的小农户们的内生动力，使得本草生态种植得以顺利推广。

据不完全统计，2021 年莘畈乡 80% 的村都种植了药食两用药材，种植技术辐射至塔石、琅琊等周边乡，结对农户生产的药食同源农产品具有明确的产品品质区分度，多次参加金华市农民丰收节并连续 3 年获奖（2019年获铜奖，2020 年获金奖，2021 年获银奖）。我个人荣获了 2017—2018 年"金华市有突出贡献科技特派员"荣誉称号。

创 想

## 守护大健康　同奔共富路

中医药作为我国传统且独特的医疗资源、重要的经济资源，同时也是具有科研潜力的科技资源、优秀的文化资源和生态资源，在国家实施乡村振兴战略中具有重要的战略意义。作为一名扎根中医药研究的科技工作者，加快推进中医农业进田间、助耕富农促振兴还有很远的路要走。

目前，按照莘畈乡人民政府瓜果蔬菜的种植需求，我们调整了本草种植的思路，由原来的"药用为主"转变为"食用为主"。我们计划运用中医农业增加食用本草的功能性和产量，将生产的药食两用食材端上百姓的餐桌，既解决莘畈乡药材外销运输成本高的痛点，又为山区村民的健康膳食提供新的食品源。

乡村振兴关键在于人才振兴。杭州医学院是浙江省卫生健康委员会直属的唯一一所医学本科高校，每年向社会输送大量医学、药学等专业人才。下一步我们将持续提升山区药学服务的深度和广度，广泛动员和组织大学生参加暑期社会实践活动，引导更多的年轻人主动投身中医药农业，将先进的理念与优质的服务带到每一寸田间地头，确保从"田里"到"碗里"的每一个节点更健康、更生态，把写在田间地头的论文变成共建共富的星星之火。

## 评述点赞

莘畈乡人民政府党委书记杨素娟：科技特派员蒋海瑛同志在莘畈乡工作期间兢兢业业，深入基层，特别是在黄精药材的种植技术指导、产品研发利用、农户增收等方面做了积极而卓有成效的贡献。

莘畈乡吴村村民陈森林：蒋老师是我们见过的最吃苦耐劳、最亲近老百姓的科技特派员。她认真敬业，指导中药材种植耐心细致，种植户有任何困难她都有求必应；她真诚善良，对待村民如自己的家人，多次帮助村里有困难的老人、孩子，至今还在爱心助学本村学生；她勤奋好学，总是说自己是非农专业出身，要多多下地，要向村民学习，烈日下她弯腰拔草的场景至今还深深地印在我的脑海中。

蒋海瑛（右）在田间记录果药套种生长情况

# 刘莉——让无花果开出"致富花"

## 我的初心

我是浙江省金华市农产品质量安全中心派驻金东区东孝街道的科技特派员。我的初心是发挥自身专业优势，用科技力量促产业发展、让农民增收，探索形成可复制可推广的中小型农业全产业链特色产业模型。

我于 2004 年参加工作，长期致力于农产品品质提升和深加工方面的研究工作，是高级工程师、浙江省技术能手，主持省、市级农产品提质增效科研项目 4 项，主持制定省、市级地方标准 3 项，参编教材 2 部，获授权专利 5 项。

## 故 事
## 这个"治病"方法灵

我从 2018 年开始担任金东区的科技特派员，与专门从事无花果苗木种植的企业和农户开展对接工作。派驻初期，我了解到东孝街道有一定的无花果种植历史和规模，但粗放的管理方式和落后的经营模式使得农户们始终没有获得好的收益。我决心发挥自己的专业特长和资源优势，帮助农户学会科学的田间管理，加快完善延伸全产业链条，推动当地无花果规模化、产业化、品牌化发展。

2019 年，东孝街道农业农村办吴主任找到我，说周边村民种了很多无花果，但这几天病虫害很严重，村民用了药也没效果，让我去看看。我便立刻联系了植物保护专家一同前往各大种植基地，现场"会诊"，开出"药方"。当时，不少农户对我提出的对策将信将疑，我只能再三叮嘱，一定要按照这个方法治疗，"治病"的同时能确保果子质量安全。几天后，有农户给我打来电话，兴奋地告诉我："刘老师，有效果了，这个方法灵！"

渐渐地，农户们越来越信任我，碰到难题便会来找我。"无花果皮薄多汁、易受损伤，好果子经常还没运出去就烂在手里了，我们被这些问题'折磨'了好久，你说该怎么办？"在和农户的一次交流中，我意识到，无花果不耐储藏、不好运输是影响该产业发展和效益的重要因素。金东区的无花果在全国享有盛誉，红皮无花果鲜果约占全国市场份额的 60%，但新鲜的无花果无法大批量走向市场，很多优质果变成了滞销果。调查研究后，我决定尽快研发出适合无花果的保鲜包装方法。

几个月后，我带着研发的防雾膜气调包装给农户们试用。结果无花果鲜果的货架期从 1—2 天延长到了 7 天以上。农户们不可置信地说："科技的力量真了不起！"之后，我集成了防雾膜气调包装技术和生物保鲜试纸保鲜技术，申请和获授权专利 3 项。这些技术被应用到当地无花果储藏运输中，覆盖高、中、低档产品包装需求，使原本不适合长途运输的无花果销售到了全国。

收 获

# 让无花果开出"致富花"

虽然作为科技特派员的服务年限不长，但从挑起担子的那天起，我始终坚守初心，按照当时谋划的产业发展模式，一步一步帮助农民发展事业，让无花果开出"致富花"，飘香"致富路"。

金华市源果农业发展有限公司负责人钱继昌是当地的无花果种植大户，但是刚开始他们公司只涉及种植，发展模式较为单一。我建议钱继昌利用附近的闲置厂房建立深加工厂，通过延伸产业链提升无花果的产品价值和经济效益。正好他也有这一想法，只是有些顾虑，有了我的鼓励，他觉得可以试试。在我的指导和帮助下，钱继昌谋划建立了无花果深加工生产线，通过工艺优化解决了果酒甲醇高、果干品相不佳等问题，并取得食品生产许可证，使加工厂迈入正轨，并逐步走出了一条集种植、加工、销售、服务于一体的无花果全产业链发展新路。

新的发展方向让企业快速发展。如今，钱继昌的公司已带动 1000 多户农民种植无花果 3000 多亩，帮助果农对接市场，把无花果卖到了全国各地。同时，为村民和返乡农民提供了生产、分级、包装、运输、销售等岗位，用工超万人，让小小的无花果成为共富的大产业。

此外，我也在不断优化当地无花果产业的运营模式和管理规划。我了解到，因气候条件不同，不同地区的无花果种类、成熟期也略有不同。我便带动金东区的企业和农户在全国各地建立合作基地，将种苗销向云南、江西、四川等多个省份，并对合作基地进行技术指导和标准化种植培训，再将鲜果回收统一销售。这样基本可以实现一年 365 天"无花果自由"，也能在一定程度上缓解因时令、产量等原因产生的"果贱伤农、果贵伤民"等情况。通过几年的努力，金东的无花果产业初步实现了农民增收、企业增效、产业持续蓄力的健康发展形势。

创　想

# 实现小果子大产业的"共富梦"

4 年多的时间，我始终怀揣着科技助农的使命感，全方位布局谋划金东区无花果产业，千方百计想办法，尽心竭力谋出路，为农户们遇到的棘手问题辗转反侧，也为他们的增收增效而喜悦，助力金东区逐步夯实了可持续发展的高质量产业基础。

这些年，我带着农户摸清了无花果病虫害发生的规律，并开展绿色防控技术研究，经过 2 年多的研究实践，探索出了适合当地的绿色生产管控技术，制定了浙江省团体标准《绿色食品　无花果栽培技术规程》(T/ZLX 034-2023)，并为金东区争取到了"浙江省无花果标准化建设示范项目"，使当地无花果产业的标准化步伐走在了全省前列。去年，金东区的无花果产品获得了"浙江农业博览会新产品金奖"，无花果质量安全风险监测合格率达100%。

下一步，我将带领团队和无花果种植户们，以浙江省级标准化建设示范项目为依托，建立无花果种植资源圃，计划收集 120 种无花果种质资源；建立无花果标准化数字化示范基地，持续推广标准化生产技术；建立浙江省首家无花果质量安全和品质检测实验室，开展品质安全把关和科普宣传工作；开展无花果全株利用和深加工技术研究，不断提升无花果产业的附加值和经济效益；创新宣传营销方式，擦亮金东区无花果特色产业"金招牌"。

我相信，随着无花果全产业链高价值发展模型的逐步完善，在促进无花果产业高质量快速发展的同时，也能为其他特色产业提供可复制可推广的先进经验，真正实现小果子大产业的"共富梦"。

## 评述点赞

金华市金东区无花果种植户钱继昌：我是一名"农二代"，退伍后回乡创业，其间遇到了很多问题。很幸运遇到了科技特派员刘老师，她无私奉献、有求必应，给予我们全方位的谋划与帮扶。在刘老师的悉心帮助下，我创办的农业企业和当地无花果产业皆在短短几年内快速发展，也带动了周边农民的就业和增收。

刘莉（左）在指导无花果病虫害防治

# 李南羿——逐梦"共富路"

## 我的初心

我是浙江农林大学派驻浙江省衢州市柯城区姜家山乡的科技特派员，已担任科技特派员 4 年。在众多科技特派员中，我是一个实打实的"新人"，初心就是以科技创新为农业插上腾飞的"翅膀"，以"农文旅"深度融合铺就乡村振兴"幸福路"，真正带给农民更多看得见、摸得着的实惠。

我是"70 后"，博士，副教授，长期从事农业科研及生产技术服务工作，取得了多项研究成果，主持和参加国家、省、市等科研项目 20 余项，作为主要完成人获浙江省科学技术进步奖二、三等奖各 1 项。

## 故　事
## 扎根农场开"共富良方"

虽然我已从事农业科研工作 20 多年，算是一名资深的"农业人"，但科技特派员这个身份对我而言，是一个"开盲盒"式的全新开始，并且有"百斤鱼、千斤粮、万元钱"和"稻＋蟹＋虾"的惊喜。

4 年前，我第一次到达衢州市柯城区姜家山乡前昏村，当时正是草长莺飞的三月，村里处处樱花压枝，给了我一份不期而遇的惊喜。我的服务主体——吴家家庭农场的吴慧经理热情地接待了我，带领我参观了她的基地，详细地介绍了农场目前的种养模式和存在的问题。在和吴慧的首次长谈中，我能感觉到她对技术创新的热情；在姜家山乡走家访户的调研中，我也深深体会到老乡们对乡村振兴实现共富的渴望。

第一次科技特派员之行，让我深感责任重大。回校后我一直在思索，如何以科技引领、产业振兴为抓手助力姜家山乡实现共富？

在浙江省科技特派员项目的支持下，我以吴家家庭农场为核心基地，开展了"稻＋蟹＋虾"生态高效种养技术示范。躬耕于田间地头，我对品种选择、施肥培水、虾蟹苗放养等关键环节进行技术指导，通过选用更适于稻蟹共养的高秆抗倒伏、耐肥力强、口感佳、产量高的"甬优5550""甬优8050"等水稻品种，让虾蟹产量和稻谷产量都得到显著提升。目前，吴家家庭农场建立了稻虾蟹种养示范基地180余亩，实现了"百斤鱼、千斤粮、万元钱"，还带动周围农户10余户，实现新增就业60多人，大幅提高了农民收益。

"火车跑得快，全靠车头带。"在近几年的科技服务中，我依托浙江农林大学的人才资源，定期邀请专家学者对吴家家庭农场的农业生产、园区规划、品牌建设等方面进行指导。一方面，研发稻虾蟹等优质安全农产品，创立"跃进湾"特色品牌，提升产品价值；另一方面，推出割水稻、捉螃蟹、挖番薯、扎稻草人等一系列丰富多彩的农耕文化研学活动，建成农旅融合农庄示范园，把科技支撑和观光旅游结合结束。吴家家庭农场作为文旅结合、乡村振兴、生态农业的典型案例，被浙江经视《创新浙江》栏目、《衢州日报》、学习强国等多家媒体报道。

收　获

# 以点带面筑"共富梦"

这 4 年的时光里，我亲眼见证了吴家家庭农场从一个占地 200 多亩、投资仅 400 多万元的小农场，发展为拥有千余亩土地、投资过亿元的农文旅融合公司，当初的吴老板也变成了现在的吴总。而今，该项目对当地村庄各类基础设施进行改造升级，对农民荒地进行流转再利用，还帮助 200 多位居民（包括困难户）解决了就业问题。在全市范围内，该农文旅项目的创立和建成，对壮大集体经济、实现共同致富有着积极的示范性作用。

除了发展家庭农场，我还帮助策划了农文旅产业融合的乡村振兴新模式，为同筑"共富梦"勾勒了一幅更大的蓝图。2021 年，吴家家庭农场与重庆衢州商会会长合作创立浙江静禾农业科技有限公司，依托柯城区石梁镇麻蓬村丰富的人文历史资源（金庸曾在此求学，当地桃花岛、石梁温家堡等地名被写入《射雕英雄传》《碧血剑》等脍炙人口的小说中），创立以稻鱼共养、金庸武侠文化为特色的农文旅新模式。

对此，我积极联系学校的文创团队，为项目量身打造"金庸武侠文化"文旅特色产品。在我的牵线搭桥下，公司拟投资 1 亿多元建设集农业观光、休闲娱乐于一体的田园综合体，之后游客们可以乘坐小火车徜徉在金色的稻田中，通过品尝叫花鸡等美食、体会金庸小说人物的 cosplay，深度感受独特的金庸武侠文化。未来，以此项目为牵引，以点带面辐射带动全镇，逐步形成"农旅结合、以农促旅、以旅兴农"的新发展格局。

## 创 想

# "共富路"上永不停步

这 4 年里我利用自己所学所长尽心服务，帮助吴家家庭农场从小到大、从无到有发展，而今农场规模进一步扩大、产业链条进一步延伸，我的成就感也进一步增强。在驻村工作期间，我时常思考科技特派员制度的意义所在。在日复一日与老乡们同吃同住的过程中，我意识到将个人才华播撒在农田里、将论文写在大地上，何尝不是人生价值的一种实现方式。

"共富路"上需要新知识、新思路、新能力。除了服务项目主体，我还进行科技助农联动互助，将服务工作辐射到全区，利用自己的专业特长，在全区范围内开展科技服务工作，做到基地有问必答、有求必应。比如，我在姜家山乡和七里乡开展羊肚菌、茯苓的优质高效种植技术培训，免费发放培训资料、提供菌种，并进行田间实操指导。几年来累计培训 200 余名种植户，引进新品种 8 个、新技术 2 项，建立科技特派员示范基地 2 个。

"共富路"上总有难题，但科技创新永不停歇。在后疫情时代的新经济形势下，推进共同富裕仍然道阻且长，我的科技特派员事业永远在路上，我将继续努力，依托学校强大的学科专业背景，依靠团队的力量，继续推行高质高效农业生产，深度打造"生态＋文旅＋产业"模式，为赋能乡村振兴、共同富裕尽心尽力。只要"行而不辍"，我们必见曙光！

## 评述点赞

柯城区姜家山乡前昏村吴家农场法人代表、浙江静禾农业科技有限公司董事长吴慧：我曾经做过十几年的水产生意，后来自已回乡创业。李南羿老师来到我农场后，帮我解决了稻虾蟹种养的很多技术问题，实现稳产增产，一亩稻鱼田就能有1万余元的收入。后来我去石梁镇承包流转土地，李老师在引入资金、园区规划、金庸武侠文化创意上更是花了很多心思，很感激她。

柯城区七里乡大头村党支部书记吴建华：我认识李南羿老师是在一次讲授羊肚菌栽培的乡村大讲堂上。之后我在本地买了菌种，请李老师做技术指导，试栽成功。去年，李老师给我送来了她自己实验室做的菌种，在她的耐心指导下，我今年喜获丰收。我把品种拿去给乡里尝尝鲜，我们乡长很高兴，说我们乡海拔600多米，高山蔬菜是主业，种羊肚菌解决了冬季大棚闲置的问题。

李南羿（左）和服务主体负责人在检测养殖水体水质

# 戴杨鑫——时光荏苒"说不出再见"

## 我的初心

我是"80后"，浙江大学农学硕士，来自浙江省杭州市农业科学研究院，主要从事水产养殖模式与水域生态系统的研究，是自2017年起派驻浙江省杭州市临安区於潜镇的科技特派员。

担任科技特派员，我最初的想法是为了了解一下基层对农业科技的需求，真正深入其中后发现，农村为我们的工作提供了广阔的展示舞台，论文有了"大地"这个特殊的载体。所以我的初心就是，让传统产业插上创新的翅膀。

### 故 事

## 从"盲选"到"一干就是6年"

初次申报科技特派员是在2017年，那时候是"盲选"，根本不知道未来会被派去哪里。直到7月初的某一天，我接到了临安区科技局领导的电话，才知道自己被派去了於潜镇。我先是一愣，然后激动地点开了地图，寻找那个今后2年要工作和生活的地方，没想到的是，后来在这一干就是6年。

印象中，那年的出征仪式隆重而热烈，杭州市委组织部和市科委领导给我们颁发了聘书，简短的培训过后，我们就去乡镇报到上岗了。单位领导亲自送我下乡，与於潜镇领导交接。对于没有科技特派员经验的我来说，受到如此重视，我格外激动，热血沸腾，同时也感到压力山大，我暗自发誓一定要好好干，不负领导所托。

刚到於潜镇没多久，临安完成撤市设区，从市到区的转变，不仅仅是名称的转变，更意味着发展方式的转变。就这样，在机缘巧合下，我成了派驻浙江省杭州市临安市的最后一批科技特派员，同时也是临安区的第一批科技特派员。那时在与当地科技局的领导汇报交流中有位领导就提到，最后一批与第一批都不好干，更应该守好门、开好局。

科技特派员的工作受到了各级领导的关心、帮助与支持。2023年1月17日，我作为科技特派员代表参加了杭州市百名专家代表授旗仪式，接受浙江省杭州市委常委、副市长胥伟华的授旗。想到能跟其他"战友"一起投身于科技特派员工作，我是何其有幸，与有荣焉。

## 收　获

### 时光荏苒"说不出再见"

我从事科技特派员工作受益良多，一路走来最大的收获就是得到各种真挚的情感。"小戴，今天晚上来我家吃饭。""特派员，天晚了就不要回去了，我们农村就是房子大，我给你去换床新棉被。""山上的桃花快开了，什么时候带小孩一起来看桃花?""特派员的级别很高吧?""你们每次都自己开车下乡辛苦吗?"奔走在於潜镇光明村，我和认识的不认识的村民都会聊上几句，他们特别热情淳朴。6年来，於潜镇已然成为我的"第二故乡"，虽然回老家的路程更近，但事实上这些年我回老家的次数远远少于去於潜镇的次数，因为我觉得於潜镇需要我，我有份事业在那里。

2017年，我初到於潜镇时，工作内容是去协助光明村，大力支持光明农场建设，发展集体经济。工作伊始，我首先确定从"传统"入手，深入挖掘和恢复於潜镇特色的农耕历史文化传统。在连续几个项目的支持下，实现了农场於术产业从引种、种植到保种、供种的转化，为於潜镇恢复传统於术产业发展提供了必要的支撑。而后，我还在光明农场试验开发并验证了多种稻鱼综合种养模式；在此基础上提出了新型设施化稻鱼综合种养——"稻田＋圆池"耦合式新型稻鱼综合种养模式，达到稻鱼耦合、肥料减量、营养物质多级循环利用的绿色发展目的。

科技特派员首个任期快结束时，我还在犹豫要不要继续连任的时候，接到了时任於潜镇党委委员的电话："你还会来的哦？"一种说不清道不明的情结让我说不出再见。"是的，我还会来的。"我回答。因为这句话，我在於潜镇干了6年，有机会的话再干6年又何尝不可？当然，即使有一天不当科技特派员了，我也一定会继续去於潜镇为大家服务。

这些年，光明村农场建成，村庄变美，农户收入与集体经济大幅增加，我在於潜镇的科技特派员工作也得到了组织的高度认可，在考核中均获得了优秀。

创　想

## 光明农场的光明未来

时光荏苒，岁月如梭，韶华不负，未来可期。目前，光明农场已初具规模，俨然已经成为周边地区的"网红"打卡地。我的下一步工作就是，进一步对农场的未来发展进行规划与助推。

首先，要稳住稻田这个基本面。通过引进新技术、新设备和新方法，加强农业科技研发，提高生产效率和质量。例如，使用智能化设备、实施农业物联网、推广数字农业等，可以提高农业生产效率，缩短农产品从生产者到消费者的供应链，降低成本，增加农民收益。这也会让从事农业生产的人更有尊严，从而吸引更多的年轻人留在农村，从事农业工作。

其次，通过"网红"打卡地和农业数字化建设，吸引人口进行农业观光，发展乡村旅游。让本村农民成为导游、农家乐及民宿经营者，从而创造更多的就业机会和经济价值，进一步提升周边配套产业的经济收入，实现全村的共同富裕目标。

最后，抓住稻鱼这个增长极。稻鱼综合种养是指在水田中同时培育稻谷和水产品，或将鱼类养殖与稻田种植相结合，实现生态循环、资源共享，达到增产增效、增收致富的目的。稻鱼综合种养已经成为推进农业农村现代化的重要手段之一，是主推模式，具有广阔的发展前景和巨大的社会效益。利用光明农场现有的稻田资源进行稻鱼综合种养模式创新与示范可能会成为我下一步工作的重点。

相信通过以上工作的开展，农场生产效率会大幅提高，资源浪费和环境污染也会相对减少。在保证更高食品质量和安全的同时，不断提升光明村建设的展示度，为集体经济发展和全村共富带来更大的收入可能。

## 评述点赞

於潜镇党委原副书记郑卫东：戴杨鑫工作积极性强、踏实肯干，一来於潜镇就对全镇进行了摸底调研。了解到我镇水产养殖从业人数不多，他便服从组织安排到光明村开展科技帮扶工作。虽然主要在光明村开展工作，但他也为全镇其他农业产业发展提供了不少帮助与建议，为养殖户解决了苗种、养殖技术和病害防控技术等方面的问题。

*杭州市党代表、光明村党总支书记周潮滨：* 戴杨鑫在我们刚刚开始搞光明农场建设时就到村里开展科技特派员工作，他做了不少实事，提供了不少建议，也为我们引进了很多技术专家实地解决问题。近年来，光明村的面貌发生了翻天覆地的变化，不仅村庄变美了，农场建成了，农户收入也大幅增加了，其中科技特派员发挥了不小的作用。

戴杨鑫（左五）作为科技特派员代表参加杭州市百名专家代表授旗仪式

# 赵琳——不负巾帼志的护"薯"使者

## 我的初心

我是浙江省杭州市农业科学院派驻临安区天目山镇的科技特派员。"一懂两爱"[①]是党中央对"三农"工作队伍的殷切期望，也是农村基层干部的本色特质和基本要求。作为科技特派员，我愿初心不负巾帼志，扎根"三农"绽芳华。

我于2012年参加工作后，主持参与省、市级项目20余项，参与审定玉米新品种2个、甘薯新品种2个，获授权发明专利3项、实用新型专利1项，编著图书2部，发表论文30余篇，参与制定市级标准4项，获浙江省农业农村厅技术进步奖二等奖和浙江省农业丰收奖一等奖各1项。

## 故　事
## "香薯直播"乘上互联网东风

2019年10月，我光荣地成了杭州市科技特派员，派驻临安区天目山镇。作为一名农艺师，我一直以来的工作愿景就是利用自身的科研成果，让农户们能学有所获、业有所长、粮有所丰。如今回想起自己成为科技特派员

---

[①]　韩俊：《实施乡村振兴战略五十题》，北京：人民出版社，2018年，第315页。

的那一刻，依旧深感荣幸。感谢组织给了我这样一个机会，让我能用自己的知识，带着农户们加油干、加油赚。

"中国小番薯在浙江，浙江小番薯数临安。"多年来，天目山镇凭借独特的生态资源环境，迅猛发展小香薯产业，成为浙江省第一个引种小番薯栽培地、第一个形成产业化发展镇……这些标志性的里程碑，在体现出当地番薯产业优势明显的同时，却也透露出一定的问题：由于连年种植，当地番薯已出现品种退化、产量下降、品质降低的情况，严重制约了产业的可持续发展。

"面对这种情况，我到底能做什么？"通过多次调研，我在确认种苗等制约发展的因素后，便立刻开展不同产区的番薯病毒病普查，并利用小滴液化法进行种苗的脱毒，成功将脱毒种苗推广到田间地头。看到种苗生长状态越来越好，我的心情也越来越舒畅。

然而，在被派驻到天目山镇的几个月后，一场突如其来的新冠疫情打乱了所有人的节奏，给农业带来了持续性影响。那时，政府通过一系列政策让大家的脚步停下来，让整个社会面"安静"下来。可是，植物生长不会等人，浇灌、施肥、防虫害，一件事儿都不能少，尤其是售卖环节，如果没有销路，过一天就是亏一天。

"赵老师，这可怎么办呀？""您可得帮帮我们呀！"农户们急得像热锅上的蚂蚁，在家吃也吃不好、睡也睡不好，时不时地给我发消息。从消息的字里行间，我读出了不易，也悟出了自己新的发力方向。"既然线下售卖存在困难，那就干脆在线上找渠道！"思路一打开，瞬间觉得豁然开朗。

小香薯上市后，我迫不及待地携手相关单位，用直播带货的形式，开展"天目粮仓，杭隆香薯"热销活动。直播当日，我带着直播间的粉丝"去"了香薯田，真实记录香薯是如何从土里走上餐桌的。另外，我也把科普课堂搬到直播间，针对大家对脱毒后香薯品质的疑问，对脱毒的含义，脱毒后维生素 C、β – 胡萝卜素、可溶性总糖和蛋白质含量等品质指标的变化进行一一解答，引来上百位粉丝争相下单。疫情带来的困难，让我成了大家口中的护"薯"使者。

如今，农产品线上销售加速崛起。面对这种新的传播环境，我感到庆幸的是，能够带着农户们乘上互联网的东风，带领番薯产品的销售打破传统地域空间限制。现在，乡亲们已经收到了来自全国各地的订单，真正实现了生产者与消费者的直接对接，可以说，这不仅为增收致富提供了新平台，也为天目山镇农业的创新发展带来了更多的新可能。

### 收 获
## 从"想想"到把成果留在农家

我成为科技特派员的时间虽不长，却深刻认识到科技特派员是枢纽，是培养人、锻炼人的重要阵地，是惠民生、排民忧的重要岗位。如果没有成为科技特派员，我对农业、农村、农民的概念会停留在"想想"的角度。

曾经，我只是单方面考虑要为老百姓做些什么，但老百姓真正需要什么、面临什么困难、怀有什么想法，我是不太清楚的。而正是因为有了派驻基层一线的经验，我才真正了解到农民到底想要什么、真正需要什么，才真正将自己的工作理想和农民的现实需求联系起来。"科技特派员来了，我们薯农的救星来了！给我们带来了新技术，还帮我们解决了产销难题……"我时常会红着脸，听着父老乡亲们发自肺腑的称赞声。虽然觉得愧不敢当，但是能够得到他们的认可，我还是十分高兴。

这几年来，我为天目山镇积极引进浙薯、杭薯等系列香薯品种和多花黄精、长梗黄精、川黄精等黄精品种，研发应用种苗脱毒技术，不断优化品种种植结构，大力开展示范推广工作。目前，当地农业特色产业已逐步显效，越来越有竞争力。我也获得了浙江省科学技术进步奖二等奖、浙江省农业丰收奖一等奖等奖项荣誉。

创　想

## 科技服务收获梦想果实

自被派驻到天目山镇以来，我走访了很多地方，了解了很多情况。我调研最多的就是天目山镇小香薯、中药材的产业发展现状。其中，耳朵里听到最多的、笔记记得最多的关键词，就是"小香薯品质变差""黄精繁殖成本高""配套栽培技术不系统不完善"。

为此，我积极探索新方法、新路径，引进优良品种、改良种植技术，不断提高产品的科技附加值：引进"浙薯13""浙薯6025""杭薯1号""杭薯2号"等系列香薯品种和多花黄精、长梗黄精、川黄精等黄精品种，研发应用种苗脱毒技术，不断优化品种种植结构；同时，不断探索黄精基质层积萌发技术、无菌苗萌发技术和根状茎切快繁殖技术，降低成本，提高效益。

如今，"天目山"这3个字已深深地嵌入我的生命轨迹，我爱这里的山水，爱这里可爱、勤奋的父老乡亲。我也会继续发挥好自身的科研特长，履责担当、用心用情，做农业科技的推广者，做农民耕作的服务员。

作为新时代农业科技工作者，我将立足农业科研领域，加强种业自立自强；立足科技创新，加强农业基础科学研究；立足数字智能化，做优现代农业；立足科技赋能，提升农村造血功能。青春逢盛世，奋斗正当时。希望用自己的力量，让每一颗种子都能开出希望的花朵，每一分耕耘都能收获梦想的果实！

## 评述点赞

杭州市临安区森楠小香薯专业合作社负责人刘美凤：赵琳没来当科技特派员前，我们就打过交道。2022 年 8 月的时候，我向她请教，收上来的番薯销路不太好，该怎么办？没想到几天后，当了科技特派员的她，带着专业直播带货的老师就上门来了。那几天天气很热，机器在太阳下都被晒得死机了，更别说人有多难受了。但是赵琳不愿意休息，一直耐心地互动、讲解，真的很感动，也很敬佩。

天目山镇经济发展办公室主任陶利平：天目山镇最开始没有杭州市派出的科技特派员，赵琳来当科技特派员后，一直积极地跟镇里对接，想将她的专业优势发挥出来，为镇里多做点实事。我们多次去调研，希望通过科技来扶贫，提升特色产业，应该说效果明显，希望后续我们仍然能合作，为镇里多做贡献。

赵琳（左）在做现场指导

# 顾建强——做一缕深入土壤的光

## 我的初心

我是浙江省杭州市临安区农业农村局派驻临安太阳镇的科技特派员。我的初心就是发挥自身专业特长，结合农民需求，做好技术服务工作，争当一缕深入土壤的光。

我是"90后"，浙江农林大学植物保护专业硕士，现任浙江省杭州市临安区农业农村局土肥植保站站长。我虽然年轻，但开展农业学术研究已有13余年，先后从事过肥料、种子销售与农业技术推广等工作；主持竹改稻技术研究及示范等省、市级科技项目4项，发表论文25余篇，参编著作5部，获授权发明专利1项、新型设计专利3项；获全国农牧渔业丰收奖二等奖1项、浙江省农业丰收奖三等奖1项，并在"粮食生产和高标准农田水利建设"工作中，获得浙江省杭州市政府行政奖励1次。

## 故 事
## 竹改稻把技术种进土里

2017年，怀着懵懂，我争取到了一个科技特派员的名额，被选派到临安区一个叫"太阳镇"的地方，从此开启了我的科技特派员"阳光"之旅。

上任之初，我心中忐忑不安，一方面对科技特派员需要开展的工作不了解，另一方面也担心自己能力不够，做得不好。

竹笋产业是临安区农村经济的第一大产业。近年来，由于长期过度经营，加上受雷竹生长规律的影响，太阳镇出现了较大面积的竹林退化现象，严重影响了笋的经济效益。到镇里报到的第一天，分管农业的副镇长就找到我，对我说："太阳镇有大户想要把退化的雷竹林砍掉种植水稻，你去帮他一下吧。"说干就干，接到任务后，我马上向区农业农村局和浙江农林大学相关专家请教，了解竹改稻过程中需要注意的问题。同时结合自己的专业特长，积极搜索文献，制订初步试验方案。刚开始的时候，工作并不顺利，土壤严重酸化结块，土质偏沙，不易蓄水……一个个问题接踵而至，心里不免有些气馁，但转念一想，"没有困难还要我干什么"，我马上又鼓起了干劲。在镇农业农村办的支持下，我对太阳镇和所辖7个建制村的1745户村民的近5000亩耕地开展"两非"调研，联合各村制订"退竹还粮"工作方案。一分耕耘，一分收获。通过大家2年的努力，完成了退化竹林机械改造技术、退化竹林改种水稻对土壤理化性质影响、新改水田水稻高产栽培技术等项目的研究，帮助土壤重新发挥了经济效益，保障了当地人民的"米袋子"。2018年的秋天，农户拉着我去田里看水稻，我看到一串串沉甸甸的稻穗挂在稻秆上。沉浸在眼前这片金黄的稻田海里，我心里不由美滋滋的，都说"收获"是一种快乐，"付出"又何尝不是另一种幸福呢！

收　获

# 搭好"隐形桥"博得农户喜笑颜开

3轮选派、6年耕耘，对科技特派员工作我有了更新的认识。临安区太阳镇作为全区农业大镇，大户多、产业杂，在服务过程中，需要帮他们解决形形色色的困难，但仅仅依靠我一个人的力量，是根本没办法完成的。面对工作中各种难啃的"硬骨头"，有压力是难免的，但在压力相伴的日子里，我有了更多的实践、更多的思考。我觉得把科技特派员比作一座桥是最贴切不过的，因为科技特派员一头联系着科研院所，另一头联系着寻常百姓。6年里，我努力搭好这座"隐形桥"，先后联系浙江大学、浙江农林大学、中国水稻研究所、浙江省农业科学院等单位，与太阳镇人民政府建立合作意向、签订服务协议。我还邀请有关专家下乡针对性地开展服务，实地为农户"问诊把脉"。每当看到问题解决了、作物丰产了、百姓增收了，农户脸上露出满意的笑容了，我也感觉自己收获了满满的能量，又能够继续在太阳镇发光发热了。

2020年开春，位于太阳镇景村的杭州景浪农业开发有限公司的300亩有机蔬菜基地的病虫害情况越来越严重，这可急坏了基地负责人。我当即邀请浙江农林大学的周国鑫、邓建宇2位专家与基地对接，将他们研究的有机蔬菜绿色防控技术进行成果转化，针对基地内主要发生的病虫害和基地作物分布情况，提出了合理的整治方案。最终通过安装太阳能杀虫灯，布置千余处性诱剂、色板等防控设施，大幅减少了病虫害，卸下了基地负责人心中的"大石头"。


创 想

## 做一缕深入土壤的光

时光荏苒，转眼已是担任科技特派员的第6个年头。回首过去，从懵懂到熟悉，从初来乍到到与农户打成一片，在一次次的服务过程中，我找到了更广阔的平台，积累了更多的经验。

在驻点服务期间，我一直着力开展技术服务、农民培训、政策宣传、科技项目落实等工作。我将各类技术成果进行归纳总结，在《南方农业》杂志上发表相关技术论文分享研究成果，同时邀请临安区电视台拍摄竹改稻技术推广宣传片，使其在新"三农"节目中多次播出宣传。另外，我通过讲座和现场考察等形式，组织开展农业技术培训6期，培训350余人次。举办的"退化竹林改造技术培训现场会"吸引了当地粮油大户50余人参与。

因为我想继续留在这里当一缕深入土壤的光，驱散农户的烦恼，我请求继续担任临安区派驻太阳镇的科技特派员。"把论文写在大地上"是科技特派员坚定的誓言，是需要我们一步一个脚印踩出来的坎坷道路。乡村振兴的梦想，需要特别的光，就让我这一缕光，在太阳镇的土壤深处、农民心头，更暖些、更亮些。

## 评述点赞

临安区梅芳家庭农场负责人陈梅芳：小顾这个刚毕业没多久的小伙子，虽然年轻，但是干劲很足。每次来我基地，都要先到田里去查查病虫害，数数水稻头，建议我们及时做好田间管理。我们有一个水稻大户群，小年轻懂电脑，经常在群里发布最新农业政策、病虫害预测预报和灾害性天气预防管理措施，非常贴心。

杭州临安区忠春食用菌合作社社长朱忠春：我在临安区种了20多年食用菌，听朋友介绍，说猴头菇种植效益很高，就叫小顾帮我想想办法，能不能试种一下，结果没几天，他就带着专家给我安排了3个品种进行试种。在这个过程中，小顾经常打电话过来了解猴头菇生长情况，感觉比我还着急。猴头菇试种成功后，小顾还帮我申请经费扩大种植，真的很感谢他。

杭州市临安区太阳镇经济发展办公室副主任程云霞：顾建强作为科技特派员来我们镇6年了，其实他作为农业农村局土肥植保站站长平时工作很忙，但每次来太阳镇指导农户都很积极，不仅如此，还会帮镇里主动争取农业产业项目。

顾建强（左）在指导农户控制蔬菜基地病虫害

# 丁勇——有机茶的数智化使者

## 我的初心

我是浙江经贸职业技术学院派驻浙江省杭州市富阳区渌渚镇的科技特派员。我的初心是研制保护本土种质资源的数智系统、智造全国孝心共富茶样板。

我是"80后"，副教授，在涉农全产业链数智化研究领域取得了多项研究成果，创新了"1＋N＋1"科技特派员服务示范模式，并先后荣获国家级教学成果奖二等奖、浙江省教学成果一等奖各1项，主持制定农合联数字化平台建设与管理标准规范1个，获授权实用新型专利6项，拥有软件著作权11件、注册商标45个。

## 故　事
## 跨越 2 万多千米后的发现

说起我当科技特派员的因缘，就不得不说"15"这个数字。俗话说"十年磨一剑"，为了成为一名带"中国芯"的科技特派员，我比10年还多"磨"了5年。

公派留学期间美国现代农业的震撼画面和孩童时代父辈辛苦农耕劳作的场景，引发了我内心的深度思考——"要做什么人？要做什么事？"2006年

3月15日，女儿的出生让我成了一名父亲，父爱引领我找到了答案——为子孙后代保护"中国种"，做一名带"中国芯"的科技特派员！

我发起了"保护中国种""互联网＋"行动联盟，并积极参与行动，累计培训服务全国农创客近10万人次，先后有幸被聘为浙江大学"茶业经营与管理"讲座教授、中国茶叶学会茶业经济专业委员会副秘书长和中国发展研究院农业农村品牌战略研究中心研究员。

同时，我开始逐渐聚焦有机茶种质资源数智化保护研究，并积极寻找适合数智化保护的本土有机茶种质资源。从2017年开始，我先后探访了浙江省内的主流有机茶园，利用无人机航拍和视频访谈的方式，发掘有机茶种质资源。功夫不负有心人，终于在跨越2万多千米的行程后，意外发现了"隐身"于富阳区渌渚镇的杭州醉美有机茶园。2020年，我克服疫情等诸多困难，完成了该茶园周边环境的全面勘查工作，并向学校主动请缨到富阳区做本土有机茶种质资源数智化保护的科技特派员。

2021年8月，在我与茶农们一起对突遭百年不遇山洪灾害的有机茶园进行抗洪修复时，接到了学校打来的通知电话，我入选了科技特派员。那一刻，我不禁喜极而泣。在整整"磨"了15年之后，我实现了梦想，同时在内心默默发誓："要不忘初心，做好一名带'中国芯'的科技特派员！"

## 收　获

## 为茶园插上数智翅膀

如何对中国茶叶种质资源进行有效的数字化保护，让数智赋能共同富裕？我的实践是，创新"1＋N＋1"科技特派员数智服务模式，为有机茶园插上数智翅膀。虽有波折，更有收获。

"1＋N＋1"数智防洪保安全。2021年8月，茶园遭受百年不遇山洪灾害，茶园设施破坏十分严重，我一边向科技局相关领导汇报，一边组建了由软件、航拍、网络专业师生组成的防洪突击服务小队。经过近48小时的全面勘察，我们在最短时间内设计研发了能提前预警百年不遇山洪的数智化防洪系统，部署了防洪环境监测设备、防洪水位警戒设备等智能设施20多台（套），成功实现了数智保安全，并为有机茶成功申请了"智慧茶园全生命周期数字化系统"软件著作权1件。

"1＋N＋1"数智抗旱保茶种。2022年8月，持续高温无雨的天气使茶园紧邻的水库几乎见底，部分茶树出现枯死的情况，我组建了由生物、网络、软件专业师生组成的抗旱突击服务小队，采用烈日下实地勘察和无人机航拍结合的方式，在最短时间内完成了茶园缺水程度和区域的研判工作，夜以继日地部署了有机茶园水肥一体机，助力茶园避免了因茶树枯死带来的重大经济损失，为有机茶成功申请实用新型专利"一种基于AI大数据的智慧农业物联网用监控装置"1项，研究成果以《基于Spring Cloud架构的有机茶园数字化系统构建研究》为题在《中国茶叶加工》上刊发。

"1＋N＋1"智造孝心共富茶。为打造有机茶公共品牌，为指数级提升有机茶经济效益打下坚实的IP基础，我组建了由动漫、会展、影视专业师生组成的有机茶品牌设计服务小队。我累计走访、调研时间超300小时，深度挖掘渌渚孝文化，成功设计出有机茶公共品牌"孝心谷"，编制了《"孝心谷"科技特派服务规划（2021—2025）》，制作了有机茶宣传片。2022年3月"孝心谷"商标获批，2021、2022年有机茶连续增效30%以上。

创 想

# 为创新保驾护航

2017 年，在深度访谈中，我和有机茶园的主人黄凯筠女士结下了"茶缘"，了解到她变卖香港的房产，只身一人来到富阳区，并将全部资金投入到这片有机茶园的故事。我被深深感动，并决心通过科技赋能实现这片饱含黄女士爱国情怀的有机茶园的数智化转型升级，第一时间为她的茶园设计部署了带"芯"的立体式远程高清视频安防巡视系统。

这个系统在关键时刻发挥了作用。2021 年 10 月 29 日凌晨 4 点多，我在睡梦中被茶园安防系统的警报声惊醒，只见视频里亮起了晃眼的警灯，一群村民情绪激动，与黄女士发生争执。黄女士哭着对警察和村民说："我相信科技特派员丁老师，等天亮了我和他联系，请他一起协商处理！"我驱车赶到现场才了解到，原来村民认为有机茶园所养的鸡鸭的粪便会污染村里的饮用水源，所以引发了冲突……经过我耐心科普，以及推心置腹的分析、协调和沟通，大家的情绪慢慢平复下来，并都接受了我现场为双方草拟的临时解决方案。周末，我立马组建了由法律、财会和心理资深爱心专家组成的水源污染冲突紧急协调小队，以"1＋N＋1"科技特派员服务模式，彻底化解了茶园与村民之间的冲突。此后，有些村民见到我，就称呼我"会'灭火'的科技特派员"。

面对组织、茶园主人和茶农的信任，我内心深受感动。余生我将以"孝心谷"有机茶数智服务为样板，为我国种质资源数智化保护奉献自己的青春和智慧。我将牢记 2006 年 3 月 15 日立下的誓言——为子孙后代保护"中国种"，做一名带"中国芯"的科技特派员。

## 评述点赞

下姜村"梦开始的地方"品牌策划人宋小春：我带领火石品牌策划团队 20 年来专注于打造包括下姜村"梦开始的地方"等一批有情怀、有影响力的乡村与农业品牌实战案例。丁勇老师是"保护中国种"的战士！他为子孙保护本土茶树种、为富阳智造孝心共富茶的数智特派励志故事，激励我们这一代人要为子孙后代多做几件有意义的事。

杭州醉美有机茶园负责人黄凯筠：我很幸运在 2017 年和丁勇老师结下"茶缘"，他安排我参加各类茶主题培训班，进而融入"茶圈"。经他推荐，我作为浙江农民大学 63 万学员的 5 位代表之一，在千人大会现场分享有机茶创业故事，获得了时任浙江省政协副主席孙景淼的点赞。

丁勇在有机茶园调试有机茶种质资源保护数智系统

# 刘慧春——脚踩泥土　手撷芬芳

## 我的初心

> 我是浙江省农业科学院派驻仙居县的科技特派员。2019 年起入驻仙居县淡竹乡林坑村，我的初心就是带领林坑村两委干部及村民，把乡村变绿、变美，让来到村里的游客一年四季有花可赏、有景可观，让林坑村的村民有钱可赚。
>
> 我是"70 后"副研究员，任浙江省农业科学院园林植物与花卉研究所园林植物研究室主任。主要从事江南牡丹的资源收集、遗传育种、栽培繁殖和抗逆性等研究工作，获市、区级科学技术进步奖各 1 项，发表学术论文 40 余篇，获授权发明专利 6 项，拥有软件著作权 5 件。

## 故　事
## 当时心里真是一阵心疼！

科技特派员是什么？科技特派员要做什么？2019 年，当我第一次被任命为科技特派员时，我的心中充满未知。

"科技特派员，简单地讲，就是要将我们的科技论文写在田野大地上，要让我们的科技带动农民致富，是一份伟大而神圣的职业！"分管科技特派员工作的院领导亲自给我讲解分析。于是，带着这份认知，我来到了仙居县淡竹乡林坑村。

水绕陂，田竹绕篱。当我乘着车，经过山路十八弯进入林坑村，一眼就相中了距离村口不足百米的10亩小梯田——如果能在这里种植景观植物，形成规模，开辟花海，打造出色彩艳丽整齐的田野景致，一定能打响林坑村在周边县市的名声。

我想，我来对地方了，这里可以充分施展我的专业技能！经过和当地政府及村干部的多方沟通，最终确定以林坑村为示范村，打造10亩柳叶马鞭草花海示范基地。

从那以后，我就开始了不断往返奔波的生活。2020年6月3日，从林坑村花海基地返回杭州的路上，突遇一阵狂风暴雨。我第一时间想到的是：村里有没有下暴雨？柳叶马鞭草怎么样了？

我马上用电话联系了村支书。从蒋书记口中得知，村里也未能幸免，柳叶马鞭草靠近村口的区块，因为处在风口位置，受灾严重，大部分已经倒伏，其他区块也有轻微倒伏的现象。当时心里真是一阵心疼啊！就像自己养的孩子一样，好不容易养到开花了，却遇害受损。

心疼归心疼，抢救最重要。通过多方沟通，村干部和几个村民一起找竹竿、劈竹条、买绑绳，将花海基地倒伏的柳叶马鞭草进行了绑缚，并对花海周围进行了围合加固，以起到防护作用。最终，柳叶马鞭草顺利进入盛花期。村干部与村民们的团结一心、积极配合，让我非常感动！

## 收获
### 让农民有钱赚，我很欣慰

紫带轻拂疑为风，夜阑空锁满池星。大地对我们的辛勤付出"还以颜色"，如梦似幻的紫色马鞭草在夏日尽情绽放，引来无数游客徜徉，赏花拍摄，邂逅独属夏天的浪漫。

2020年6月，以花海为主题，我助推林坑村与台州市科技学院建立合作模式，成功举办了星空露营音乐节等庆祝活动，吸引了大批游客。仙居旅游网等媒体对星空露营音乐节进行了宣传报道，林坑村也一跃成为仙居的"网红村"。暑假期间，林坑村民宿客房日日爆满，为村民带来了非常可观的经济收入。

花期过了之后，怎么把土地利用起来呢？面对后续发展问题，我又重新规划了荞麦花海、向日葵花海的景观方案，营造出了四季各不相同的植物景观，在满足林坑村短期游客引流需求的同时，逐步引导林坑村的景观农业向景观、经济兼备发展。

此外，我还按照尊重自然美、注重个性美、构建整体美的要求，编制了乡村庭院景观绿化、美化种植的设计方案，让林坑村既有花海又有美丽庭院。村容村貌的整体提升，乡村旅游配套设施的逐渐齐全，终于打动了路过林坑村的游客们。

当然，为了增加村民的经济收入，光靠吸引游客还远远不够，还得让村民有稳定的农业经济收入。种植既有观赏价值又有经济价值的多年生、多功能经济作物才是长久之计，既可以减少因反复翻耕、重新种植所造成的成本投入，又能给当地村民提供稳定的经济收入。2022年3月中旬，我联合村集体，带动林坑村村民种植了赏油兼用型栀子花100余亩，并且在行间套种了20余亩的迷你小番薯"紫晶香"和"心香"。截至2022年底，通过栀子苗套种迷你小番薯的技术实施，带动当地农民增收致富，人均年收入增加近2万元，每亩效益约1.5万元，在淡竹乡起到了很好的示范作用，也为其他村的美丽乡村建设提供了参考和模板。

创　想

# 思想有共识，才能有行动

这一路走来，我认为，带动村民增收致富，发挥村民的主观能动性才是最重要的。思想上有共识，行动上才能真正动起来。

刚开始种植柳叶马鞭草花海的时候，有很多村民地里还种着菜。他们不明白也不理解为什么要种花，说种花又不能吃。好在我的方案翔实可行，为率先达成共识的村干部们对做好村民思想工作树立了满满的信心。在大家的主动作为、积极劝说下，村民们终于明白：不是我要他们种什么，也不是公家要他们种什么，而是如果乡村变美了，来的游客多了，收入也就多了，而且种出来的产品还是他们的，卖的钱也是他们的。最终，林坑村成功地通过流转租借的方式腾出了整片土地，赶上了种植时间。

接下来，我想重点实施的工作是做好赏油兼用型栀子花的田间养护指导和产品开发，并在栀子苗行间继续套种小番薯，为村里引入旋耕、除草及喷药等小型农用设备，实行田间机械化操作，降低人工成本。同时，加快栀子果油产品的成品开发，通过成品油的销售获得经济收入。采用农户自主承包的形式，推广种植迷你小番薯，由村集体负责收购，为农户增加经济收入保驾护航。

我将不忘初心，继续本着"只要有需要，必定刻不容缓"的做事风格，以省科技特派员项目为依托，以省农科院为后盾，多方深入基层，了解农民所需，积极配合和响应仙居科技局及淡竹乡相关部门的科技要求，充分发挥自身专业优势，做到"我知道的，必定知无不言，毫无保留；我不知道的，也会想办法学，如有必要会直接邀请相关专家来村指导"，为林坑村、淡竹乡美丽乡村建设提供更接地气的科技服务，做出应有的贡献。

## 评述点赞

仙居县淡竹乡林坑村党支部书记蒋文祥：自从刘老师来到林坑村，我们村里发生了翻天覆地的变化。她不仅对我们村的庭院做了景观绿化，对闲散农田进行了规划种植，让林坑村既有美丽庭院，又有花海，既能观赏，又让村民有钱可赚。来自各地的游客人数慢慢多起来，愿意住下的游客比例也变高了。更重要的是，村民跟刘老师学到了很多，如作物间套种番薯来减少杂草、更合理地用肥用药等，这些都是无形的财富。

仙居县淡竹乡林坑村村委主任吴西木：刘博士作为一个女同志，做事非常认真负责，虽然身材娇小却很能吃苦，经常亲自下地指导。每次来到林坑村，她第一时间肯定是去地里看看种植的植物长势如何，然后告诉我们需要做哪些工作及具体该怎么做。她在我们林坑村也有将近 4 年的时间了，和我们村干部既像同事又像朋友，跟村民们也能打成一片，是一位非常受大家欢迎的好同志！

刘慧春（右）对林坑村的柳叶马鞭草田间养护技术进行现场指导

# 吕学高——双向奔赴"粱花"共富

## 我的初心

我是浙江省农业科学院玉米所派驻开化县大溪边乡的科技特派员。我的初心就是在大溪边乡的土地上种下自主选育的高粱、油菜品种，把先进的技术示范推广到全乡，通过科技的力量为"粱花"产业保驾护航，使全乡老百姓也越来越期盼新品种、新技术，实现双向奔赴、携手共富。

我是"80后"，参加工作15年来，承担省、市级科研项目20余项，选育审定（登记）新品种6个，发表论文20余篇，获浙江省旱作粮油科技创新团队青年学术报告一等奖。

## 故 事
## 接过"接力棒"引种"红高粱"

我是被派驻到大溪边乡的第二任科技特派员，在这之前，被派驻到这里的是同一研究室的前辈。2019年5月，因业务工作调整需要，我被轮换至科技特派员的岗位，这也是我首次担任科技特派员。为把大溪边乡刚刚处于起步阶段的高粱、油菜产业更好地持续推进，同时，更好地推进当季高粱、油菜的耕作，在省科技厅正式文件尚未发布时，院领导和所领导就将我派送到乡镇，提前接过"接力棒"，抢时间着手实施科技特派员项目。

到了大溪边乡，我首先要解决的就是高粱品种的更新问题。经过调研，我一口气从四川、山西、河北、吉林、辽宁、黑龙江、重庆、贵州等省（区、市）地征集新品种（系）100多份，在大溪边乡实地开展引种筛选比较试验。其次，我要帮助农户实现高产高效，播种期准备、苗期虫草管理、中期肥水管理、花期病虫防治、收获期考种记载等，全过程都需密切关注。为了确保生产中的每个环节都平稳度过，我每次来回驱车500多千米，实地查看，为农户排忧解难。

上安村农户余祖军放弃了在义乌的高薪创业项目，回乡发展高粱产业，个人承包村集体土地160余亩。在首次大面积种植红高粱后，他遇到了台风暴雨水涝、高粱倒伏、高粱炭疽病与叶斑病危害、野兽侵害等一连串的灾害问题。每次他发来视频，我都第一时间赶去救助，为他所种高粱高产高效保驾护航。有了回乡创业的种植大户的示范，大溪边乡上安村很快就建成了远近闻名的红高粱基地，并被媒体赞誉为大山里的"致富红"。

## 收 获
## "梁花"产业助力全国先进

最大的收获就是，通过科技助力红高粱、油茶花高产高效的"梁花"产业，上安村从一个省级重点扶贫村、集体空壳村、集体经济薄弱村，发展成了"网红村"、模范村，初步实现"农业增效、农民增收、集体增富、农村增美"的乡村振兴新目标。2021年2月，我所在的省农科院科技特派员团队被中共中央、国务院授予"全国脱贫攻坚先进集体"称号，上安村党支部书记、村委会主任余雄富被授予"全国脱贫攻坚先进个人"称号。于我而言，可谓"双喜临门"。

这巨大收获的背后，还有许多值得分享的惊喜。

比如，我被派驻到上安村的第一年，上安村就首次创下了浙江省"高粱最高亩产"和"高粱百亩方"2项"浙江农业之最"，其高粱种植地发展成为全省最大的高粱生产核心区。比如，作为特色项目参加省农业农村厅、衢州市人民政府主办的钱江源油菜花节、中国农民丰收节（红高粱文化节）农旅宣传活动。比如，以大溪边乡为典型示范的"油菜与高粱轮作高产高效栽培技术"连续被列为2021—2022年"省主推技术"。比如，上安村以红高粱特色产业村、浙江省乡村振兴科技示范基地、浙江省美丽乡村精品村的全新形象，登上中央和省级各主流媒体。

创　想

# 打造"春赏黄秋品红"的"美丽上安"

作为一名农业科技工作者，我始终相信"一粒种子可以改变一个世界，一项技术能够创造一个奇迹"。我在大溪边乡的土地上种下自主选育的高粱、油菜品种，把先进的技术示范推广到全乡，帮助大溪边乡走上了"夏高粱、冬油菜""高粱酒、菜籽油""赏美景、住民宿"的特色化脱贫攻坚路。

作为科技特派员，助力大溪边乡"粱花"产业插上科技翅膀，全乡老百姓也越来越期盼新品种、新技术。2021年，上安村"粱花"产业总产值达到600万元，村集体年经营性收入首次突破50万元，全村在家村民人均增收15000元以上，带动全乡和全省高粱种植面积分别达到5400亩和13万亩，惠及全省5万多家山区农户。

下一步，我将继续推进这种双向奔赴的"粱花"组合共富模式，针对大溪边乡红高粱强镇建设，依托省农科院共富研究院和开化县红高粱党建共富联盟，谋划强联补链项目，推进红高粱种源基地建设、红高粱主题公园、丘陵山地宜机化改造、高粱酒标准化生产工艺和秸秆无害化处理（湖羊养殖、有机肥加工）等创新工作，开展高粱生产、酿酒等专业技术指导与人才培训服务，带动全县红高粱产业提档升级，打造"人人种高粱、家家有收入"的"共富上安"和"春赏黄秋品红"的"美丽上安"，奋力争创国家级农业特色强镇。

## 评述点赞

上安村党支部书记、全国脱贫攻坚先进个人余雄富：吕特派员派驻我们村，给我们带来了新品种、新技术、新理念。农业方面的难题他都能帮忙解决，有他在我们都很放心。村民经常拉着他在村口谈技术、聊家常，都把他当自家人。

大溪边乡驻上安村干部郑建平：省农科院科技特派员是我们上安村脱贫攻坚的"好战友"，他为我们村报项目、搞科研、写论文、做营销。与他并肩作战，我们取得了节节胜利，我们将同心同行，带领大溪边走向共同富裕。

上安村高粱种植户余章红：省派科技特派员虽然很年轻，但种植高粱还是有一套的。我们田里高粱生病了、有虫害了，通过手机微信发图片或视频，他都会很准确地发现问题所在，及时提出很详细、很精准的防治办法。他也经常来我们的高粱田里调查，我非常喜欢在田里跟他交流。

吕学高（右）在传授农户红高粱高产高效种植方法

# 邓余良——"全产业链"续写"致富经"

## 我的初心

我是中国农业科学院茶叶研究所派驻天台县雷峰乡的科技特派员。我的初心就是让科技转化为生产力，提升雷峰乡茶产业发展水平，以企业带动茶农，实现共同富裕。

我于1987年参加工作，是高级农艺师，主要从事茶叶加工、保鲜贮藏科学研究和科技成果转化工作；多年来共主持成果转化和省部级以上科研项目48项，发表论文43篇；以第一起草人起草国家行业标准1项、省级地方标准1项，以主要起草人起草国家行业标准2项；主编著作1部；先后获得省部级奖项5项、与茶叶加工和装备相关的授权发明专利40余项，有多项专利成果在茶叶产业方面转化为生产力。

## 故 事

### 被雷峰乡"抢"来的科技特派员

2019年4月，位于天台县雷峰乡的天台云露茶业有限公司负责人范苏芬想要学习加工技术，通过介绍找到了我，希望我为其指导，帮助他们提升茶叶的品质。她诚恳、积极的态度打动了我，我愿意做她的老师，教授特色机制龙井茶叶的加工技术。经过3天的现场指导，企业龙井茶产品的品质有了很大的提升。后来，范苏芬告诉我，产品品质提升后，公司茶叶的利润率增长了1倍以上。听了她的话，我很开心，能够用自己的知识帮助这些茶农，一直是我的心愿。

其实，作为一名茶人，我一直认为农业技术人员就是要下沉到基层，解决群众在农业生产过程中碰到的实际问题，把自己所学、所研究的知识和成果转化为现实的生产力。我是这样想的，也是这样干的。工作30多年来，我的足迹踏遍了全国各个主要产茶区，为茶企和茶农解决了茶叶加工中遇到的各种问题，这也让我跟很多地方结了缘，缙云就是其中一个。

2019年下半年，出于对我的认可，缙云县科技局多次和我协商，想请我担任派驻缙云县的科技特派员，以提升缙云县的茶叶整体加工技术水平。出于对缙云多年的感情和缙云县科技局的诚意，我爽快答应并报了名。没想到的是，天台县雷峰乡领导干部在得知云露公司的技术提升"秘诀"后，立即找到天台县相关领导和我所在的单位，坚决要求把我派到雷峰乡担任科技特派员。

两个科技局来"抢人"，让我一下子成了"香饽饽"，倒让我有些不好意思了。后来，考虑到派往天台县的科技特派员比较少，最终同意了天台县的要求。就这样，原本会被派驻到缙云县的我，"意外地"成了被派驻到天台县雷峰乡的科技特派员。这一驻就是4年。

## 收 获
# 高价值的发明专利免费用

千载雨露，滋养一脉叶芽。万般辛劳，耕耘一缕茶香。作为一名有着30多年从业经历、主要从事成果转化的茶叶科研工作者，我深知农民种茶、做茶的不易。接到科技特派员的任务后，我迫切地希望把自己的所学、所得第一时间倾囊相授给雷峰乡当地的企业和茶农们。

磨刀不误砍柴工。我一向认为，要解决问题，与其在会议室座谈交流，还不如直接到现场去调研。所以一到雷峰乡，我便马不停蹄地到各村调研去了。在走访中我发现，雷峰乡虽然茶叶种植面积大，但是茶产业加工较分散，机械化、自动化程度不高，缺少规范化、标准化的龙头企业。一番了解后，我心中对如何解决雷峰乡茶产业的问题，已经有了答案——扶持一家有品牌、有渠道的当地龙头茶企，通过建设数字化龙井茶生产线，提升雷峰乡龙井茶的品质和产品竞争力。

无独有偶，之前找我指导过制茶技术的天台云露茶业刚好符合这个条件。因为前期的合作基础，公司的负责人范苏芬对我也比较信任，双方一拍即合，我在雷峰乡的科技特派员工作就这样顺利地展开了。

2020年3月，我用科技特派员的项目经费给云露茶业采购的"数字化龙井茶生产线"在企业正式投产，制茶效率比原来提升了好几倍。但仅仅效率提升还是不够的，我又琢磨起了如何提升茶叶品质。

研究茶叶30多年来，我始终紧盯茶叶生产加工环节的实际困难与需求，开展了很多茶叶加工技术和装备的研发，也获得了不少发明专利。我想，把我的这些专利用在这里，也许可以发挥更大的作用。随后，我把我研制的普通授权价值几十万元的"一种新型机制龙井茶加工方法"专利技术，免费授权给企业使用。这项技术，不仅帮助企业大幅度降低了劳动强度和人工及原料成本，提升了茶叶加工装备档次和企业层次，改善了企业的作业环境，更为企业龙井茶产品的标准化、规模化生产提供了可靠的技术支撑和保障。

在我的技术指导下，示范企业茶叶品质得到了显著的提升，产品具有超高识别度，价格也由原来一斤四五百元提高到了两三千元，销量也随之大幅增长，产品平均利润更是翻了 4 倍多，并获得了台州市优质名茶评选金奖。4 年来，通过扶持示范企业建设数字化龙井茶生产线和开发工夫红茶、白茶等产品，收购农户茶鲜叶，雷峰乡的茶农再也不用担心茶鲜叶卖不出去、价格卖不上去。可以说，小小绿叶，托起了山区茶农的致富梦想。

如今，雷峰乡已有茶叶合作社 28 家，涉茶家庭农场 49 家，茶叶龙头企业 2 家。2021 年，全乡茶叶总产量达 655 吨，茶叶产业总收入达 7198 万元，茶园面积比 2018 年增长了 27%，茶叶总产值比 2018 年增长了 45.76%，茶产品也由原来单一的绿茶类，发展为现在的绿茶、红茶、白茶三大茶类，开创了以绿茶为主、多元化发展的新局面。

创　想

## "全产业链"续写"致富经"

回顾这几年的科技特派员历程，我深切地感受到，作为一名科技特派员，不仅需要有企业和农民所需要的技术和解决实际问题的能力，还需要有一颗无私奉献的心。在全国的茶区，我也算是一名茶叶加工领域比较抢手的"红人"，常年奔波在全国各地，工作非常忙，陪伴家人的时间很少，时常从外地出差回到杭州后，就直接从高铁站转车去了天台县雷峰乡开展科技特派员科技服务，的确非常辛苦，甚至家人都开玩笑说我在天台是不是还有一个"家"。但当我看到扶持企业和当地茶农在获得我的服务后收入增加时开心的笑容，我深感自己的辛苦付出是非常值得的。

如今，雷峰乡依托茶叶资源优势，正着手打造集种茶、采茶、制茶、销售、旅游于一体的茶叶"全产业链"。未来几年，我将继续用我的力量，帮助雷峰乡的茶产业形成完整的产业链，助力雷峰乡的茶产业发展进入良性循环的新通道，带动更多茶农走上增收致富的道路。我也将继续矢志不渝地践行"绿水青山就是金山银山"理念，把论文写在大地上，把学问做到群众心坎上。

## 评述点赞

雷峰乡副乡长吴微珍：邓老师还帮助茶农用数字信息售卖茶叶，实现了"从种茶到卖茶"一系列产业技术的提升，真真切切地为乡村振兴做出了贡献。

天台云露茶业有限公司负责人范苏芬：邓老师把他自己研发的机制龙井茶发明专利技术无偿授权给我们使用，让我们这个小公司拥有了独具特色的高品质产品。真心希望邓老师一直留下来做雷峰乡的科技特派员。

邓余良（左二）在为雷峰乡茶农讲解工夫红茶揉捻技术

# 廖芳蕾——守在家门口就能走上致富路

## 我的初心

我是浙江师范大学派驻金华市婺城区塔石乡的科技特派员。我的初心就是让农民会种蓝莓、种好蓝莓，用我们课题组的集体智慧提高蓝莓的生产效率，让农民守在家门口就能走上致富路。

我是"70后"，也是浙师大生命科学学院植物学的副教授，除了承担植物学相关课程的教学工作外，还在浙江省特色经济作物生物技术重点实验室开展科研工作，在佛手、蓝莓等果实发育研究方面取得了多项成果。其中，获批佛手新品种3项，发表论文14篇。

## 故　事
## 家门口变成"希望的田野"

2019年秋，我被派驻到金华市婺城区塔石乡东店村担任科技特派员。东店村自然环境优越，但年轻人多数外出务工，农户家中多是老人，农田荒废严重。村两委为了提高村民的收入，将村民手中的闲散土地流转过来建设了"共享农场"，用来种植蓝莓等经济作物。可以说，共享农场肩负了很多入股村民的期待，我也想用自己的一技之长为当地村民增收尽一分力。

经过几天的考察，我发现，虽然山林和溪水给村里带来了丰富的自然资源，但土壤含水量高、环境湿度大，并不适合蓝莓大果品种的生长，而当时村里恰恰选择了蓝莓大果进行种植。与此同时，在走访中我发现，村里有一些较为适合蓝莓浅根系生长的沙质土壤，十分适合种植蓝莓。我当即将我的想法与村两委进行了沟通。没想到的是，村里一下子就接受了我的想法。"廖老师，我们农民懂得少，技术上你是专家，我们百分之百信任你！"

就这样，带着村民的信任，我开始在塔石乡"大展拳脚"。我和学校派出到当地的团队科技特派员，根据当地土壤含水量高的特点，因地制宜地设计了完整的"塔石蓝莓"方案，累计为当地引进新品种 3 个、新技术 3 项，征集并解决了蓝莓技术难题与技术需求 7 个。同时，总结了"高垄介质栽培"技术流程 1 套，创建了蓝莓在高湿度土壤中栽种的新模式。

如今，东店村的蓝莓种植从当初的 3 亩、1 个品种变成了现在的 20 亩、5 个品种，村民的年收入也从当初的 1 万元增长到了现在的 8 万元。"廖老师，多亏你们的帮忙，让我们守在家门口就能走上致富路，过上好生活！"

村民脸上的笑容多了，我也跟着高兴。为了让村民有更多收入，我和团队还为当地提供销售帮助、销路开拓、滞销产品的深加工等服务。同时，我们还充分利用"绿水青山"，挖掘产业背后的"金山银山"，指导帮扶他们发展农旅采摘游。如今，每到蓝莓成熟季，一颗颗珍珠般的蓝莓果总会吸引一批又一批的游客驱车前来采摘。

收 获

# 找到书本知识的"检验田"

担任科技特派员后，只要有时间，我就为当地农户开展技术指导、科技咨询、科普宣传，解决农户在种植、加工、质量安全等方面的难题。其实，我在东店村开展蓝莓种植工作并不是一帆风顺的。2020年初，新冠疫情肆虐，很长一段时间我都无法到现场去指导种植。农户遇到问题时，我也只能通过视频进行连线指导。当时，有一片区域的蓝莓叶片发黄、茎秆干枯，连根都枯萎了。一开始，我以为是几株蓝莓苗在移栽的时候伤到了根，并没有在意，建议种植户把这几株去掉就好了。但是让我没想到的是，远离溪水的2垄蓝莓都出现了成片死亡的情况，我这才意识到问题的严重性。

随后，我克服种种困难，第一时间赶到了东店村，通过鉴定土壤含水量、对病害植株和种植土壤进行采样、联系专业实验室进行检测等工作，终于找到了问题所在。原来，这片区域虽然不在水边，但含水量却特别高，并不适合种植蓝莓，这也推翻了我当初所做的判断：该区域适宜栽种蓝莓。

我内心十分自责，但自责是没用的，要先想办法减少农民的损失！我联系了学校的相关专家，经过多次现场考察、讨论论证，最终决定将这片区域的种植方式——高垄栽培改为容器介质栽培，并取得了十分优良的种植效果。

这件事情让一直生活在"象牙塔"里的我认识到，书本上的知识只有经过检验才能真正发挥作用。实践永远是检验真理的唯一标准。可以说，科技特派员工作让我找到了书本知识的"检验田"。

创　想

# 成为农民信赖的"致富之友"

科技特派员制度提供了一种很好的渠道，让产学研联系更密切、更直接。科技特派员工作让我懂得，农业科研真正的用武之地在农村，它也为我打开了一扇了解乡村振兴、参与"三农"建设的大门，让我能够把来自实验室的知识转化成农民的收入，这是一件特别有成就感的事。

于我而言，省里的科技特派员项目就像一艘巨船，能够登上这艘与时代同频共振的巨轮，是我的荣幸，我也希望用我所有的智慧和力量，在田间地头写好科技特派员这篇"论文"。未来，我将继续深耕基层，让科技转化为生产力，转化为群众手中的财富；始终保有一颗为农服务的初心，急农民之所急，解农民之所难，成为农民信赖的"致富之友"；继续用自己的努力，在东店村打造出一个集观赏、采摘、游览、农家饮食于一体的蓝莓天地，把塔石乡东店村的特色一日游打造成新的经济引擎。

## 评述点赞

东店村村委傅晓平：廖芳蕾老师经常往我们地里跑，自 2019 年以来，她为我们的蓝莓种植解决了不少问题。土壤不好就改土，雨量太大就搭棚，秋冬和春季的几次剪枝，花前的施肥，果期的防虫……一个个问题都在她们团队的帮助下解决了。如果不是他们的帮助，我们这里的蓝莓就只能种小果型，大果型这个品种我们都不知道。现在我们大果的产量也越来越高了，还发展了乡村游，收入比以前高多了。

东店村家庭农场主伟娟：廖博士帮了我们不少，除了蓝莓的事情，还关心我们其他的产品。去年底的农产品因为疫情没法拿出去卖的时候，她帮我们联系了一些单位，那些单位对我们的红薯干很满意，我们再也不用发愁销路了。感谢廖博士！

廖芳蕾（右）在"共享农场"指导蓝莓种植

# 皮雄娥——美好的遇见

## 我的初心

> 我是浙江省农科院派驻云和县崇头镇的科技特派员。2019年，我第一次担任科技特派员，从此经常上山、下乡，与云和结下了不解之缘。肩负乡村振兴使命，我的初心是做好乡村科技传播者，让农村更美，让农民更富。
>
> 我是"70后"，助理研究员，从事微生物科研工作20余年，已发表论文20余篇，获发明专利4项。

## 故　事
## 美好的遇见

4年前，在我心中，科技特派员工作是那么神圣，从不敢想象有朝一日我能成为其中一员。犹记得2019年6月，我和同事一起出差，那是我第一次到云和。汽车在盘山公路上一路颠簸，下车后走进崇头镇，眼前是静谧的乡村和美丽的风景，空落落的村庄里只有留守老人们百无聊赖的神情，我的心情异常沉重。

回到云和县城后，听着时任科技局副局长卢洋海对云和乡村产业发展现状和痛点的介绍，尤其是看着他对加快推进乡村振兴的满眼期盼，我的内心被触动。

来自贫困山区的我，从小的梦想就是用知识武装自己，将来能为农村发展做贡献。尤其是 2017 年，我去美国访学，看到美国现代化农村发展样板后，心里总是构想着中国乡村未来的模样，期待有机会能为祖国美丽乡村建设贡献力量。

在同事的推荐和卢局长的鼓励下，我鼓起勇气接受了这份神圣的工作——做一名科技特派员。虽然心有忐忑，但还是暗暗下定决心，要为乡村振兴做好科技传播者。

我被派驻到云和县崇头镇，派驻服务的这 4 年，正好是崇头镇政府借助"云和梯田创 5A"景区开发，推进美丽乡村建设的重要窗口期，一想到科技服务能直接参与"云和梯田创 5A"美丽乡村建设，我满心欢喜。

在科技服务过程中，我感受到了来自不同层面的尊重和认可。走在镇上，大家都向我问好，叫我"皮老师"，让昔日不自信的我找到了对工作的自信。回想起来，正是这份"美好的遇见"，让我拥有并爱上了这份神圣的科技特派员工作。

## 收 获
# 向往的"工作"

作为一名有着 20 年党龄和工龄的科研工作者，用自己积累的专业知识和省农科院提供的平台优势做好农村科技的传播者，助力乡村振兴，既是职责，也是使命，是我向往的"工作"。

4 年来，通过实施 2 个科技特派员项目，我帮助崇头镇建立了高山蔬菜生态栽培溯源示范基地 1 个，保障特色生态蔬菜优质优价，当年推广应用创造经济效益达 100 万元，并推进了现代数字化农业在云和县的应用；依托崇头镇文旅开发的特色资源，研发了土特产"青梅果酒"，实现强村公司产品深加工开发从 0 到 1 的突破，注册商标助推市场销售，实现青梅果酒当年销售额 80 万元；参与丽水市强村公司大比拼获一等奖，获奖金 70 万元、无息贷款 1000 万元，成为开发土特产提升乡村产业升级的典型案例。

我努力与其他科技特派员保持互帮互助的友好关系，经常邀请专家组团或点对点到崇头镇开展服务，解决农业科技产业问题，为美丽乡村建设献计献策，深受当地干部、群众的欢迎。2020 年 4 月，通过实地座谈、寻访、翻阅刘氏宗谱资料等，我和朱强、翟恒兴等科技特派员一起挖掘出了崇头镇黄家畲古村落于公元前 998 年就已存在的关键历史证据，为黄家畲古村落地名文化遗产认定申报工作提供了有力支持。

2021 年 2 月，省农科院科技特派员团队被授予"全国脱贫攻坚先进集体"，受到党中央、国务院表彰，是全国唯一获此殊荣的科技特派员队伍。我备感光荣，备受鼓舞，也深知责任重大，时刻提醒自己要多向优秀的前辈学习，努力提升工作能力，为乡村振兴多做贡献。

值得高兴的是，我的科技服务工作得到了云和县主管部门与服务主体的肯定和认可，并作为优秀科技特派员代表在 2022 年云和县科技特派员工作会议上做了典型发言。科技特派员工作还拓宽了我的科研视野，拓展了我的科研思路，使我的本职科研工作业绩也得到了较大提升。近 4 年来，我发表科研论文 20 多篇，夯实了科研基础，增强了科技服务本领。

创 想

# 爱上这里的好山好水

这 4 年来，我见证了崇头镇翻天覆地的改变，从凹凸不平的泥泞路到宽敞平坦的柏油公路，从破旧不堪的农民房到创意民宿小洋楼，乡亲们从愁容满面到喜笑颜开……看着遍布自己足迹的地方发生着日新月异的变化，我的自豪感油然而生。

然而，现代化美丽乡村建设不是一朝一夕的事，需要几代追梦人的共同努力。"云和梯田创 5A"景区打造现在及往后的路该怎么走？我常常从自己的专业角度进行思考，也经常邀请专家一起深入探讨。我认为，关键问题是复活梯田。我提出了建立梯田科技创新团队、引进适宜梯田发展的新技术新品种、设立梯田农渔高效生态种养专项、研发推广适宜梯田的机械化装备等构想，建议修复、保护和利用好梯田生态系统，留住千年农耕文明的智慧结晶，让梯田成为推动新时代乡村振兴、共同致富的活力源泉和主战场。

虽然在云和从事科技特派员服务工作只有短短 4 年，但我已爱上这里的好山好水。我在这里认识了一帮纯朴的人民，结识了一群努力奋斗的追梦人，这里已经成为我的第"二故乡"。我会继续用好自己的科研特长，做农业科技的播种人，筑梦云和，梦圆云和。

### 评述点赞

强村公司负责人陈元伟：皮老师利用扎实的专业知识，帮助我们开发了"青梅果酒"系列土特产，成功申请注册"山督峰味"

商标，参与丽水市强村公司大比拼获得一等奖，成为开发土特产助力乡村产业升级的典型案例。

黄家畲村村委会副主任刘明富：皮老师为人热情，非常关心我村的发展。在我村申报古村落保护项目中，皮老师团队从村里老人保存的家谱中挖掘了黄家畲古村落公元前998年就已存在的史实，为我们古村落保护项目申报提供了有力的证据。

云和县清江龟鳖生态养殖大户卜伟绍：皮老师是微生物方面的专家，热心助人，热爱科研，经常跟我分享科研资料和她的研究成果，有问必答。认识她的这几年，我知道了许多微生物方面的知识和研究方法。我们还一起举办过技术交流会，引进大批专家来到云和。

皮雄娥（右）在精品农产品展示中心陈列她帮助开发的"青梅果酒"土特产

# 金敏丽——"三茶"融合让农民受益更多

## 我的初心

我从 2019 年开始连续担任第 14、15 批省派科技特派员，被派驻到天台县龙溪乡天柱村，同时从 2021 年始任浙江农林大学驻天台县技术转移中心主任。我的初心就是以规划赋能，充分挖掘天台山茶资源，推动茶文化、茶产业与茶科技的"三茶"融合发展，把增值收益更多地留给农民，助力茶农、茶企、茶村、茶镇的共同富裕。

我入职浙江农林大学 20 年来，一直从事风景园林规划设计教学和社会服务工作，带领团队完成的规划设计项目获国家级奖 4 项、省市级奖 20 余项，于 2021 年荣获"杭州市第二届优秀青年景观设计师"称号。

## 故　事
## 科技下乡　实战调研

成为科技特派员的这几年，我深入走访乡镇、企业与乡村百余次。让我印象最深刻的就是，将学生带出"象牙塔"，走进田野的科技下乡活动。2022 年暑假，我和茶学与茶文化学院林杰老师带领我校风景园林与茶学等多个专业的 14 名师生前往天台县，进行了为期 6 天的实地调研，让学生深入乡村、体验乡村、服务乡村。结合这几年开展的科技特派员工作，我选定了"规划赋能 云上茶享"的调研主题，梳理天台茶文化、茶产业、茶科技的发展情况。

我们6天里集中调研了三州乡、龙溪乡、石梁镇等3个乡镇的茶产业，走访了天原茶业、寒山居、柱峰茶叶合作社、旭日茶业、天一茶业等县域内知名茶企。调研期间，我们遭遇了罕见的高温炎热天气，但是无一人退缩，坚持白天开展调研、夜晚整理资料。调研结束，团队成员利用暑假时间，梳理茶文化发展脉络，助力双溪村、石梁镇、旭日茶业、天一茶业等茶产业、茶科技发展，为天台"三茶"融合发展出谋划策。我们对天原茶场外环境进行景观提升，对柱峰茶叶合作社进行厂房和室内茶空间的改造，在设计方案的施工过程中，我带着学生多次前往现场进行沟通对接，确保项目落地，达到预期的设计效果。

通过本次实地调研，学生们见识到了真实的大美乡村，学会了用自己所学的脚踏实地地助力乡村发展。服务乡村、振兴乡村需要的是一代又一代"新农人"的努力，我也将努力让这科技下乡、服务"三农"的火炬传递下去。

## 收　获
# "定位—赋能—联动"三位一体

4年多来，我参与助力石梁镇成功创建省级茶叶强镇；参与指导的茶叶获得市、县奖项3项；协助申报中国绿色食品认证2项；完成山地生态茶园机器换人1项；协助申报并完成浙江省高品质绿色科技示范基地建设1项；协助茶企及乡镇完成茶产业、茶景观规划设计项目10余项；在省、市、县多级媒体报道我在天台科技服务工作的新闻共计 30 余篇，阅读量超 15 万人次。科技帮扶期间，我帮助柱峰茶业 2022 年茶叶总产值突破 100 万元，年利润较上一年度增加 30%，带动周边农户共同发展。

精准定位，全局谋划。深入走访乡镇、企业百余次，结合龙溪乡、石梁镇的特色产业与发展优势，从宏观上长远谋划全局，精准定位与顶层规划，完成了《天台县石梁镇乡村振兴规划》《天台县石梁镇国家级茶叶特色农业强镇建设规划》《江南茶祖　云端茶镇旅游精品线规划》《石梁镇美丽乡村双溪片区景观提升设计》《天台县龙溪乡产业发展现状调查》《天台县龙溪乡云上茶园概念规划》等 10 余项规划设计研究成果。这些成果获得了乡镇与村民的一致认可。

技术赋能，提升质量。主动对接乡镇部门与企业，发现存在的技术难题，利用我校的专家团队，形成精准的技术指导与培训，提高了农产品的品质与附加值。2020 年，旭日茶业股份有限公司的"济公牌天台红茶"荣获第五届台州市优质名茶评选（红茶组）金奖；2021 年，天台华林农业开发有限公司的"赤城山云雾茶"红茶在"华茗杯"荣获金奖；2021 年，柱峰茶叶专业合作社的天台黄茶荣获第六届台州市优质名茶（绿茶组）金奖。

产业联动，共富路径。通过农业技术指导，对农产品进行提质、提量，由企业带动村民增收。天台柱峰茶叶专业合作社带头人叶占形，在茶叶生产、采摘中积极带动周边 200 余名村民就业增收，其个人在 2021 年 7 月获得"天台县优秀共产党员"荣誉称号。结合天台优越的生态环境、深厚的文化底蕴与现有的旅游资源，引导产业的延伸与联动，指导农房民宿改建，提升村庄环境，引导业态转型，吸引归乡人、新乡人，激活乡村发展，探索村民致富的多种路径。

创　想

# 科技帮扶　全面升级

自 2019 年起，我不断往返于天台与临安这 260 千米之间，不论阴晴雨雪，几乎每月不落。从接手龙溪乡柱峰茶叶专业合作社这个茶企业的帮扶工作，到后来逐渐扩大到整个天台的多家茶企；从单一的茶产业拓展至黄精、乌药、畜牧业等其他农业产业，我用脚步丈量着天台科技帮扶的过程，用自己的专业知识尽可能地帮助天台进行产业升级。利用我校资源，邀请苏祝成、林杰、余学军、盛孟中等权威专家，组建固定的技术团队，定期前往天台答疑解惑，进行技术指导。

天台县茶文化历史悠久，其茶产业是天台七大产业中的支柱产业，生产规模大。但遗憾的是，天台县所产茶叶在周边茶叶产区中名声不显，没能形成规模化品牌，缺乏市场竞争力。下一步，我的工作重点是着手打好"三茶"融合牌，坚持规划赋能、文化引领，帮助天台产业全面升级，协助创立天台县农业区域公用品牌，深化产业链，实现特色化发展。

作为中共党员，我将秉持初心，持续开展科技帮扶活动，为农业产业升级提供技术支持和培训，帮助农民增收致富，推动乡村振兴工作，积极参与规划设计、产业联动和资源整合，为天台县的发展做出贡献。

## 评述点赞

*石梁镇农业综合服务站站长王忠兴*：金敏丽老师从 2020 年开始就来石梁镇进行帮扶工作，为石梁镇编制多个规划设计，帮助镇里的乡村振兴工作、省级茶叶强镇实施建设工作有序推进。

天柱村党支部书记、村委会主任叶占形：以前我们种的都是"大路货"，这些年，金老师带着专家团队进村，指导茶叶生产、加工、管理，还鼓励我参加茶叶评比。现在我们合作社的茶叶都是由别人打电话过来预订的，成了"抢手货"。今年金老师又为合作社建立了企业公众号，帮助我们做了茶叶包装。现在新茶上市时，我们合作社也能乘上互联网的春风了。

金敏丽（左）邀请炒茶专家盛孟中为柱峰茶叶专业合作社进行茶叶炒制指导

# 周仕参——一口"锅"的创新"风暴"

## 我的初心

我是由杭州电子科技大学派驻缙云县经济开发区（新碧街道）的科技特派员。我的初心就是用我的专业能力为更多地方制造业企业提供高质量的专业设计和咨询服务，通过设计创新帮助企业进行产品升级，提升竞争力，为"浙江智造"乃至"中国智造"尽一份绵薄之力。

我是"70后"，深耕工业设计领域20年，发表论文13篇，出版著作1部，主持和参与产品设计项目300多项，获得过多项国际大奖，设计开发的很多产品都成为市场热销品。2022年初，我主导设计的产品亮相并被应用到北京冬奥会会场，为"浙江智造"增光添彩。

## 故　事
## 一口锅的创新"风暴"

2021年7月，当看到自己的名字出现在第15批浙江省科技特派员名单里时，我的内心无比兴奋和期待。缙云县是全国唯一以黄帝名号命名的县城，有许多中小企业，我坚信这里一定有需要我发光发热的地方。

2021年12月，我与艾康厨具有限公司首次对接。"周老师，你终于来了！你来得太及时了！我们企业的发展遇到了瓶颈，新产品开发也不知道往哪个方向走。"企业负责人陈宁见到我激动地说。"可以举办一次'设计营'啊，既能发挥我们学校的优势，又能为你们培养设计人才，还可以产出一批设计方案……"在说出我的想法后，我们达成了共识。

在接下来的2个月里，我带领团队开始忙碌起来。设计是跑出来的，经过多次需求调研，我们撰写了2万多字的锅具行业调研报告。当汇报完我们的前期调研成果时，陈宁一把握住我的手说："周老师，你们的调研报告太有价值了，让我们清晰地看到了市场的趋势，并明确了接下来我们企业产品开发要聚焦的方向。"

经过1个多月的筹划准备和21天的头脑风暴，我们的"设计营"产出了15套各具特色的锅具设计方案。其中，2套方案被京东和小米选中并将贴牌生产销售。我们在其余的方案中选出2套与艾康研发中心联合打磨，投产上市后，预计销售额将达到3000万元。

根据早期调研结果，我们发现国际设计大奖可以作为锅具产品的重要营销点。为了进一步推动销售增长，我个人出资为2个方案进行申报，"望峰"系列套装锅具产品获得了"2023红点设计奖"。陈宁听到消息后十分激动。

这次"设计营"的成功举办是产学研的生动体现，也是我作为科技特派员为企业提供专业服务、促进创新发展的重要经历。我会继续发挥自身优势和职责，为缙云县的中小企业提供更多高质量的科技服务，共同实现产业升级和创新发展的目标。

收 获

## "爆棚"的成就感

"设计营"这场小而精致的活动，最终为企业带来了超过 3000 万元的销售额和 400 多万元的利润。虽然这些成绩在别人眼中微不足道，但对我和我的团队来说，却是极具意义的。每当想到这些成绩都源自我们的汗水和智慧时，我们内心的成就感快要"爆棚"了。

更令人欣慰的是，这次设计营为企业带去了先进的设计理念和方法，为新产品设计开发明确了方向和定位。公司负责人多次表达了感谢和继续深入合作的愿望，这些肯定和鼓励，激励着我和我的团队为后续的科技服务投入更多的精力，为更多中小企业提供高质量的专业设计和咨询服务，以共同实现将"缙云制造"升级为"缙云创造"的目标。

在缙云担任科技特派员期间，我不仅获得了成就感和各方信任，也积累了为工业企业提供科技服务的宝贵经验。在设计领域中，持续关注行业动态、了解最新技术和市场趋势十分重要。为了给企业提供更有价值的建议和决策，在此次"设计营"活动举办之前，我们走访了来自国内小家电巨头企业——九阳和苏泊尔的资深设计师，深入了解锅具行业的现状和产品设计定位，从而更加明晰了工作思路。

创 想

## 设计创新中融入更多"他"元素

作为科技特派员队伍里的"新兵"，我一直以来都在努力发挥自身的专业优势，为企业提供新产品研发的服务。在未来的科技服务中，我将融入更多"他"元素，在制造工艺优化、品牌策略规划、用户体验设计和创新技术应用等方面不断拓展。个人的力量是有限的，工业科技所涉及的领域却是非常广泛的，因此建立高效的团队必不可少。我也时常思考如何带动更多的高校教师，尤其是应用型专业教师，走出校园，加入我们这个"小圈子"，借助科技特派员制度和平台创造更大的价值。毕竟，只有凝聚众人之力，才能让科技特派员事业走得更远、更稳、更实。

每当想到那句话——"周老师，你终于来了！"，我的内心就会涌起一阵涟漪，这句话不仅是对我个人的认可，更是对整个团队的肯定。正因为有了这句话，我才能够不断地努力工作、追求进步，才有了今天的成绩和收获。因此，我会一直保持初心和热情，把握每一个机会，挑战自我，为科技特派员事业的发展贡献出自己的力量！

## 评述点赞

艾康厨具有限公司总经理黄萌：非常感谢周老师的辛勤付出。周老师组织的这种校企联合的产学研活动，不仅为我们提供了优秀设计成果，帮助我们企业进行产品升级，而且也给我们带来了先进设计理念和方法、精准的市场趋势分析和判断，以及为未来我们的产品设计研发工作带来了更多参考与启发，衷心希望这样的科技服务多多益善。

缙云县科技局局长项振平：杭州电子科技大学周老师通过整合资源和自身的专业能力，为企业提供了高质量的科技服务，得到了企业的高度认可。我们上次所走访的企业都非常感谢周老师的付出。

周仕参（左一）主持设计方案研讨

# 王剑峰——"方寸地"变成"增收园"

## 我的初心

我是杭州市原种场派驻淳安县威坪镇的科技特派员。我的初心是以科技为支撑，助力生态经济协调发展，加快乡村振兴，提升产业经济，实现共同富裕。

我是高级畜牧师，主持和参与科技项目12项，获杭州市农业丰收奖三等奖1项，获授权国家实用新型专利3项，被杭州市农业局授予"服务保障G20峰会优秀共产党员"称号。

## 故 事
## "三黄土鸡"来帮忙

我与威坪镇结缘，最初怎么也没有想到，工作的突破口会是"三黄土鸡"。

以前，我只知道，威坪镇是新安江水库建成蓄水之后，沿用古名成立的一个新镇。2019年，我受组织委派，到这里担任科技特派员后，对它才有了更深的认识。这里生态资源丰富，但土地以"鱼鳞地"为主，贫瘠且可利用率十分低。

我的第一个任务就是，通过科技帮扶提高土地的利用率，让农户有增收。带着任务，我开始了四处走访，发现这里几乎家家户户都种植了白沙枇杷树，有的已成规模。彼时，正赶上枇杷挂果的时候，果园里人来人往，农户们一边热情地和我打招呼，一边背着包裹上上下下。"这是什么？"我问。"是肥料。"他们答。山地不便通车，只能靠人工把肥料运到果园。这一幕刻在了我脑海中。

有什么办法，既可以提高土地利用率，又可以减少农户劳作的辛苦，还可以保护好这方生态美呢？林下经济无疑是首选。但林下发展什么，成为又一个问题。梦里寻他千百度，不期然间儿时果树环绕、鸡鸭成群的画面跃然脑海中。三黄鸡！我眼前一亮，三黄鸡，体格小，肉质嫩，出栏时间也合适。尤其是鸡粪富含丰富的养分，可以供给枇杷树的成长。地少，可以垂直发展；人累，鸡可以来帮忙。一举两得，于是，"枇杷树和土鸡共生互补"的想法萌生了。

事不宜迟！我赶紧联系镇政府，落实项目可行性测试。我们把当地的骁龙家庭农场作为试点和起点，开始了科技示范。如今，这里不仅成了我开展科技帮扶的"试验场"，更成了科技惠农的"致富园"。

## 收　获
# 致富路上创"鸡"业

在担任科技特派员期间，我以点对点的服务形式与骁龙家庭农场建立紧密联系，手把手地传授鸡的生态养殖技术，使"方寸地"变成"增收园"了。每到5—6月，珠圆玉润的枇杷挂满枝头，满树金黄，果香四溢，引多方来客竞相采摘。同时，树下土鸡也成了"畅销款"。现在每只鸡可得利润45元，按每亩100只饲养计算，育成率按75%计算，每亩利润达到3375元。

农户们由此走上了致富路。产出的鸡蛋、鸡肉无药物残留，深受市场青睐，经常被一扫而空。

我和当地农户建立了深厚的感情。为了不辜负他们的信任，我带头成立了工作组，想他们之所想，急他们之所急，提前做好枇杷病虫害调查和预防、土鸡疫病防治和区域消毒等工作，精确把握种养结合模式中的每一个时间段，仔细反复观察每一项试验指标，及时给予疫病救治。枇杷树和三黄鸡的成活率提高了，抗病力增强了。同时，我因人制宜地开展全方位帮扶，通过就业扶贫、产业帮扶及农旅帮带等途径，帮助村民拓宽增收渠道，帮扶低收入农户增加收入，助力乡村振兴。

其间，科研项目也取得了很大进展，累计完成土壤样品检测9份、鸡肉样品检测4份、枇杷样品检测5份等，完成养殖前后土鸡生长性能和肉品质量、枇杷水果品质、土质性质变化情况的分析比较，为推广"鸡与果树共生互补"提供了可复制样板，闯出了"鸡"业新天地。

创 想

# 科技为民共绘新"鸡"遇

我是科技特派员队伍里的"新兵"。年龄越大，尝"鲜"的决心越小。但这是为民谋利的好事、善事，我对自己说，虽晚不迟。

我把"鸡与果园共生互补"项目做得有声有色，不少地方的农户主动来求教，希望尽快扩大项目以惠及更多人。同时，我与骁龙家庭农场的负责人也结下了深厚的友谊，我的实验结果第一时间被应用在他的农场。他不仅毫不迟疑地配合我做任何的尝试，更是发动周围的农户也纷纷加入项目中，迫使我不断挖掘潜力，加速科研。在忙忙碌碌中，"农户的期盼就是我前进的方向"的初心，随着与日俱增的付出，更加熠熠生辉，不断绽放光芒。

未来，我将不负使命，永葆初心，用专业"匠心"和为民"真情"砥砺前行，与大家一起共绘新"鸡"遇，闯出致富新路径。

## 评述点赞

淳安县威坪镇政府综合服务中心主任江志旻：王剑峰在项目实施和推进的过程中极其负责，详细制订方案和研判，严格把关数据，充分考虑绩效，使农业主体对该项目的效果非常满意。

淳安县威坪镇骁龙家庭农场场长徐嫩玉：科技特派员王剑峰来到偏远的威坪镇，手把手地传授技能，使我在果园养鸡种养模式中的技术有了明显的提高。因此，我对今后的果园养鸡种养模式充满信心。

王剑峰（左）到专业机构对采集的样品进行检测

# 葛亚英——让科技之花绽放山林

## 我的初心

我是浙江省农业科学院派驻常山县天马街道的科技特派员。我的初心是实实在在为农民做一些事情，助力科技创新，引导特色产业，让产业发展，让农民富裕，让山村美丽。

我是"70后"，副研究员，在园艺研究领域取得了多项研究成果，获浙江省科学技术进步奖三等奖2项，制订地方农业标准规范2个，获授权发明专利11项，参与选育花卉新品种5个。

## 故　事
## "百草园"项目的灵感

2021年11月，我刚刚成为常山县天马街道的一名科技特派员，对接下来的工作既有期待和兴奋，又有焦虑和迷茫，迫切希望找到一个突破口，让我快速进入科技特派员的角色。在首次座谈会上，和平村书记说起建设美丽乡村的迫切要求、美好愿景及现实困境，这引起了我的特别关注。

据村书记介绍，和平村林地多，植被丰富，有"天然氧吧"之称，特别是陈塘水库沿线有山、有水、有塘、有地，自然环境极好。围绕水库密布着18000多亩针阔叶混交林，但是林下全是灌木和杂草，有大面积的荒地，经济效益低下。怎样把和平村的环境优势利用起来？怎样最大化发挥林地作用，带动老百姓致富？这些亟待解决的难点、痛点、焦虑点，让村干部看在眼里，急在心里，但又束手无策。

当时我听在耳里，心里是又急又喜：急的是和平村这样优越的自然环境，有大面积林地、林下空间和荒地可以利用，难道找不到一条适合发展的路子吗？喜的是自己可以实实在在地为当地村民做一些事情。

说干就干，我马上深入和平村开展调研。白天上山下田，晚上翻阅资料，在一次次和当地干部、农户的交流中，我迅速掌握了和平村文化底蕴、农业产业、地理交通和环境优势等情况。当地山势险峻、植被丰富，调研时手刺破、脚摔伤都是常事，但在爬遍了和平村 200 余亩代表性林地后，我心里就冒出了"百草园"项目的灵感。

一番工作做下来，我的思路也逐渐清晰：产业支持是发展的核心，关键在于从科技破题，因地制宜，因势利导，挖掘当地特色产业，引导农户激发内生动力。结合和平村的特色资源和环境，我和村两委最终确立了发展林下中草药产业这一主题构想，目标是要打造一个集林中草药资源收集评价、试种、栽培技术研究、生产示范于一体的中药"百草园"基地。

在各级领导的支持和派出单位技术团队的合力协作下，目前"百草园"项目已经完成首期建设。我会同有关专家、科研团队为当地精心设计了技术实施路线：建立种质资源基地——对适应性好、前景广阔的品种开展扩种示范——推广种植实现产业化。这条路线也正在逐步从理想转为现实。

回想那段时间，白天、夜里想着的都是和平村的事。从内心深处觉得，和平村的事就是我的事，为和平村谋发展就是为和平村的老百姓谋发展，无论是用脚步丈量村里的每一寸土地，或是帮村里引进更多的技术支持，还是发挥自己的所学所长为和平村办点实事，都是我的职责和使命。

## 收 获

# 不能辜负这一声声"葛老师"

这段科技特派员经历让我收获很多，听着一声声"葛老师"，心里想着不能有愧于他们。为了做好林下中草药产业开发工作，我和团队其他成员一次次调研论证，不顾道路崎岖为基地选址，不辞辛劳规划设计图纸，引进中草药品种 100 多个，长期驻扎现场指导施工、土壤改良等，为当地特色产业的发展打下了坚实的基础。

其间有过许多未曾想过的困难，也有过建设初见成效时的欢乐，这些宝贵的经历都让我迅速成长。我的知识面也在一点点扩大，工作方式也在一点点变得成熟。平时我还会利用自己的专业特长，在街道美丽乡村建设中积极发挥作用，比如通过特色形象小品创意、观赏植物配置、新品种新技术引进、后续养护管理等措施，为天安村（云湖仙境）、和平村等相关景观建设提供重要的建议。

随着我的想法一点点落地，老百姓的笑容越来越多，主动跟我打招呼的人也越来越多："葛老师，来啦……""葛老师，我有一块山头，想种西瓜，你帮我来看看？"村民们对我的信任越来越深，逐渐把我当成了"自家人"。现在，每当我到和平村，村民都会热情地说："葛老师到家里来喝杯水……"听到村民们真诚的话语，我深刻感受到自己已经融入了这片土地，成了他们的"自家人"。

创 想

# 让科技之花绽放山林

科技特派员的工作旨在以人才、科技赋能乡村振兴，是全面推动乡村高质量发展、促进共同富裕的实践途径。对我来说，在常山县天马街道的山林间，能够有机会利用自己的所学将科技成果转化并进行推广，是对自己科研工作者身份的最大肯定和褒奖。

在这 2 年工作的基础上，我也对自己提出了更高的工作目标：通过和平村林下中草药产业的发展，进一步发挥科技先行作用，推行生态种植、规范种植，促进农民就业，提高农民收益；并积极为政府规划打好前站，探索路线，积累技术储备，通过绿色引领、产业兴旺的特色乡村建设，致力于发展"农业＋旅游"的休闲农业、"农业＋文化"的文创农业、"农业＋体验"的体验农业、"农业＋电商"的电商农业、"农业＋数字化"的智慧农业和"农业＋康养"的康养农业，建设农业与第二、三产业融合发展的新业态，为乡村振兴、共同富裕和高质量发展做出更大的贡献，让科技之花绽放山林！

## 评述点赞

天马街道和平村党支部书记吴立冬：葛老师就是我们村两委的智库，她为我们提供技术，搭建桥梁，也给了我们信心。她话不多，在田间、山里都实实在在地干事，我们已经深深体会到了她的诚意、她对工作的认真，她是真心为我们村里好。这给了我们压力，也给了我们动力，作为村干部，我们更要带头做好工作，努力发展好村集体产业。

浙江省园林植物与花卉研究所副研究员朱强："言必行，行必果，果必达"是科技特派员葛亚英的座右铭。在和平村"百草园"的打造过程中，葛老师一心扑在事业上，不辞辛劳、亲力亲为，在践行"让产业发展，让农民富裕，让山村美丽"初心的道路上默默耕耘。

葛亚英（左一）邀请专家团队在山林间研讨发展规划

# 王宏——一拍即合是由衷的使命感

## 我的初心

我是杭州市农业科学研究院派驻临安清凉峰镇的科技特派员,我的初心就是在田间地头发挥专业特长,在广阔天地里搭建科技桥梁,将科技创新的动能引领到农户手中,助力新品种新技术落地生根,推动科技果实早日开花结果,"蔬"写共富新篇章。

我是高级农艺师,从事蔬菜新品种新技术研究与推广工作。主持参与国家、省、市级项目20余项,获省、市级奖项5项,参与制订地方农业标准2个,发表文章20余篇,参编著作1部,获授权实用新型专利3项,拥有软件著作权2项,参与选育的2个品种均通过省农作物审定。

## 故　事
## 感觉像是天生带着使命一般

2021年8月,我光荣地成为杭州市科技特派员,被派驻到临安区清凉峰镇。作为杭州重要的蔬菜供应基地,清凉峰镇蔬菜年播种面积为8000余亩,面对发展壁垒,迫切需要一位蔬菜专业人员进行精准帮扶。而我作为一名蔬菜专家,也一直想把科研成果尽快分享给农户,帮助其解决实际问题。就这样，一拍即合，我感觉像是天生带着使命般地来到这里，以科技兴农、以服务兴业。

没有调查就没有发言权。派驻前，虽然我一直叮嘱自己"绝对不能躺在功劳簿上原地踏步""要认真做好蔬菜产业的科技服务工作"，但面对新情况时，的确一时半会儿想不周全。为此，我积极联系当地相关部门，在他们的带领下，我来到了浪源蔬菜专业合作社进行实地调研。在这里，我了解到，前些年番茄大面积暴发青枯病，几近全军覆没，因此农户们都不敢再种番茄，生怕再来一场病灾。经过思考，我确认是品种问题，便立刻与合作社方社长商量选定了几处地块，尝试采用自育的"杭砧1号"砧木进行嫁接示范。

经过一段时间的实验，结果显示，番茄种植过程中青枯病发病率从80%以上降低到2%以下，部分基地甚至降为0，防治效果非常明显。"有您在，乡亲们不用怕了，可以放心大胆地种番茄！"这一句期许和肯定，对我而言，不仅是满满的动力也是压力，因为接下来的路还很长，要干的事还有很多。

合作社基地分布在780—1000米高的海拔山区，生态环境优异，具有夏季气温冷凉、病虫害较少的优势。这个优势特别适合生产高品质蔬菜。于是，我又给基地引进了28个优良蔬菜品种，筛选出了7个适合高山栽培的蔬菜优新品种，并示范了配套技术，真正实现了高产、高品、高价。乡亲们碰到我就说："王老师带来的品种，经受住了老天爷的'烤'验！"我自信地回答道："是我，经受住了你们的考验！"

现在，合作社基地每天都有1万多斤蔬菜送至杭州主城区，乡亲们实打实地种出了好"钱"景！看着乡亲们的笑容，我更加坚定要为他们打造高品质蔬菜金名片的使命和决心，唯有如此，方能不辜负这一方山水和勤劳努力的劳动人民。

## 收 获

# 落地生根开花结果

关于在清凉峰镇的收获，我根据本地得天独厚的生态环境，建立起了杭州市农科院成果展示基地，以点带面，示范推广杭杂、杭茄、杭椒系列等蔬菜新品种，并示范推广嫁接育苗、水肥一体化、水旱轮作等绿色高效山地蔬菜栽培技术。这些努力，一方面，让新品种、新技术在清凉峰镇这片宝地得以"落地生根，开花结果"；另一方面，也让勤劳善良的乡亲们"腰包鼓起来，笑容浮起来"。

种植在于每日呵护，服务则在于时常关心。过去这几年，面对低温、高温、干旱等极端灾害天气，我会提早预案、积极应对，用科技抗灾，使农业减产和农民损失降到最低；同时，我也多次通过电话、微信、视频等线上方式，指导农户们开展种植施肥、病虫害防治等关键技术，为他们送上"定心丸"。

这一切付出，都是为了践行习近平总书记说的"把论文写在田野大地上"。什么叫作科技特派员？我想，就是要干在田间地头，围在百姓身旁，用热情、激情、真情开展服务，让农户们真正享受到科技进步带来的巨大福利。

如今，通过以点带面的示范，我所服务的合作社的年育苗量节节攀升，还辐射建德、淳安、桐庐、富阳等地区。另外，很多茄果类蔬菜新品种还成了清凉峰镇的首选种植作物，成了收购企业和商户眼中的抢手货，以及农户手中的致富果。

此外，2022年，绿源蔬菜专业合作社以155亩基地为核心示范基地，带动辐射农户80余户，示范带动周边种植新品种和应用新技术2300余亩；核心示范基地平均亩产量达4560千克，总产值达247.6万元，同比增效10%以上，为周边农民的增产、增效起到显著的作用。

看着果蔬飘香、喜笑颜开的场景，我内心十分高兴，觉得这几年没有白费，而是为清凉峰镇的发展做出了小小贡献。如今，一块清凉峰地区的蔬菜金招牌正在悄然树立，一片令农户致富的好秧苗正在茁壮成长！相信在不久的将来，清凉峰蔬菜的品牌名声会更加响亮！

创　想

# 为新发展、新风尚整合创新资源

相较于在培训室里开展理论培训，我更喜欢在田间地头手把手地为农户们解决难题，因为这样更直观，也更容易让农户们一看就会、一听就懂。他们常说："王老师，你来啦！快快快，我们去地里看看咋回事。""哎呀，我嘴比较'笨'，讲不清楚，你还是来一下吧！"

虽然在清凉峰镇从事科技特派员服务工作只有短短2年，但我已经爱上了这里，还与纯朴的农户们结下了深厚的友谊。可以说，这里是我的第二故乡，是我时时刻刻牵挂的地方。

近年来，临安区清凉峰镇更加注重人才培养，投资建立农创客中心，免费提供场地给回乡创业的"新农人"优先使用，吸引他们把创业梦扎根在家乡。面对这样的新发展、新风尚，我欣喜不已。作为一名科技特派员，我所起的就是桥梁纽带的作用。因此，我也将发挥自己的力量，通过建立一个个科技示范基地，连接科研团队和创业"新农人"，加快他们创新创业的步伐。

今后，我不仅要做科普宣传和先进实用技术示范推广的引路人，也要积极把党的富民政策传递给农户，让他们实实在在地感受到党和政府对他们的关怀。同时，我也会围绕清凉峰有机蔬菜小镇的特色，加快整合基地创新资源，将品种、技术与市场有机连接，奋力"蔬"写共富新篇章。

## 评述点赞

清凉峰镇经发办主任王一平：作为派驻我镇的科技特派员，王老师能深入一线做好调查研究，摸清实情底数，充分发挥自身专业优势，调动专业技术团队力量，解决了农业生产中的技术难题，帮助我镇实现农业增效、农民增收，成效明显。

浪源高山蔬菜专业合作社社长方锡高：科技特派员王老师在田间地头手把手地将技术毫不保留地传授给我们，怕我们记不住，还非得让我们复述一遍才罢休。有了她引进的品种和技术，合作社的蔬菜实现了高品高价双丰收。

王宏（右）在传授育苗技术

# 史文辉——助力金村梦想成"金"

## 我的初心

> 我是浙江农林大学派驻开化县芹阳办事处的科技特派员。作为林业工作者，我深知科技创新和应用对于农村经济社会发展的重要作用，因此我愿意把自己的专业知识和技能带到这些地方，为当地提供技术支持和服务，全力促进当地社会发展。
>
> 我的初心是，通过合作与创新，解决当地农业痛点和难点，为农业农村高质量发展带来新机遇、注入新动能。

## 故　事
## 走出实验室扎根金村

在成为科技特派员之前，我基本是办公室、实验室"两点一线"。

2021年7月，我接到了学校社会合作处领导的电话，询问我对油茶产业的了解情况。得知自己有可能被派到农村去服务油茶产业发展，我当时内心喜悦和惶恐参半。"喜"在于我可以走出实验室，运用自己的专业知识服务地方发展；"恐"在于自己对油茶的了解和研究并不深入，极度担心会影响当地产业。然而，在领导的鼓励下，我下定了决心。不久后，省科技特派员名单公布，我很荣幸地被派驻到开化县芹阳办事处。

怀揣着各种未知与好奇，2022年1月，我首次来到开化县，一来便被当地宜人的环境所吸引，之后与县经信局、芹阳办事处领导对接，了解到我的服务对接主体为金村。随后，我与该村党支部书记、村委会主任徐公成就村里的基本情况和未来发展规划等问题，进行了沟通交流，并走村入户开展初步调研。

刚开始，我听不懂当地老百姓的方言，交流过程一度非常尴尬。当时，我的内心十分慌张："这以后可怎么开展工作呀？"但还是硬着头皮边听边猜，实在猜不出来就向村干部求助。好在乡亲们并没有因此而否定我这个"外来小伙"，大家总是非常耐心地一遍又一遍重复着自己的话语，有些老人家甚至学着用金村版普通话跟我交流。这让我非常感动，也打消了自己一开始的顾虑。

相处中，我开始慢慢了解村民们对家乡发展的期待和畅想，深深地被他们殷切的眼神和朴实的思想所打动。乡亲们对这片土地充满着热爱，但由于乡村产业发展较为缓慢，很多年轻人不得不外出创业或者务工。记得有一位老人这样跟我说："我们希望年轻人在村里也有事情做，能拿到不比城里低太多的收入，这样我们可以经常见到孩子，他们的小孩也有父母的陪伴。"这让我一度泪目，进一步坚定了要扎根开化、扎根芹阳、扎根金村，切实为老百姓解难事、办实事、做好事的信念。

至此，我开始了新鲜而又充满挑战的"菜鸟"科技特派员探索之路。


## 收 获

## 种下油茶林，"把论文写在田野大地上"

虽然我是"菜鸟"，但我肯定不是"笨鸟"。我深入金村走访调研，积极开展联系对接，详细了解当地人口、经济、资源和农林产业的发展情况，与乡、县两级林业主管部门及相关林业专家共同商讨高效利用金村土地资源的农林业建设发展计划，明确了利用村集体流转的闲置荒山林地开展油茶林培育的方案。当油茶营造林工作启动时，村民们的积极性非常高，看着大家兴奋而期待的笑容，我深刻体会到了服务乡村、服务百姓的责任感和自豪感，不由暗自心想："治学至今，终将有用武之地。"

在金村开始实施荒山整地与油茶林栽种工程后，时值四五月份，正是多雨的时节，常常会遇到"天公不作美"的情况。有学生觉得我这样太过辛苦，我便耐心地引导学生，跟他们讲林业人的责任和使命、讲老百姓最朴实无华的诉求，一来二去，学生们也逐渐培养起了林业情怀和"三农"情怀。

为了弥补自己在油茶产业发展和油茶林培育方面的知识缺欠，我经常与中南林业科技大学、江西农业大学等同行业的油茶专家进行交流，咨询油茶优良品种、油茶营造林注意事项、油茶树形管理等问题。

经过反复的研究、思考和实践，我向金村推荐引进"长林3号"油茶优良品种，并在造林地清理整地、造林密度、苗木活力保护和造林技术等方面给予全方位的服务指导，帮助村里完成了200余亩油茶林的栽种工作。

从一线教师、实验室研究人员，到服务地方产业发展的科技特派员，我的思想在实践中发生了极大转变，真正体会到了"把论文写在田野大地上"的重要性和紧迫性。我也与村民们建立起了深厚的情感，当地村民朋友对我的称呼由"老师"变为"小史"，越发让我感到亲切，我想这就是为民办事收获到的幸福感吧。

创　想

# 助力金村梦想成"金"

油茶是一种优良的经济林木，具有生长快、结果早、产量高等优点，可以生长在贫瘠的土地上，无须投入太多人力、物力，却能提供较为稳定的收益。

金村的经济较为落后，但拥有丰富的土地资源，在此培育油茶林不仅能提高村民收入、促进村庄经济发展，还能改善当地生态环境、人居环境。在开发油茶林的同时，金村还可以带动发展茶叶加工、油茶籽加工等相关产业，形成较为完整的产业生态系统、多元化的经济发展模式。

在我看来，做好乡村振兴，就要做好富民"加法"，以科技创新、项目突破为抓手，大力推进优势产业发展，而油茶林的培育恰好十分符合金村的发展实际。

但要真正实现这一创想，我们的任务还很艰巨，要走的路还很长。一方面，在深度调研村庄土地资源和气候环境，并确定油茶适宜种植区域后，需要投入一定的资金和技术，对油茶林进行科学的管理和维护。另一方面，要充分发挥村庄的组织力和合作精神，共同推进油茶林开发和产业链构建。

虽然要实现目标任重道远，但我定会迎难而上，充分发挥技术优势，全力提高油茶种植效益，带动村民增收致富，助力金村实现绿色富民的"金"梦想。

## 评述点赞

衢州市开化县芹阳办事处金村党支部书记、村委会主任徐公成：史老师成长于农村，对农村有着独特的情怀，且农林业知识渊博。他不仅给我们带来了油茶营造林技术，还谋划了油茶林长短期效益结合发展的经营模式。有他在，我们心里就有底了。

衢州市柯城区华墅乡副乡长龚鑫华：在得知史老师派驻开化县当科技特派员后，我们十分开心，第一时间和他联系，希望史老师在开化县服务之余，能够帮助我们解决土壤质量与肥力问题。史老师爽快答应了，不计个人得失，在没有任何经费支持的情况下多次自费前来帮助我们。

史文辉（右二）在指导冬笋培育与采收

# 童川——最是故乡情

## 我的初心

> 我是浙江工业大学食品科学与工程学院派驻建德市洋溪街道科技特派员。我的初心是通过现代食品加工技术下乡，聚焦产业需求，将"舌尖上"的家乡味发扬光大，让传统特色美食留住乡愁。
>
> 我主要从事食品储藏保鲜和加工技术的科研与推广工作，主持省部级项目 7 项，发表高水平学术论文 40 余篇，获中华农业科技奖优秀创新团队奖 1 项，参与制定行业标准 1 个，申请发明专利 3 项，参编英文专著 2 部、中文专著 1 部。

## 故事

## "状元饼"里故乡情

浙西小县城建德，是我童年生活的摇篮。记忆里，这座拥山揽水的"画中城"总是可以让人停下来慢慢闲逛。每一座城市都有其独特而鲜明的"味道"，建德的"味道"是香喷喷的"状元饼"，是裹在饼里的"倒笃菜"，咬上一口，鲜味十足，是我记忆中家乡的味道。

2021 年 6 月，浙江秋梅食品有限公司（以下简称"秋梅食品"）董事长潘秋梅到省农科院食品所洽谈，与所领导交流企业正在拓展传统的"倒笃菜"系列衍生产品。提及生产的"状元饼"供不应求，急需进行标准化生产，但限于技术人才的制约，希望所里能够安排专家给予米面食品加工和标准化工艺方面的指导。

所领导听后马上把我叫到会议室，郑重地把我这个"建德老乡"介绍给了潘总。我与潘总虽是初见，却是一见如故。作为所里唯一从事谷物淀粉和加工的科技人员，潘总当场提出希望我能被派驻秋梅食品。高兴之余我更多的是忐忑，因为这是一次机遇，更是一次挑战。习近平总书记在浙江省任省委书记时对她"小小倒笃菜，能做大市场"①的嘱咐，潘总一直记在心里。其实这已经不是她第一次来所里洽谈工作了，农科院与秋梅食品开展院企合作已近20年，食物联结的不仅仅是味觉感官，还有2家单位的过往和希冀。在这种牢不可破的缘分下，我接下了家乡美食传承与创新的"接力棒"，正式成为杭州市第9批科技特派员中的一员。我心中不禁想，原来自己才是真正意义上的"特派"员，是专门被派去为家乡企业做事、为家乡人民服务的科技人员。

## 收 获
## "家乡味"变成更多人熟悉的味道

成为一名科技特派员，我觉得最大的收获是让家乡美食的味道被更多人记住，而且自己的付出也得到了家乡人民的认可。在秋梅食品企业领导、技术骨干的充分信任与支持下，我针对"状元饼"标准化生产过程中遇到的技术工艺问题，对它的制皮工艺和馅料配比进行反复试验，不断优化原

---

① http://www.zgcyjia.com.cn/news/china/szyw/5280.html。

料配比和加工工艺。在大家的共同努力下，最终成功研制出了适合"状元饼"的半自动标准化生产技术，从而实现了"状元饼"标准化、简单化和规范化的生产，帮助产品正品率提高 30% 以上，年销售额增加 300 多万元。

2022 年 3—4 月，上海市和浙江省绍兴市新冠疫情暴发，实施静默管理期间，封控区居民急需必要的生活物资。"状元饼"由于品质好、产量大、易储运，被选为保供物资定时调运用于抗击疫情。回忆疫情期间企业员工始终信任、并肩作战的场景，看着机器上批量生产的家乡美食源源不断地装车送往管控区，想到自己的专业知识有朝一日能助力疫情保供、守护人民饮食安全，我心底十分激动，备受鼓舞。

在担任科技特派员期间，我利用自己的专业知识帮助建德相关食品企业建立技术推广和培训基地，积极邀请省内食品加工、现代农业生产、品牌建设等方面相关省级龙头企业来建德开课讲座，帮助企业员工提升专业技能，从而进一步促进建德传统食品优质发展。此外，我还积极参与了未来农业"畅享荟"活动，邀请省特级专家、国家"万人计划"领军人才等高层次人才来建德进行调研指导、科技服务、技术培训和农业科技创新成果发布等，为进一步推动家乡农业现代化、支撑产业兴旺、助推乡村振兴、建设美丽乡村提供智力和技术支持。

创 想

## 续写"倒笃菜"传奇

无论离家有多久，无论身在何方，最难割舍的是故乡情怀，最难忘却的始终是故乡山水，最想吃到的始终是故乡饭菜。一年多的科技特派员工作，让我深深体会到这项工作不仅仅是简单的技术指导，而是要结合自身所长为地区产业发展服务，为乡镇和企业牵线搭桥，通过积极联系市外农业生产全产业链相关的优秀企业，吸引更多人才加入科技帮扶队伍中，从而加快农业新技术、新成果的推广应用。

目前，部分食品企业还存在很多亟待解决的问题，如：生产一线缺乏具备现代食品知识的操作人员；青壮年外出务工，留守的多是一些中老年人，文化水平相对较低，对食品安全生产、管理理念、先进技术的接受能力较差。在未来的工作中，我将根据企业和乡镇的实际发展情况，以更加通俗易懂的知识讲座、视频教学、现场指导，提高从业人员食品安全意识和技术水平，用前沿科技促农业增效、促农民增收。

建德是我的家乡，只要家乡有需要，我一定会第一时间站出来。我会牢记服务"三农"宗旨，结合家乡农业、食品产业的发展方向，加大对建德传统特色小吃、乡愁食品的开发和推广力度，将食品加工新技术应用到建德，将农业科技成果落地转化在建德，用实际行动践行"把论文写在田野大地上"，努力在岗位上续写"倒笃菜"传奇，为建德共同富裕持续发挥光和热。

## 评述点赞

**浙江秋梅食品有限公司总经理林美华**：2021年当我们听说童博士愿意来我们公司当科技特派员时，大家激动不已。一年多来，他经常放弃休息时间，不顾劳累，不讲条件，深入公司生产一线，为企业生产解决了许多技术难题。在他的帮助下，企业的产品品质和生产效率均有了显著的提升，受到广大消费者的好评。我们由衷感谢这位为家乡办实事的好老师。

建德市科技局科技创新服务中心主任廖静：童川于2021年7月正式到建德市秋梅食品担任科技特派员，主要负责食品标准化工艺和市场开拓方面的工作，帮助企业解决技术难题。工作期间表现突出，得到了企业、群众及部门的一致好评。

浙江省农业科学院食品科学研究所副研究员吴伟杰：我陪童博士去过建德2次，公司的技术人员都把他当"宝"，童博士也不吝赐教，深受大家的喜爱。他深入车间，帮助企业成功研制出了适合"状元饼"的半自动标准化生产技术，为传统食品的现代化生产提供了很好的技术支撑。

童川（右）在讲解"状元饼"HACCP体系认证技术

# 华锦欣——把更多创新要素注入农村

## 我的初心

我是杭州市林业科学研究院派驻临安区湍口镇的科技特派员。作为一名"90后"林业从业者，我更多是抱着学习的态度去提升服务，处理好林农在一线生产过程中遇到的问题。我的初心就是在平凡的岗位上，以平凡心做不平凡的事，利用自身所学为林农提供最基础的技术支持，帮助他们得到真正的实惠。

我于2016年进入杭州市林科院工作，现为森林生态所工程师，主要研究方向为森林培育、森林生态和自然保护地研究，先后发表科研论文10余篇，参与各类科研项目10余项，授权国家发明专利2项、软件著作权4项，参与编写专著1部。

## 故 事

### 我们只会做得更好

2021年9月，在单位的推荐下，我很荣幸地被选为科技特派员，派驻临安区湍口镇。湍口作为临安山核桃主产区之一，同时也是山核桃干腐病和林地治理的重点区域，杭州市林科院山核桃研究团队一直与湍口镇保持着紧密的联系。

前往镇里报到当天，迎丰村的党支部书记钭小刚就找到我，希望科技特派员的项目能落在他们村。后与农办主任叶立前商议后，决定结合迎丰村实际情况，开展山核桃林下复合经营，套种黄精和山油茶，以提高生态效益和经济收入。

近些年，杭州市林科院派出的科技特派员，先后开展了"山核桃高效复合经营模式示范与推广""山核桃精准化养分管理技术示范推广"等项目建设。在此基础上，我引导迎丰村农户种植多花黄精50余亩和山油茶40余亩，同时借助全省林技推广"四联"帮扶机制，参与组建"四联"帮扶小组对接迎丰村，解决乡土实际技术问题，邀请省林科院、区农技推广中心等各级林技专家举办培训班2期，累计培训百余人次。

让我记忆犹新的是，我在与钭小刚书记对接油茶苗种植时，他对我说的一句话："小华，种油茶是为了我们村老百姓，我们肯定用心，你说的那些要求和标准，我们只会做得更好。"这句话，让我明白了科技特派员对乡村发展的意义。只有真正了解农户需求，提出经济实惠的解决方法，才能把工作做好、做实。

收　获

## 学会与农民打交道

我当科技特派员的时间很短，这项工作对我来说是一个机遇、一次挑战、一种锻炼，是人生经历中自我充实、成熟蜕变的一段时光。从2021年9月至今1年多的时间里，借助派出单位的优势，我有了更多机会深入农村，在与广大农民群众接触的过程中，听到农民对山核桃产业的发展、生产经营的独到深刻的见解，从而详细掌握第一手情况。

2022 年，我荣获浙江省"林业科技工作成绩突出个人"荣誉称号。对我来说，这一年最大的收获是学会了与农民打交道。他们不看你发了多少篇论文、申报了多少课题，只有为他们办了实事，他们才认你是称职的好干部。

林业工作是一项艰苦的工作，也是一项利在当代、功在千秋的事业，事关人民群众的切身利益，只有用心投入才会有成果。因为从事的专业技术领域有限，我对于林产品加工和中药材处理的专业知识相对欠缺，在项目实施过程中，遇到不了解的技术，我就虚心地向有经验的同事和老农民请教学习、取长补短。这既是我作为科技特派员的技术服务过程，也是自己深入田间地头、学习林业知识的过程，我从中受益匪浅。

创　想

# 把更多创新要素注入农村

科技特派员工作一头连着科技，一头连着生产，要把先进科技成果和现代理念带给农民，把技术、资金等更多创新要素注入农村，促进乡村产业振兴发展。

自 2021 年以来，我在湍口镇迎丰村连续开展了"黄精等中药材林下复合栽培模式研究""山核桃林复合高效栽培技术推广与示范" 2 个项目的实施工作。结合"千村万元"林下经济增收帮扶工程，帮助农户建成山核桃林下黄精、油茶种植示范基地共 100 余亩，种下黄精 1 万余株、油茶 5100 余株，优化村庄林下经济结构，提高土地的综合利用率，实现一亩地几份收入，促进农民增收。

我借助中国林科院亚林所平台，在省林业局和市林科院的指导协调下，分别与临安民丰山茱萸专业合作社、衢州市常山金都油茶专业合作社达成2.8万元的黄精块茎苗合同和2.55万元的油茶苗采购合同，并抢抓春季造林时节，于岁末年初完成了苗木调运和栽植工作。下一步，我将结合"千村万元"林下经济增收帮扶工程，持续稳步推进项目实施，跟踪林下幼苗存活率，合理使用管理项目经费，在重点时段结合农事要点，通过现场会议或培训班等形式，继续进行技术示范推广。

## 评述点赞

湍口镇迎丰村党支部书记、村委会主任钭小刚：华锦欣老师自担任我们镇的科技特派员后，不怕苦、不怕累，耐心地给村民讲解发展林下经济的要点、难点，大家都亲切地称他"小华"。

湍口镇经济发展办公室高级工程师叶立前：华锦欣老师担任科技特派员之前我与他便相识，2021年他接棒成为科技特派员，深入农村，尽职尽责，成为我们与省、市林业部门沟通的桥梁。

华锦欣在开展野外调查

# 谱写共富

——

PUXIE
GONGFU

派出单位、派驻地科技部门和特派团
是服务"三农"的战斗队

# 浙江省农业科学院——持续擦亮科技特派员"金名片"

## 我们的初心

始终牢记习近平总书记的嘱托，按照"既是一个农业单位，又是一个科研单位"的两大定位和担当"科技兴省、科技兴农"两大重任的要求 ①，深入推进科技特派员制度，让广大科技特派员"把论文写在田野大地上"，把成果留在千万农民家，在谱写中国式现代化浙江篇章中展现农科担当。这是我们的初心，更是我们践行的使命。

### 故 事
### 千余位科技特派员的殊荣

2021 年 2 月 25 日，全国脱贫攻坚总结表彰大会在北京人民大会堂隆重举行，浙江省农科院科技特派员团队荣获"全国脱贫攻坚先进集体"称号，

---

① 2003 年 4 月 28 日，时任浙江省委书记的习近平同志到浙江省农科院调研，提出省农科院"既是一个农业单位又是一个科研单位"的职能定位和担当"科技兴省、科技兴农"两大使命的要求。叶扬：《自信自强守正创新踔厉奋发勇毅前行——浙江省科协系统党员干部第一时间学习二十大报告》，《科技金融时报》，2022 年 10 月 21 日，第 3 版。

是全国唯一获此殊荣的科技特派员队伍。

这份荣誉的背后，是浙江省农科院千余位科技特派员坚守初心，牢记嘱托，秉持科技下乡、服务"三农"的理念，共同写就的一个个动人故事。

2003 年 4 月，时任浙江省委书记习近平视察浙江省农科院时，提出了浙江省农科院担当"科技兴省、科技兴农"两大使命的要求，指出科研人才都应该到生产的主战场上去，真正地找到感觉，真正地有用武之地，真正成为当地的一个活财神，真正地成为老百姓最爱戴的人。①

做给农民看，带着农民干，帮着农民赚。20 年来，浙江省农科院千余位科技特派员任劳任怨、无怨无悔地践行着"把论文写在大地上"的庄重誓言，留下一部部"致富经"，涌现出一批省功勋科技特派员、省突出贡献科技特派员等先进典型。

如浙江省农科院亚作所陶正明研究员帮助文成玉壶镇发展中药材产业，建立了金银花、温郁金等示范基地 10 个，使中药材种植面积增加到 7500 亩，累计辐射推广 1.5 万亩，新增产值近亿元，带动山区 450 人劳动就业，使农民年人均增收 5000 元，社会经济效益显著。2004 年，浙江省农科院研究员王汉荣被派驻丽水市龙南乡后，连住 100 多天，考察风土人情，悟炼出了"发展高山农业"这一致富良方。如今，当地种植茄子面积约有 2 万亩，甜玉米 3 万亩，农户年均收入超万元。

科技特派员制度是习近平总书记在浙江工作期间亲自倡导、亲自部署、

---

① 曾福泉、褚田芬、邵敏：《做农民兄弟的贴心人——省农科院服务"三农"纪实》，《浙江日报》，2018 年 4 月 26 日，第 3 版。

亲自推动的一项重要制度。[①]20 年来，浙江省农科院矢志不渝地践行着总书记的指示精神，一任接着一任干，久久为功抓落实，让科技特派员制度在之江大地生根发芽并形成燎原之势，点亮了农村发展的科技之光，架通了农民增收致富的桥梁，努力在新时代、新征程上交出合格的答卷。

经 验

## 创新引领，忠实践行科技特派员制度

20 年来，浙江省农科院牢记习近平总书记的嘱托，按照省委、省政府打赢脱贫攻坚战、实施乡村振兴战略和建设共同富裕先行区不同阶段的不同要求，不断创新科技特派员的工作模式，强化政策支撑，一年接着一年，一任接着一任，"把论文写在田野大地上"，"把成果留在农民家"，有效促进了浙江省欠发达地区的农业增效、农民增收和乡村振兴。

**创新服务机制，积极打造科技特派员工作新模式。**一是打造由个人科技特派员向团队科技特派员转变的模式。实施科技特派员"一员带一站、一员一基地"的工作机制，变单个人的驻点服务为抱团式交叉服务。如我院派驻丽水市莲都区的土肥专业科技特派员得知当地蔬菜产业急需品种、栽培、加工等技术帮扶，便与当地深度合作，解决蔬菜种植、加工、销售等全产业链难题。目前，当地蔬菜年销售额达 7000 万元，直接增收 700 多万元。二是打造由个人特派员向法人特派员转变的模式。与欠发达县武义县创新法人科技特派员工作机制，先后派出 5 名科技人员担任科技副县长

---

① 陆健、方曲韵：《美丽乡村建设的科技答卷——浙江省科技特派员制度实施十五周年纪实》，《光明日报》，2018 年 12 月 27 日，第 7 版。

（或县长助理），实施 58 项帮扶项目。目前，仅食用菌产业就带动当地 1.56 万名菇农，年增收 8400 万元。三是打造由服务单个乡村向服务区域转变的模式。创建"专业服务站""科技示范基地"工作机制，在全省建立了 9 个面向区域的科技特派员专业服务站，支持每位科技特派员创建一个科技示范基地，带动农民学，教会农民做，帮助农民赚。四是打造由利益单体向利益共同体转变的模式。形成了"科技特派员＋企业＋农户""科技特派员＋协会＋农户""科技特派员＋示范基地＋农户""科技特派员＋种养大户＋农户"等多种服务模式，从科技人员进村入企到合作成立"武义创新食用菌有限公司"和"浙江中南农产品质量安全服务中心"，实现优势互补、联合共赢。

**强化政策支撑，切实解除科技特派员后顾之忧。**一是建立领导机制。成立科技特派员工作领导小组，设立科技特派员办公室，并将科技特派员工作列入单位年度目标责任制考核。20 年来，一直传承每一批科技特派员赴任均由院领导亲自送去的工作机制，做到工作上支持、生活上关心、条件上保障，营造当科技特派员光荣的浓厚氛围。二是强化政策保障。在职称评审、业绩评价上向科技特派员倾斜，专门设立推广研究员系列，把获得省级以上科技特派员荣誉奖当作为评审推广研究员、副研究员的重要条件，加大对优秀科技特派员的奖励力度，使得全院科研人员争当科技特派员的热情空前高涨。三是完善激励机制。鼓励科技特派员以资金入股、技术参股、有偿服务等形式，与派驻地企业和专业大户联办企业，结成利益共同体，成为"永远不走的特派员"，让科技特派员名利双收。

**突出绩效管理，有效提升科技特派员服务成效。**一是片区管理，定期会商。将省派科技特派员按地域分为温台、丽水、金衢、杭嘉湖 4 个大组管理，按专业、区域定期举办技术会商，互相交流工作情况和经验，不断提高科技特派员整体工作水平和服务成效。二是省、市、县三级立体化服务。针对对方产业发展需求和技术难题，强调省、市、县三级会商，确定科技合作重点和服务内容，以提高服务的针对性和有效性。三是个人、法人、团队一体化配置。强调顶层设计与基层设计相结合，优化个人、法人、团队科技特派员配置，做到精准选派，按需求对接；同时，组织服务站科技下乡点对点服务，使每一个科技特派员的背后都有强大科技团队做支撑，以提高科技服务乡村振兴的成效。

亮　点

## 坚守初心，持续擦亮科技特派员"金名片"

20 年来，浙江省农科院累计派出个人科技特派员 15 批 1567 人次、团队科技特派员 116 个，组织实施科技特派员项目 1221 个，建立科技示范基地 610 个、面积 18.5 万亩，提供农业新品种、新技术 6200 多项次，帮助创办农业企业、专业合作社 186 家，举办各类技术培训 1800 多场，培训农民 18.6 万人次，全面诠释了科技特派员为从打赢脱贫攻坚战到全面推进乡村振兴再到助力共同富裕所注入的深厚力量。

扎根基层，以科技支撑打赢脱贫攻坚战。20 年来，浙江省农科院在坚持"发展一个产业、培养一支队伍、致富一方农民"的科技帮扶思路的基础上，支持引导全体科技特派员扎根基层，深入山区田头，20 年如一日，用脚步丈量田间地头，通过建基地、引品种、做示范、搞培训，带领农民闯市场，发展特色产业，培育专业组织，帮助农民走上科技致富路，为高质量打赢脱贫攻坚战提供有力支撑。被派驻到丽水市青田县章村乡的包崇来研究员手把手地教会了当地农民种植高产茄子新品种，使示范户亩均收入从 3000 元增加到 8000 多元。如今，茄子产业已成为章村乡的农业支柱产业，累计增收 5800 万元。李发勇坚守苍南县岱岭畲族乡 17 载，推广新品种、新技术，产生经济效益 1000 多万元，打造了一个少数民族村精准扶贫的浙江样板。

**精准服务，以科技帮扶赋能乡村全面振兴。**10 年来，浙江省农科院持续聚力农村产业发展，助力农民科技致富，在农村土特产上下功夫，精准培育地方特色优势产业，探索出了一条科技服务发展村集体经济、推进乡村振兴的有效路径。被派驻到开化县大溪边乡的吕学高，大力发展"粱花"组合产业，使大溪边乡上安村从一个省级重点扶贫村、集体空壳村发展成现在的"网红村"、模范村，打造了乡村振兴新模式。如今，大溪边乡上安村成为登上央视新闻联播的模范村、红高粱特色产业村、浙江省美丽乡村精品村、浙江省 3A 景区村庄，大溪边乡也成为浙江省乡村振兴科技示范基地、红高粱省级特色农业强镇，擦亮了科技帮扶助力全面推进乡村振兴的"金名片"。

**创新模式，以科技创新助力共同富裕。**近年来，浙江省农科院不断探索科技推广和服务支撑的新模式、新方法，通过"共创—共享—共益"路径，形成科技创新的价值共创体系，帮助农民增收、奔小康，全面推动共同富裕的进程。蔡为民与企业协同创新，建立食用菌社会化协作生产新模式，带领团队共同投资入股创办武义创新食用菌有限公司，创新提出了"1＋N 双百共富""个人＋团队＋法人"科技特派员香菇工厂化生产模式，助当地菇农摆脱低效的生产模式，相关技术惠及武义县 90% 以上的菇农，累计节支增收超亿元。如郑许松团队积极探索"基地＋合作社＋农户"模式，合作社以股份制模式经营，吸纳村内 13 名农户，并由村集体占股 51%、村民占股 49%。在全塘口村新建莲鳖共养基地，形成莲渔综合种养技术模式，延伸产业链，激发"莲经济"业态活力，增加村民就业机会和村集体财政收入，为实现乡村共同富裕提供产业支撑和保障。

## 评述点赞

《科技日报》报道：在全国脱贫攻坚总结表彰大会上，浙江省农科院科技特派员团队荣获"全国脱贫攻坚先进集体"称号。这份荣誉背后，是18年来上千位科技特派员秉持"致富浙农"、服务"三农"的理念，共同写就的叙事诗。（江耘：《扎根基层十八年 他们以"致富浙农"为己任——记全国脱贫攻坚先进集体浙江省农业科学院科技特派员》，《科技日报》，2021年2月26日）

丽水市科技局：如果说科技特派员是省厅送给丽水的大礼包，那么省农科院就是这份礼包里面分量最足、最大的宝贝。20年来派驻丽水的2000多人次科技特派员中，有1/3来自省农科院。一批又一批优秀科技特派员穿山越岭、扎根丽水，为推动全市农业科技创新和成果转化、乡村振兴和共同富裕做出了巨大贡献。

武义县科技局：省农科院个人、团队、法人科技特派员组合服务、集团作战，把科技作为现代农业关键性生产要素，植入现代农业生产链全过程，已成为推动我县农业产业高质量发展的一支重要力量。"钱支援，物支援，不如来个科技特派员。"真正把论文写在田野大地上，让幸福淌进农民心！

浙江省农业科学院举行第 15 批科技特派员出征仪式

# 浙江农林大学——绿水青山里 "种" 出金山银山

## 我们的初心

2019年10月，习近平总书记对科技特派员制度推行20周年作出重要指示指出，科技特派员制度推行20年来，坚持人才下沉、科技下乡、服务"三农"，队伍不断壮大，成为党的"三农"政策的宣传队、农业科技的传播者、科技创新创业的领头羊、乡村脱贫致富的带头人，使广大农民有了更多获得感、幸福感。[①]

浙江农林大学邵志鹏博士，是浙江省第1批科技特派员中的一员，被派驻到泰顺县黄桥乡。2003年12月31日，为帮助村民搞竹笋加工，他于奔波途中遇上车祸不幸殉职。学校持续宣传和弘扬邵志鹏同志的精神，坚持人才下沉、科技下乡，把科技"种"在绿水青山间，让广大农民有更多获得感、幸福感——而这，也是我们20年来坚持不懈推行这项制度的初心。

---

① 新华社：《习近平对科技特派员制度推行20周年作出重要指示》，2019年10月21日，https://www.gov.cn/xinwen/2019-10/21/content_5442820.htm。

故　事

# 千百个"邵志鹏"顶上来

邵志鹏在短短不到1年的时间里，几乎走遍了黄桥。黄桥的山山水水、田间地头，处处留下了他的"三农"情结，乡亲们亲切地称他"农民博士"。

黄桥乡四面的山上种植着1.8万亩竹林，过去缺乏加工技术，笋竹资源没有得到合理开发。为此，邵志鹏四处奔波：买设备、找资金、问专家、搞实验……经过半年多的努力，合作人、厂房、资金都已到位。就在他牺牲的那天一大早，他来到已经选好的厂址，仔仔细细地用皮尺再次丈量了一遍。2003年12月31日21时20分，新年的脚步声已近在耳际，邵志鹏在出差返回泰顺途中，遇上车祸，不幸殉职。未婚妻还在等他元旦后去领结婚证。去世的前几分钟，他还在对同行者说，打算春节也留在司前办厂。他的计划是通过科技攻关研制出竹笋制新品，有即食的小包装油焖笋，也有大包装的保鲜笋。他还要推销产品，寻找加工场所和合作伙伴，以竹笋深加工给农民带来脱贫致富的希望。

始终以用科技服务农村、帮助农民脱贫致富为己任的"农民博士"，突然离去，会让村民的希望破灭吗？

20年间，浙江农林大学接续向泰顺县10个乡镇派驻了70人次的省科技特派员。新的"邵志鹏"们的服务范围更广了，涵盖了乡村旅游、智慧农业、作物栽培、城乡规划、园林设计、食品加工、林下经济作物种植、农特产品品牌营销设计等，他们正积极贡献着，助力泰顺县全面乡村振兴。

"邵志鹏"们不仅仅服务泰顺，还逐步把服务的脚步踏遍省内每一个角落。在20年的科技服务中，浙江农林大学累计向杭州市淳安县、温州市泰顺县、金华市武义县、衢州市开化县、台州市天台县、丽水市遂昌县等32个县（市、区）、167个乡镇派驻了800多人次的省个人科技特派员，累计推广各类实用技术 1200 余项次，开展各类技术培训 2680 余场，受培训人员达 113000 人次。

"邵志鹏"们服务成效明显：浙江农林大学被科学技术部评为"全国科技特派员工作先进集体"，被国家乡村振兴局评为"全国社会扶贫先进集体"；干果科技特派员团队被中宣部列为"最美科技人员"，连续 14 次被浙江省委、省政府授予"科技特派员先进派出单位"；2 位科技特派员在全国科技特派员制度推行 20 周年总结会议上获通报表彰；2 位科技特派员分别获得"民盟脱贫攻坚先进个人""中国致公党脱贫攻坚先进个人"称号；等等。

经 验

# "协同力""创新力""内生力"齐头并进

浙江农林大学新时代的"邵志鹏"们秉承"肯干、实干、能干"的"三干"品质，坚持科研扎根泥土，把科技"种"在绿水青山间，把论文写在祖国的大地上，把成果转化在生产实践中，在服务乡村振兴、促进共同富裕的道路上，形成了"333"的经验模式，即三坚持、三强化与"三力"齐头并进。

**坚持协同联动，强化服务，持续提升"协同力"。** 一是实施四级科技特派员工作机制。学校加强对省、市、县（区）科技特派员的管理，强化协同联动，根据产业结构调整、农民群众需求和科技人员技术专长，组建体系健全、管理规范、服务高效的省、市、县（区）、校四级科技特派员工作机制。二是建立"协作组"服务制度。学校持续创新科技特派员工作方式、方法，从 2012 年开始将省级特派员按区域相近的原则组建了若干个科技特派员协作组，由协作组负责协调管理本组科技特派员的联络和协同服务工作，根据需要组织开展相关活动，充分发挥新老特派员之间的传、帮、带作用。

**坚持过程管理，强化执行，持续提升"创新力"。** 一是实行一周一总结。浙江农林大学要求科技特派员每周都要开展科技帮扶工作，围绕产业发展的多元化需求，鼓励科技特派员扎根基层、扎根农村，要求每一位科技特派员在服务期间写好工作日志，促进工作总结、主动思考和迭代提升，并将此列为考核的一项重要内容，通过集中授课、现场观摩、点对点传艺等方式带动一方百姓增收致富，充分发挥科技特派员在科技帮扶中的引领作用。二是实行一月一交流。学校要求科技协作组每月组织开展经验分享交流活动，围绕阶段性工作开展情况，以问题为导向找不足、补短板、强弱项，集中探讨解决问题的路径方法，提升教师服务水平，充分发挥科技特派员团队协同作用。三是实行一季一培训。学校坚持对科技特派员开展培训，围绕能力素质提升，确保每季度至少开办一次科技特派员培训，通过专家讲座、专题报告等形式，开展"工作礼仪""农业科技传播与应用"等方面培训，持续提升科技特派员发现问题、解决问题的能力，提高工作实效。

**坚持政策激励，强化保障，持续提升"内生力"。** 制度保障，政策倾斜，不断激发内生动力。学校陆续出台系列政策文件，保障科技特派员的工作开展，将科技特派员岗位作为青年教师锻炼岗、中层后备干部培养岗。派出期间，工资和福利待遇同在校工作。通过奖励的形式，鼓励、支持科技特派员带着技术专利、科研项目到基层，通过技术转让（许可）、成果应用等方式实现成果转化。将科技特派员的工作业绩作为评聘专业技术职务和职级或岗级晋升的重要依据，让科技特派员付出越多、得到越多，成果越大、收益越高。

## 亮 点

# "手把手＋面对面＋点对点"
# "一根竹＋一株草＋两颗果"

如何才能把科技牢牢地"种"在绿水青山间？学校根据个人、团队和法人3种不同形式科技特派员的特点和任务要求，形成了个人科技特派员"手把手"示范、团队科技特派员"面对面"推广、法人科技特派员"点对点"转化的基本做法。学校已经探索形成了"一根科技竹"架筑致富通道、"一株小仙草"抒写扶贫传奇、"两颗富民果"缔造山乡神话等科技特派员助力乡村振兴、绿水青山里"种"出金山银山的独特成效。

"一根科技竹"架筑致富通道。竹产业科技特派员团队把浙江竹产业发展的成功模式输送到安徽、四川、贵州等地的贫困山区，形成了"一根科技竹"贯通东西帮扶的致富大道，相关工作得到国家乡村振兴局、四川省政府等领导的充分肯定。经过学校帮扶，四川宜宾全市竹产业总产值已经位居四川省第一。在贵州雷山县，学校帮助打造高节笋竹产业基地，将项目扣除经营成本后70%的纯收益全部分红给当地贫困户，为当地提供了近百个就业岗位。

"一株小仙草"书写扶贫传奇。中药材科技特派员团队年均接待农民200批次，累计培训指导2.5万人次，"一株仙草的扶贫传奇"成为浙江省唯一入选科技部"科技扶贫、精准脱贫"成果展项目，并得到时任国务院副总理刘延东等中央领导的高度赞扬。团队走遍贵州、云南等全国18个省（区），其中仅在黔东南山区，就实现铁皮石斛栽培面积10万亩，产值突破20亿元。

"两颗富民果"缔造山乡神话。干果科技特派员团队多次赴四川、安徽、云南、贵州各地进行科技帮扶，以香榧、薄壳山核桃等干果产业示范基地建设为突破口，联合共建干果产业国家科技特派员创业链，有效带动西部农村脱贫致富。经过团队的多年努力，全国山核桃和香榧的种植面积分别达到 145 万亩和 90 万亩，产值增长到 30 亿元和 15 亿元，使山核桃成为林农致富的"金钥匙"，打造了香榧"养我十年、还你千年"的美丽致富神话。

## 评述点赞

《中国绿色时报》报道：在长期的科技服务中，浙江农林大学的科技特派员们将人才培养、科学研究与社会服务结合，把论文写在祖国的大地上，把科技"种"在绿水青山间。（陈胜伟：《把科技"种"在绿水青山间——浙江农林大学深耕科技特派员制度助力乡村全面振兴》，《中国绿色时报》，2022 年 12 月 12 日）

中国教育新闻网报道：自 2003 年开始选派科技特派员，浙江农林大学积极探索科技服务"最后一公里"的链接路径，构建了个人科技特派员结对项目、团队科技特派员服务产业、法人科技特派员支撑全域发展的科技特派员体系，全面开展科技服务工作，着力助推浙江山区 26 县乡村振兴。（蒋亦丰、陈胜伟：《浙江农林大学科技特派员将科研论文写进"山林"》，中国教育新闻网，2022 年 10 月 12 日，http://www.jyb.cn/rmtzcg/xwy/wzxw/202210/t20221012_2110956080.html）

《浙江新闻》报道：在浙江农林大学，越来越多的老师通过担任国家级、省级、市县级、校级科技特派员，教学科研、实践应用能力同步得到提升，逐渐成长为高水平"双师型"专硕导师，为该校的专硕人才培养提供了坚强的师资保障。（姜晓蓉、陈胜伟：《依托科技特派员制度这所高校专硕导师队伍实现迭代升级》，《浙江新闻》，2022年7月23日）

浙江农林大学承办 2022 年浙江省科技特派员工作会议暨培训会

# 浙江大学——用科技之光点燃"浙"里乡村

## 我们的初心

　　浙江大学认真学习贯彻习近平总书记关于"三农"工作的重要论述，坚持"以服务求发展、用贡献求辉煌"[①]的理念，围绕国家战略和区域需求，把做好科技特派员工作作为立足浙江、服务社会的重要抓手，将巩固拓展脱贫攻坚成果、高质量服务乡村振兴和学校"双一流"建设联动，积极探索发挥科技和人才优势助力农业农村现代化的新路径，构建高校赋能乡村全面振兴、共同富裕的"浙大方案"。

　　20年来，浙江大学先后选派教师400余人次担任省级科技特派员，在推进科技打通科技成果转化落地的"最后一公里"，切实把论文写在田野大地上、把初心镌刻在百姓心坎里，努力让"一方水土养好一方人"。

---

① 任少波：《始终走在时代前列　服务中国式现代化》，《光明日报》，2022年11月15日，第5版。

故　事
## "旗帜＋堡垒＋窗口"

自 2003 年起，浙江大学积极响应浙江省委、省政府的号召和要求，认真做好科技特派员的选派和指导工作。学校凭借多学科综合优势，近 10 年来每年选派 40 余名优秀教师担任省级科技特派员（2022 年超过 50 名），选派的团队科技特派员首席专家数量曾占全省 1/4 以上，并组建法人科技特派员服务龙泉市，共同奏响个人、团队、法人科技特派员在服务乡村振兴中"上天入地"的交响曲，并拍摄纪录片《让农业插上翅膀》。

**一个个人，一面旗帜**。比如"王首席"——科技特派员王友明，扎根文成桂山乡 17 年，保持"热心、热情、热量"，累计服务文成 300 余次，行程超 38 万千米，为当地肉兔、中蜂等产业发展做了大量工作，引进推广良种 10 余个、技术 10 余项，现场指导 1000 余次，结对 50 余家企业，提升年产值超 3 亿元，被当地群众亲切称为"王首席"，被推荐为文成县政协委员，并当选"最美温州人"。

**一个团队，一座堡垒**。比如"油茶小镇"——沈建福科技特派员团队，立足常山"两柚一茶"产业，积极为油茶小镇建设出谋划策，提出三产融合发展策略，帮助相关公司建造土榨油茶作坊，实现从"卖油"到"卖游"、从"环境优势"到"生态红利"的路径转化，把油茶从"吃"到"看"再到"游"做出了"一条龙"产业，建设油茶基地 2000 亩并获得有机证书，直接带动 100 余人就业，实现利润 400 余万元。

**一个法人，一个窗口**。比如"教授团"——2008 年，浙江大学作为法人科技特派员工作单位积极对接龙泉市，共派出由 20 位教授组成的科技特派员团队，构建形成"以首席专家为引领、农技指导员为骨干、责任农技员为核心、产业农技员为基础"的四级联动新型农技推广机制。至今，双方已相继开展"18515"行动计划、"15582"工程和"13550"行动计划三轮市校合作,聚焦生态工业、生态农业、剑瓷文化三大产业发展,合作领域由传统的以农业为主拓展到工业、旅游、环保、规划、教育、卫生、人才培养等众多领域,实现了第一、二、三产业全覆盖,协助龙泉争取国家级科技项目20项、省级科技项目265项、科研补助经费1.95亿元,累计项目数量超过前50年的总和。

经　验

## 协同打好科教兴农"组合拳"

农村是充满希望的田野。浙江大学坚持把科技特派员制度作为科技创新人才服务乡村振兴的重要工作抓实、抓好,以"四个加强"汇聚优势打出"组合拳",形成工作合力。

**加强组织领导,做好统筹谋划。**学校党政领导重视科技特派员制度,多次研究科技、人才服务"三农"工作,听取有关部门汇报;成立专项工作领导小组,组织会议征求意见建议,努力为科技特派员开展工作提供便利。责任单位经常开展座谈培训、研讨交流、送新任科技特派员下乡调研等活动;成立农业科技发展咨询委员会,聘任多位院士担任委员,共同探讨农业科技创新发展方向,其中也为科技特派员工作建言献策。

**加强制度保障,优化考评管理。**学校制定并实行分类考核配套政策,专门设置农业推广岗100个编制(走在全国高校前列),在年度考核、职称评聘、评奖评优上对科技特派员予以倾斜。发挥科技特派员所在学院、学科的作用,积极形成"一人派驻、全院支持、全校关心"的良好氛围和工作机制。入驻乡镇期间,科技特派员享受学校同职人员平均岗位津贴和业绩津贴，这既解决了他们的后顾之忧，又调动了他们服务"三农"工作的积极性和主动性。

加强需求对接，突出资源整合。根据派驻地产业特点和发展需求，优选专业教师进行对接选派；在科技特派员入驻乡镇后，整合学校资源与地方资源、公益服务与成果转化、基地建设与产业发展等要素，因地制宜地培育、壮大区域特色产业。比如，根据湖州市农业特色产业类型，科技特派员参与组建 10 个产学研联盟，构建"1 + 1 + N"农技推广模式，推动科技创新从以引进示范为主提升为全产业链服务，形成了"浙大—湖州模式"。

加强团队建设，联动校地合作。学校发挥一流大学的综合优势，赋予每位科技特派员背后以强大的团队支撑，科技特派员遇到问题时可及时得到帮助、支持。同时，面向区域特色产业先后选派 43 个科技特派员团队，向 21 个块状经济转型升级产业群选派 49 位专家，不断拓展工作服务领域。组织职能部门领导分批到科技特派员派驻地走访，与当地政府交流探讨合作，推进科技特派员从服务单个乡镇拓展到为区域农业农村产业提供支撑。

亮 点

## 为"三农"工作插上"科技翅膀"

浙江大学发挥科技特派员的优势，鼓励并支持科技特派员作为农业科技的传播者、科技创新创业的"领头羊"，以高质量科技供给赋能乡村振兴，为"三农"工作插上"科技翅膀"，助力加快实现农业强、农村美、农民富，合力开创农业农村现代化发展新局面。

**有效增强了科技特派员的服务意识和业务能力。**通过多年的探索与实践，学校科技特派员工作实现了"三个转变"，即从"要我派"到"我要派"、从"单兵作战"到"团队合作"、从"飞鸽牌"到"永久牌"的转变，促进科技特派员"下得去、留得住、出成果"，并提供"组团式""全链条"科技服务。科技特派员吴良欢通过整合地方政府和企业资源，聚焦生态循环，打通技术推广"最后一公里"，建立省内首家科技小院——余杭蜜梨科技小院，该小院被中央电视台等各大主流媒体报道21次，还荣获全国"十佳科技小院"称号。目前，学校科技特派员已参与创办了科技特派员驿站、科技小院、专家工作站等机构10余个。

**巩固拓展了区域农业科技创新示范与成果推广。**通过科技特派员的履职担当、积极作为，不仅促进农业科技成果转化、推进区域特色农业产业发展，有效夯实了乡村产业振兴根基，而且促进科技服务群众"最后一公里"的打通，有效解决了基层群众的科技需求。如科技特派员叶明儿派驻永嘉县界坑乡后，结合当地生产实际，合力打造了千亩茶叶、千亩茭白、千亩黄桃、千亩稻鱼共生基地等"四千产业"，切实带动了群众增收致富；他坚持推陈出新，改良种养技术，将发轫于浙江青田的稻鱼共生农业系统带到贵州湄潭；他还建立湖州第一个红美人柑橘设施栽培示范基地，优化栽培和节水灌溉技术，打破了湖州生产不出优质柑橘的"魔咒"，填补了湖州没有柑橘产业的空白。科技特派员张金枝围绕景宁畲族自治县家地乡山羊产业发展，先后进行品种改良、饲料资源、生态圈养等综合技术开发，显著提高了山羊生长速度，使养羊户年增收入超过120万元。依托科技特派员队伍，多措并举地开展乡村人才培育培养培训，年均组织举办200余期培训，培训10000余人次，为区域科技成果推广探索出了一条新路。

**持续提升了科技人才赋能乡村振兴的影响力。**因在科技特派员工作中成绩显著，汪自强获得"全国优秀教师"荣誉称号，叶明儿入选联合国粮农组织"粮食英雄",王友明多次受邀在中央电视台《三农群英汇》栏目进行专访,汪自强、尹兆正助力泰顺中蜂产业发展的工作被《人民日报》专题报道,有效发挥了高校专家教授在全面乡村振兴、建设农业强国中的积极作用。各位科技特派员坚持"双向赋能"派驻地区,在产业帮扶、科技帮扶、教育帮扶等领域主动作为,助推学校5个项目入选教育部直属高校精准帮扶典型项目,并受邀参加2021年丝绸之路农业教育科技创新联盟合作论坛并作农业科技合作展望报告,有效提升了在国内外相关领域的影响力、竞争力。

截至2022年底,共有4人获"国家级优秀科技特派员"称号,3人获"浙江省功勋科技特派员"称号,6人获"突出贡献科技特派员"称号,6人获"成绩突出科技特派员"称号,62人获"优秀科技特派员"称号。学校荣获"全国科技特派员工作先进集体""浙江省科技特派员工作先进集体"等称号。

## 评述点赞

《人民日报》报道:浙江大学科技特派员汪自强,在欠发达山乡留下了好口碑。如今,老汪年满60岁退休,但他依旧派驻万排,守着那块他念兹在兹的乡土。他说,带着共同富裕的目标去,农民不富,他不还乡。(赵婀娜、柯溢能:《农民不富,他不还乡(优秀教师典型)》,《人民日报》,2017年9月14日)

《中国青年报》报道:近年来,王友明给自己安排了一份"特殊"工作——盘活整个文成科技特派员队伍。王友明要把在文成的科技特派员队伍"拧成一股绳"。"有着多年科技特派员经历的王首席，总在第一时间热心地给我们新同志分享好的经验做法，共享信息和资源。我是一个受益者。"来自浙江工业大学的科技特派员何铨说。（李灵、杨楠：《浙大王友明：田间地头酿出"甜蜜的事业"》，《中国青年报》，2022 年 3 月 25 日）

泰顺县科技局：2013 年，浙江大学根据浙江省委、省政府的统一要求和部署，精心组建了"浙江大学服务泰顺畜禽高效生态养殖省团队科技特派员"。经过 6 年的坚守，中蜂成为泰顺蜂农们养殖增收致富的"聚宝箱"，"一瓶蜜"也成为重点发展的农业五大主导产业之一。做给农民看，带着农民干，他们引领泰顺蜂农们走上了一条甜蜜致富之路。

浙江大学纪录片《让农业插上翅膀》开机仪式

# 浙江省林业科学研究院——科技助力"山青民富"

## 我们的初心

20年来，浙江省林业科学研究院先后派出科技特派员近300人次。全体科技特派员坚持"科技服务'三农' 助力'山青民富'"的初心，牢记增加欠发达乡镇农民收入、增强农民致富能力的使命，发扬省林科院"求真奉献、科技兴林"的优良传统，扎扎实实地开展科技服务工作，为推动派驻地守好绿水青山、实现共同富裕贡献林业科技力量。

浙江省林业科学研究院推广处作为直接管理服务于科技特派员的部门，坚持全心全意为科技特派员服务，加强科技特派员管理，协调好省科技特派员管理部门、派出单位、派驻地、科技特派员之间的关系，发挥好桥梁纽带的作用。

## 故 事

### 百人大调研

自 2017 年以来，浙江省林科院每年组织的由院党委书记和分管院长带队，相关处室负责人和专家参与，面向全院科技特派员及其派驻乡镇的大调研活动，有力地推动了全院科技特派员工作。

我院现任院长张建、院党委副书记李长缨、副院长岳春雷、副院长（时任）沈爱华、副院长（时任）柳新红等15位院领导参与了大调研工作，整个林科院近百人参与此项活动。每年大调研活动持续近1个月，到2020年累计行程涉及丽水市10个县（市、区）15个乡镇近100个村（次）、金华市4个县（市、区）6个乡镇近50个村（次）、衢州市3个县（市、区）4个乡镇近40个村（次）、温州市1个县2个乡近20个村（次），累计里程近4万千米。

调研组战严寒斗酷暑、早出晚归，深入山间地头、大棚林下、厂房基地，给科技特派员送温暖，给当地送技术送服务，有力地支持了当地科技特派员工作，加强了与派驻地政府、科技局、乡镇甚至村及农户之间的联系，受到了派驻地和科技特派员的一致好评。

## 经　验

## 秉持初心创新机制

20年来，省林科院秉持初心创新机制，科技助力"山青民富"，科技特派员工作硕果累累。累计实施科技特派员项目260余项，引入新品种、新技术550多项，结对帮扶企业90余家，建立示范生产线40条，举办培训近千场，培训林农5万余人次，促进农民增收近亿元。

**单位高度重视，全面落实文件精神。**省林科院自第1批科技特派员派出以来，始终将此项工作列为重点工作。特别是《关于深入推行科技特派员制度的若干意见》等系列文件出台后，我院及时实行措施，进一步强化科技特派员的服务功能。坚持每年召开科技特派员座谈会，邀请科技厅、林业厅分管领导参加，明确科技特派员的责任、义务，指导其工作任务和方向。利用派出单位的资源优势，发挥专业特长，坚持将真正有能力、懂技术、会管理的人才选聘到科技特派员队伍中，切实助推基层和乡村产业发展。鼓励和引导科技特派员和各类农村创业人员、经营主体建立利益共同体，为实施创业创新、成果转化等提供支持。坚持每批次科技特派员由院领导送到县（市、区）科技局和所入驻乡镇，省林业厅分管厅长也多次参加送科技特派员到乡镇工作，有力地支持了科技特派员开展各项工作。

**出台政策保障，提供良好工作环境。** 全面落实省里规定的各项待遇，包括经费补贴、成果认定、评优评先、业绩考核等。除在省科技特派员补助资金到位后，一次性足额发放给科技特派员本人外，院出台相应配套政策：新派科技特派员每人补助 500 元的生活用品购置费；科技特派员每月补助 100 元通信费；科技特派员每月可向院实报 2 次往返入驻乡镇的交通费；年度业绩考核增加业绩点；获得省、市优秀科技特派员等荣誉的，院里给予800—2000 元奖励；2017 年起开展 2 年一次的科技特派员考核，对考核优秀者予以表彰和 2000 元奖励。

**制订考核办法，实施严格科学管理。** 2016 年，省林科院根据国家和浙江省的相关文件精神，制订了《浙江省林科院科技特派员考核办法》，对省林科院派出的科技特派员提出了全面、量化的考核标准，对于考核优秀的科技特派员则对其进行表彰，对于考核不合格的科技特派员则将其轮换。2017 年，对省林科院 17 位连续派驻 2 年以上的科技特派员开展了考核，评选出 4 位优秀科技特派员并对其进行了表彰、奖励。2019 年和 2021 年省林科院根据科技厅相关文件要求，分别完成了第 14、15 批科技特派员的选拔和轮换工作。2022 年根据科技厅《浙江省科技特派员评估管理办法（修改稿）》相关规定，省林科院对《浙江省林科院科技特派员考核办法》进行了完善，强化了院科技特派员对省科技特派员云平台、科技特派员钉钉云平台的认识和运用。

## 亮　点

# 激励争先闯出新路

省林科院作为科技特派员首批派出单位，激励争先闯出新路，先后获得"全国三农科技服务金桥奖先进集体""欠发达乡镇奔小康工程""结对帮扶先进单位"等称号；先后13次被评为"浙江省科技特派员工作先进单位""先进省直派出单位"等；其中1个团队获得"浙江省优秀团队科技特派员"称号，2人分获"全国优秀科技特派员"和"浙江省功勋特派员"称号，20人获"浙江省优秀科技特派员"称号。2013年，省林科院被科技部认定为"国家级科技特派员创业培训基地"。

**从被动下派到主动请缨。**将真正有能力、懂技术、会管理的人才选派到科技特派员队伍中，破解山区一线科技力量不足、科技服务缺位等问题。林业科技特派员大多服务于浙西山恶处的偏僻乡镇，交通不便、生活艰苦，科技特派员工作面临很大的挑战。为此，省林科院除全面落实省里规定的各项优惠待遇外，还出台了经费补贴、成果认定、业绩计量、职称晋升等激励政策；专门制订了《浙江省林科院科技特派员考核管理办法》，明确了科技特派员遴选、轮换、考核、评优等办法，形成了青年优秀人才竞相报名、争当林业科技特派员的良好氛围。

**从人才下沉到项目推动。**以科技特派员项目为载体，引进重点研发、重点推广和产业化扶持项目，实现适用技术与产业紧密对接。派驻庆元县竹口镇的科技特派员魏海龙研究员，通过争取省林业局"甜橘柚高效栽培

技术"项目，引进推广新品种 2 个，建立示范基地 534 亩，年增产值 222
万元，推动了当地甜橘柚特色产业的发展；派驻磐安县双峰乡的科技特派
员张晓勉博士，以派驻乡镇林业产业为基础，依托自身及整个林科院的专
业技术优势，对当地食用菌产业进行技术升级和产业链延伸，申请省、市、
县各级科技研发项目 11 项，经费累计近 300 万元，建立示范基地 600 余亩。
他与山之舟生态农业有限公司联合研发的"林菌虫生态循环利用技术"延
伸了我省林下经济产业链，丰富了我省林下经济和"一亩山万元钱"发展
模式，被列为我省"一亩山万元钱"科技富民模式的拓展版，闯出了一条
带动当地林农致富创业的科技之路。

从单枪匹马到团队作战。改"选派"为"选认"，双向选择、按需选
人、精准对接，进一步做实区域帮扶。由庄晓伟博士领衔的云和县木制玩
具团队科技特派员，深入当地木制玩具企业近 10 年，共建了"自动化设
备"等 6 个研发中心，攻克了"滚筒上漆废气收集和处理""绿色防霉防腐"
等关键技术，提升了云和木玩企业的创新能力，使全县木制玩具于 2018—
2021 年间年增产值在 20% 以上。由李琴研究员领衔的安吉竹产业团队科技
特派员，依托我院的竹类重点实验室，先后实施了科技项目 6 个，总经费为
400 余万元，帮助安吉相关企业申报省、县重大项目、厅市会商项目、科技
富民强县专项等项目 10 余项，培育了高新技术企业、省科技型企业或省农
业科技企业共 6 家。由李因刚、柳新红担任首席专家的长兴、德清花卉苗木
团队科技特派员相继开展了香樟全冠绿化容器大苗快速培育、香樟大苗拼
栽技术研发，总结提出了相关技术体系 2 个，并在当地进行了示范推广，提
升亩收益 2 倍以上，引进樱花、乌桕和枫香等彩色树种新品种 5 个、苗木培
育新技术 1 个。

从科技服务到科技创业。鼓励、支持科技特派员与服务对象结成共同
体，做给林农看，领着林农干，带着林农赚。被派驻到武义县茭道镇的科

技特派员刘本同，以山稻培育为抓手，帮助当地培育出了一个大产业，如今全省山稻套种面积已超过3.5万亩；被科技部表彰为"优秀科技特派员""浙江省突出贡献科技特派员"的张建博士，被派驻青田县祯旺乡13年，实施科技项目33项，建立各类示范基地5300余亩，为农民增收2800余万元；科技特派员宋其岩帮助景宁县景南乡发展"农旅融合"新产业；被派驻龙泉市城北乡的科技特派员袁少飞博士，围绕红心猕猴桃、毛竹、食用菌等林特产业，建立示范基地2个，使亩产值超过2万元，极大地提高了林农收入。

## 评述点赞

驻龙泉市城北乡的科技特派员袁少飞：作为一名省级科技特派员，派出单位省林科院是我们的强大后盾。每当派驻乡镇有技术问题而自己无法解决时，我就充分利用省林科院的团队、技术和人才优势，及时帮助乡镇解决实际问题，提升林农技术水平。

驻景宁县景南乡的科技特派员张晓艳：科技特派员制度是个很好的制度，连接了科研单位和不发达乡镇，同时也给了科技特派员一个锻炼能力、展示自己的平台。我们院一直以来都对科技特派员工作十分重视，为科技特派员工作提供了很多支持和帮助，是我们强有力的靠山。

驻景宁县景南乡的科技特派员宋其岩：我们林科院一直都是全体科技特派员的后盾，为我们在基层干事服务提供了良好的保障，相信我们全体科技特派员必将以更加饱满的精神、更加奋发的状态，不忘初心、砥砺奋进，在新的征程中再立新功。

浙江省林业科学研究院科技特派员指导农户进行修剪管护

# 金华市农业科学研究院——让科技成果成为"致富果"

> 坚持"围绕产业抓科研，创新载体强服务"的宗旨，充分发挥全院的科技力量，派出一名科技特派员即派出一个服务团队，建立一个示范基地即树立一面科技兴农的旗帜。
>
> 围绕县、乡当地主导农业产业，以问题、难题为导向，服务农业经营主体，实施科技特派员项目，建立示范基地，推广新品种、新技术、新理念，促进农业科技成果转化和落地，是金华市农业科学研究院 20 年来坚持不懈推行这项制度的初心。

## 故　事
## 哪里需要到哪里

"我是革命一块砖，哪里需要往哪搬"，这句话对农业科技特派员来说，同样适用。

在东阳市南马镇科技特派员示范基地，经常会听到农户亲切的一声声"曹老师"。农户口中的曹老师是金华市农业科学研究院派出的科技特派员曹春信。

　　曹春信到金华市农业科学研究院工作以后，就经常跟随团队领导一起到科技特派员基地提供科技服务，当时他的心里就播下了成为一名科技特派员的种子。曹春信先后到永康市龙山镇、金东区曹宅镇、东阳市南马镇等地担任科技特派员，始终践行"哪里需要到哪里"的服务宗旨，积极助力当地蔬菜产业发展。

　　为进一步加大科技支撑力度，给农户提供多样化的品种选择，他先后协助永康市龙山镇、金东区曹宅镇、东阳市南马镇企业主申报实施了金华市科技特派员项目，开展了茄果类蔬菜、水生蔬菜的示范推广工作，有效促进了当地蔬菜产业的发展。他在金华市郑果家庭农场组织实施了浙江省省级现代种业发展工程项目——"茄果类蔬菜新品种展示示范"，建立了示范基地，示范推广茄果类蔬菜新品种 20 个，使每亩增收近千元，促进了当地茄果类蔬菜产业的健康发展。他也协助举办了第 21 届全国"村长"大会分会场活动，科技特派员基地是参观点之一。他还积极参与东阳"百团联百村"共建共富行动，助力南马镇石舍塘村建设。

　　曹春信是我院 200 多人次科技特派员中的一员。20 年来，他累计实施150 余项科技特派员项目，建立 160 余个科技特派员示范基地，已推广 700余个粮油、蔬菜、水果、花卉、特色作物、畜牧等新品种和 200 余项广适、绿色、高效、轻简的技术，培训农民 1.8 万余人次。

经　验

## 特色就是"金名片"

　　打造金华城市形象的"金名片"，让金佛手真正成为金华人民的"开心果""致富果"。科技特派员王轶通过配合当地乡镇、科技部门，为金华佛手产业的发展实实在在地做了一些事。他通过共建共富联盟、增强农业科技供给能力、打造核心示范基地及"新农人"培训赋能等举措，推动金华佛手产业与文化、教育、康养、旅游等深度交叉融合，形成"佛手＋"多业态共同发展态势。

在科技特派员基地，王轶和农户共同培育出了佛手微型盆栽，在保留金华佛手特色的前提下，大小只有 15—20 厘米，高度仅是传统盆栽（50—70 厘米）的 1/3，体积为其 1/10 左右，具有占地面积小、培育周期相对较短、观赏时间长、便于网络销售和市场流通等优点。佛手微型盆栽不仅雅观别致、充满生机，而且具有装饰性，可用于布置厅堂、几案、阳台、居室，应用场景宽泛，市场前景十分广阔。而且对于农户来说，生产佛手微型盆栽可以极大提高设施大棚的利用率，单位面积效益增长 2 倍以上。

**深入发展水果玉米产业，将水果玉米打造成罗埠镇特色农产品的一张"金名片"。** 科技特派员边晓东把前辈水果玉米"一村一品"发展样板当作学习目标。在 2021—2022 年间，他深入发展罗埠镇水果玉米产业，连续 2 年举办罗埠镇乡村振兴产业发展大会暨爆浆牛奶水果玉米推介会，建设玉米文化科普长廊，打造以"水果采摘""亲子农事体验""家文化教育"为主要内容的研学综合基地，推广农旅一体化的高效模式，优化传统的农村种养模式，实现农业增效、村民增收。

同时，为罗埠镇打造科技服务示范基地和水果玉米蔬菜研学基地，以水果玉米为基础，利用市农科院科技团队资源，推广自主选育的高产杂交糯稻、水果莲蓬、彩色辣椒等新品种，引进油菜、生姜、南瓜、甜瓜等特色品种，从种植规划、品种筛选、土壤修复、栽培管理、种植模式、市场销售等各个环节出谋划策。通过推广新组合种养模式、设施促早轮作栽培模式等新方法，进一步提质增效，先行先试，为农户提供增收新渠道，为农村提供产业新模式。

以水果玉米产业为例。在 2022 年上半年，罗埠镇山下陈村在村集体扩大种植面积（50 亩）的情况下，带动村内农户和联盟周边大安村、黄稍村、元里村等种植爆浆牛奶水果玉米，亩均收入达到 10000 元；山下陈村销售收入达 60 万元。2022 年下半年，山下陈村水果玉米种植村增加 5 个，覆盖罗埠镇 1/3 的行政村，种植面积为 150 余亩，产量近 12 万千克，为罗埠镇增收 300 余万元。

亮 点

# 内联外引，把成果送到农民家

"建机制、搭平台、创载体"，全面提升科技特派员工作水平。根据金华农业发展需要，全面推进科技特派员工作，建立一套能充分发挥科技特派员作用的方法和机制。一是加强指导协调。鼓励和支持年轻科技人员积极参与科技服务工作，帮助科技特派员牢固树立"把论文写在大地上，把成果送到农民家"的工作理念。二是加强绩效考核，工作实效突出。建立年初有计划、年中有检查、年末有总结的督查机制，同时对优秀科技特派员给予适当的奖励。三是充分利用服务载体，提升服务水平。科技特派员与"农技 110"、农村劳动力培训、国家产业体系综合试验站、农业"两区"建设、大学生村官创业指导中心等平台载体工作相结合，积极开展科技培训、信息服务等一系列活动。如，邀请国家产业体系综合试验站首席专家为入驻乡镇主导产业或企业提供技术咨询。四是调动创业主体的积极性，推动创业增收。通过抓农业龙头企业、合作组织或专业协会、大学生村官、大户等具有一定文化程度或有较大影响力的主体，进行合作示范，有效推动新技术、新成果的应用和创业增收。金东区江东镇科技特派员帮助当地合作社引进了"碧绿"苦瓜，经示范推广，种植面积已达 5000 多亩。

**"抓项目、强服务、促合作"，全力推进科技特派员工作落地开花。**将个人科技特派员、团队科技特派员与市农科院各种载体及创新创业主体有机结合，合力推动创新创业。一是以项目实施为抓手，增强创新能力。我院科技特派员队伍中有浙江省蔬菜创新团队带头人，有旱粮、水稻、花卉苗木、水果、畜牧等领域的骨干技术人员，每年均承担系列科技攻关项目，尤其是科技特派员为服务主体和科技企业累计争取国家、省、市科研经费 2350 万元，为创新创业提供技术支撑。二是形成团队合力。充分发挥市农科院科研学科较全的集团优势，将全体科技特派员看成是一个团队，告别单打独斗，每个科技特派员作为一个联系人，形成"一方有难题，团队齐投入"的协作机制。在科技特派员基础上组建的青年助农服务队被评为金华市 2016 年度市直机关党建"一星知名品牌"。三是内联外引，改善科技合作软环境。科技特派员牵头，外引中科院、中国农科院等单位，内联金华市荆龙生物科技有限公司、浙江展群农业开发有限公司等涉农企业，共同承担科技和成果转化项目实施或产业开发。市农科院引进的"薯绿 1 号"菜用甘薯新品种经科技特派员推广后，已在全市范围内种植，经济效益显著。20 年来，累计促成实施科技开发项目 300 多项，吸引农户直接参与 3200 余户，带动农户 6500 多户，培训人员 4 万多人次，推广新品种 700 余个、新技术 200 余项，组织创建利益共同体 6 个，直接或间接创建企业 5 个，帮助创建合作组织或专业协会 23 个，带动农民增收 4.43 亿元。

**国家、省、市级荣誉成果丰硕。**自 2008 年以来，我院项云等 34 人被评为省级优秀科技特派员，沈建生等 109 人被评为市级优秀科技特派员，任明刚等 8 人被评为县、区级优秀科技特派员。俞金龙被授予"全国优秀科技特派员"称号，张尚法等 4 人被授予"浙江省突出贡献科技特派员"称号，陈长卿等 3 人被授予"浙江省成绩突出科技特派员"称号，周小军等 3 人被市委、市政府授予"金华市科技特派员突出贡献奖"。

## 评述点赞

罗埠镇分管农业副镇长华斌：这几年，爆浆牛奶水果玉米已经成为罗埠镇特色农产品的一张"金名片"，这离不开金华市农科院的技术支持，更离不开边老师为我们牵线搭桥。从种植规划、栽培植保到市场销售，只要我们遇到问题，他都能第一时间找来专家为我们排忧解难。

塔石乡苏坑村党支部书记苏志平：我们以前选择品种比较盲目，不知道种什么品种好。自从科技特派员来了以后，他引进了院士稻品种，让我们岭边梯田的风景变得更美了。现在我们种稻更是在种风景，科技特派员让我们这里变得人气更旺、农户腰包更鼓。

金华市农业科学研究院培育金线莲新品种，带动当地农民规范化种植实现增收致富

# 丽水——共同打造"金饭碗"

## 我们的初心

习近平总书记在担任浙江省委书记期间，曾8次亲赴丽水调研。2006年7月，在丽水调研期间，重申"绿水青山就是金山银山"，并强调"对丽水来说尤为如此"，告诫丽水"守住了这方净土，就守住了'金饭碗'"。[①]

2000多名科技特派员，把"绿水青山"蕴含的生态产品价值转化为"金山银山"，助推丽水生态环境质量、发展进程指数、农民收入增幅多年位居全省第一，在实现生态文明建设、脱贫攻坚、乡村振兴中功不可没——而这，也是我们20年来坚持不懈推行这项制度的初心。

### 故 事
### "发"个专家能管用吗

借用"一千个读者就有一千个哈姆雷特"的说法，2000多个科技特派

---

[①] 人民网：《青山分外绿 金山银山来》，《丽水日报》，2020年7月23日，http://zj.people.com.cn/n2/2020/0723/c186327-34177628.html。

员就有 2000 多个让人难以忘怀的故事。

比如，由中国农业科学院茶叶研究所派出的省级科技特派员、副研究员李强，来到丽水市缙云县大源镇龙坑村时，村民们都觉得奇怪："以前扶贫都是发钱或发物，现在'发'个专家能管用吗？"

大源镇龙坑村是典型的山区村，人多地少的矛盾十分突出。村民们种过菜，养过蚕，还养过长毛兔，但因规模小、知名度低、运输不便，经济效益并不高。李强于 2007 年任缙云县大源镇科技特派员，但村民们都不相信他能够在这个贫困的小山村长久待下去。

可谁也没想到，李强在大源镇一扎就是 10 多年。最初，李强与同在缙云当科技特派员的中国农业科学院茶叶研究所白坤元研究员一起，在缙云县上湖村徐可新的茶园中，发现了一株已繁育至第三代的珍稀黄叶茶树。随后几年间，李强与缙云茶叶团队科技特派员一道依托派出单位的科研力量，在当地组建了黄茶研究协作组。在经过多项试验研究后，原本的那株珍稀黄叶茶树变成了当地独有的黄茶新品种，被正式命名为"中黄 2 号"。李强发现，缙云的自然条件得天独厚：地处海拔 600 多米的高山，终年云雾缭绕，其干湿度和气候环境适宜茶树生长；同时，山高土厚，土质是偏微酸的砂壤土，十分有利于茶叶香气物质形成。而且，据龙坑村村民介绍，当地高山土茶的鲜叶价格为每千克 80 元，而黄茶的鲜叶价格可达到每千克 360—440 元。于是，大片的荒山上种起了黄茶。踏过泥泞土地，经历过风吹日晒，10 多年来，李强帮助当地茶农掌握了绿色安全病虫害防治技术，提高了茶叶的产量、品质和市场竞争力，让偏僻山乡变成"千亩黄茶第一村"。每年 1/3 的时间，李强都会待在缙云的乡镇里。他说："要把缙云黄茶当成一个作品来打造。"2016 年，缙云黄茶成为 G20 峰会用茶，同时经浙大CARD 等机构评估，名列全国茶叶区域公共品牌第 90 位，成为业界高效益农产品的代名词。

事实证明，"发"个专家，要比发钱或发物管用多了。科技特派员推动丽水"绿色财富"加快集聚和转化，"造血"致富的成效远远超出了村民的想象，也让村民们打心眼里服了。

经　验
# "科技生力军"力促共同富裕

说起经验，我们最想说的是——在浙江省科技特派员工作15周年总结表彰会议上，丽水市委书记胡海峰以《全力推进科技下乡　打造"丽水之干"的科技特派员生力军》为题作了典型发言。

**政策激励保障有力——"四保四优"生命力持久。**丽水市委书记胡海峰在发言中指出，丽水偏远，乡镇较多，山高路远，条件相对艰苦，让优秀科技人才肯下去、想干事、留得住，是科技特派员制度具有持久生命力的根本所在。为此，丽水全面推行"四保四优"政策，即"保留科技特派员在原单位的编制、职务、职称、工资福利，优先对科技特派员提任职务、聘任职称、评选先进、评审成果"，为科技特派员解除后顾之忧，调动科技人才工作积极性。同时，从3个层面强化正向激励：落实人才政策，把科技特派员纳入市、县人才库；落实政治待遇，在全省率先推行由科技特派员担任乡镇领导职务；强化精神激励，对优秀科技特派员公开通报表彰，并使其终身享受省派政策。"四保四优"政策在多个县、市、区都得到了落实。

**科技引领精准发力——"点绿成金"致富力强劲。**丽水市委书记胡海峰在发言中指出，依托科技特派员这支力量，丽水不断把现代农业技术嵌入山乡村舍、植入田间地头，让科技"点绿成金"，为"绿水青山就是金山银山"转换插上腾飞翅膀。丽水以科技带动项目，引导科技特派员围绕项目开展服务，争当农业转型升级的生力军。在以食用菌农产品出名的庆元县，浙江省农科院科技特派员徐丽红 13 年来扎根偏远山区，立足松源街道，服务全县，为庆元食用菌、高山蔬菜两大主导产业提供质量安全生产、标准及检测技术服务，解决了庆元灰树花产业发展中铅超标等难题，为菇农增收上亿元。与庆元县食用菌科研中心联合研制的"食用菌包装及贮运技术规范""菇菌棒工厂化生产技术规范"两大农业行业标准，保持全国领先地位。

**创新机制持续用力——"永远不走"吸引力倍增。**丽水市委书记胡海峰在发言中指出，丽水着力破解科技人员下乡"拉郎配"的问题，把准农业技术需求脉搏，到科研单位精准推介岗位需求、引进急需人才，并尊重人才意愿、实行双向选择，使科技特派员制度变得更加可持续。尊重人才、持续用力，浙江农林大学的陈思宇副教授就是一个活生生的例子。2015 年，陈思宇教授被龙泉市以"人才柔性引进"方式聘任为龙泉市市长助理和龙泉竹木产业协会名誉会长，专门负责龙泉市的竹木产业转型升级发展工作，分管产业年产值达 40 亿元。丽水电视台《创富人才》栏目以"龙泉留我、我留龙泉"为主题对陈思宇副教授进行了专访。在科技特派员机制创新上，遂昌县有其"独门秘方"。在与浙江农林大学 10 多年的法人科技特派员合作中，遂昌县创新形成了一套"点、面、网综合配套，产前、产中、产后全程服务"的科技服务新格局，从过去单一的"泛合作"向现在多元的"具体化合作"转变，有力推动了欠发达山区生态产业发展和农民增收致富。

亮　点

# 五重角色破圈升级

在丽水"绿色发展道路"上，科技特派员身兼五重身份：一是脱贫攻坚的"先锋队"；二是产业兴旺的"领头雁"；三是生态宜居的"策划人"；四是乡村振兴、共同富裕的"助推者"；五是"绿水青山就是金山银山"的"科技践行者"。

丽水自实施科技特派员制度以来，在全省率先实现乡、镇（街道）科技特派员全覆盖，连续 11 年被评为"省科技特派员工作先进市"。丽水努力为科技特派员搭建干事创业的平台，已创建省级科技特派员示范基地 15 个，在 96 家省级农业科技企业、46 家省级以上农业龙头企业和 442 个农村经济合作社派驻蹲点科技人员，"零距离"嫁接现代农业技术到基层一线，让科技特派员术有专攻、干有成就，最大限度发挥人才效用。针对市场认可度高的农业新技术，丽水还鼓励和支持科技特派员技术入股，以市场机制催生更多的科技红利。截至目前，全市科技特派员累计入股农业企业 308 家，建立利益共同体 600 余家，与农民群众"共同创业、共担风险、共享收益"，让一线科技特派员在山区干得有奔头、有激情。

省、市、县三级科技特派员先后在丽水开展服务累计 2428 人次，当前有 636 名省、市、县科技特派员，21 个省级科技特派员团队，1 个省派科技特派团，以及 10 个市派产业团队科技特派员活跃在丽水大地，为全市农业增效、农民增收做出了突出贡献。截至目前，全市科技特派员牵头或参与农业科技开发项目累计 3022 项，推广新品种和新技术 9126 项，带动松阳茶叶、缙云黄茶、"景宁 600"高山果蔬、庆元食用菌、青田稻田养鱼等一批特色优势产业蓬勃发展；累计开展技术培训 9517 场次，培训农民 45.9 万人次，培养了一大批"有文化、懂技术、会经营"的乡土科技人才，成为推动乡村振兴、共同富裕的重要力量。

从推进科技特派员工作 15 周年至 20 周年，丽水以更高标准、更大力度、更实举措落实科技特派员制度，着力打通科技兴农"最后一公里"。在省科技厅的关心支持下，科技特派员生力军也实现了"破圈升级"，市科技局会同开发区管委会在开发区积极推行工业科技特派员试点，探索出一条"企业提需求、政府找人才、人才带资源"的创新引才之路，对科技人才"不求所有，但求所用"。

截至目前，已累计派驻 4 批共计 314 名工业科技特派员，实现全市所有县（市、区）全覆盖。他们分别来自丽水学院、丽水职业技术学院、浙江大学、浙江工业大学、浙江农林大学、浙江中医药大学等 12 所院校。工业科技特派员试点工作自实施以来，进展顺利，成效明显：共帮助企业制订发展建议 100 多份；帮助企业攻克材料、工艺、应用、设计等技术难题 134 项，申请专利 159 项，转化技术成果 61 项，申报省、区、市项目 58 项，开展技术培训 156 场，成功申报省级科技进步奖三等奖 1 项，申报省级科技进步奖二等奖 1 项，开展课题研究 1 项，申报各类科技创新载体 21 项，撰写行业提升报告 8 份；帮助 2 家企业闯入省创新创业大赛决赛。

政府搭台，企业编剧，特派员唱戏，丽水"三方联动"共同推进工业科技特派员工作，走出了一条新型产学研合作的创新之路。科技特派员的"破圈升级"之路，必将越走越宽广。

## 评述点赞

《浙江日报》报道：依托科技特派员这支力量，现代农业技术不断融入美丽山村、植入田间地头，让科技"点绿成金""点青成银"，为"绿水青山就是金山银山"转换插上了腾飞的翅膀。（曾杨希、曾福泉：《无畏山高路远——省科技特派员工作 15 周年总结表彰会侧记》，《浙江日报》，2018 年 11 月 16 日）

浙江省林业科学研究院研究员张建：在丽水做科技特派员的 10 多年间，我见证了山区农民生活一天天变好的过程，也见证了村容村貌从脏乱到整洁美丽的蜕变。我在实践中得到了磨砺，实现了人生价值。

丽水市缙云县方溪乡八迭岭村村民陆炉洪：2021 年在科技特派员的指导下，我种的水果玉米亩产值突破万元。专家来村里搞技术指导就是好，为我提供种植和病虫害防治技术，今年增收更有盼头了。

浙江省农业科学院在丽水召开派驻丽水的科技特派员工作交流会

# 青田——"四轮驱动"促共富

## 我们的初心

自 2003 年以来，在我们青田，出现了那么一群"做给农民看，领着农民干，带着农民赚"的人，用自己的"辛苦"指数、"奋斗"指数，换来广大农民的"幸福"指数、"满意"指数。我们称他们为"科技特派员"。

作为他们的派驻地科技部门，我们的初心就是，让他们安安心心、放放心心、舒舒心心，把科研"种"在青田的大地上，让成果"长"在青田的四季里，与我们携手描绘从乡村振兴到共同富裕的优美画卷。

## 故　事
## 一根甘蔗"甜"到海外

在我们青田，科技特派员的故事，三天三夜也讲不完。

比如，陶正明的"一亩山万元钱"、胡张华的"小舟山五彩花"、冯元新的"稻鱼共生小西藏"、陈忠法的"畜禽蜂共同体"、程岩兴的"水果"、包崇来的"菜"……当然，近来让大家津津乐道的，还有一根甘蔗"甜"到海外的新故事。

2022年春节前，打开手机或电脑，关于青田红糖首次出口的新闻在不断刷屏。这新闻说的是2022年1月25日，祯旺乡举行"红糖出海·跨山共富"签约及首发仪式，价值10万元的2吨红糖将通过海运出口到意大利，标志着青田红糖实现首次出口，使海外的消费者也能品尝到来自青田的甜蜜。

看着一箱箱包装好的红糖装车准备出口，最开心的莫过于科技特派员童晓青。正如青田县知味红农业开发有限公司负责人叶正荣说的，"山沟沟里的红糖能卖到国外，以前想都不敢想"。而让想都不敢想的事成为现实的，就是科技特派员童晓青。

与派驻青田近20年的程岩兴、包崇来、陈忠法等"元老级"科技特派员相比，童晓青是名副其实的"新生代"科技特派员。2019年11月，童晓青被派驻我县祯旺乡担任省科技特派员。大家都没有想到，她通过走访调研并与乡领导讨论后，决定利用祯旺生态环境的优势，选择引入甘蔗产业作为工作重点。

让大家更想不到的是，她竟然使出了一套"三管齐下"的组合拳——首先，邀请省农科院、义乌乡土专家推荐，最终选择了3个高产糖蔗品种进行种植，分阶段建立120亩示范基地；其次，开展规范化技术指导培训、创新传统手工艺，推出红糖糕等系列产品，连续3年举办青田祯旺红糖节，使得"甘蔗＋生态红糖工坊"年产值达到200万元；最后，2022年1月，她又促成10吨价值50万元红糖通过海运出口到意大利，开启青田涉外订单农业先河。

这还远远没有结束——在红糖加工利用过程中，每生产出1吨蔗糖，就会产生2—3吨的甘蔗渣。甘蔗渣作为副产物处理时基本是当垃圾废料，不仅不能产生效益，还增加了运输成本，对环境也造成了一定的影响。童晓青又看到了其中的"商机"，利用甘蔗渣中的主要成分——纤维素，以及其质地粗硬的特性，提出了以甘蔗渣作为基质种植食用菌"变废为宝"的妙计。经过筛选，引进赤松茸、黄金菇 2 种作物更替轮作，为村民们带来了 2 份收益。在带动村民发家致富的同时，她还创新了种甘蔗、制红糖、产菌菇的"1 ＋ N"红糖产业链。

2022 年 4 月 28 日，在童晓青的指导和帮助下，种植甘蔗、出口蔗糖获得好收益的叶正荣，进入大棚喜滋滋地采摘着一筐又一筐的黄金菇。她对采访的记者说，这些黄金菇是从甘蔗渣里长出来的，绿色环保，味道鲜美，营养价值很高。速冻烘干后，也是销往海外的。真的是"废物里种出黄金"啊。

经　验

## "三管齐下"做强支撑

青田县委、县政府高度重视和支持科技特派员工作，专门成立科技特派员工作领导小组并设立办公室，"三管齐下"，全力保障和支撑各级科技特派员，把科研"种"在青田的大地上，让成果"长"在青田的四季里，助推乡村振兴、共同富裕。

**精细保障，让人才甩掉包袱干事创业。**一是强化组织保障，完善科技特派员工作体系。把科技特派员纳入全县人才规划，出台《青田县科技特派员管理办法》，全面推行市级以上科技特派员挂职担任入驻乡镇副职制度，每年组织召开科技特派员座谈会，听取科技特派员的意见、建议，从而改进、提升工作。二是强化资金保障，提升科技特派员工作实效。以项目资金及各类科技资源向科技特派员倾斜为导向，出台《青田县科技人才创业创新专项资金管理办法》，鼓励和支持科技特派员在青田开展科技研发、成果转化和推广服务。同时，优先批准科技特派员参与承担的县级科技计划项目，通过项目的实施起到示范引领带动的作用。三是强化服务保障，免除科技特派员后顾之忧。在全省率先推行"科技特派员项目保险"制度，为首批参保科技特派员项目全额补助保费4.9万元，降低了科技特派员创新创业风险。加强科技特派员在吃、住、行等方面的服务保障，目前全县共有4套科技人才公寓和1个人才食堂投入使用，累计接待各级科技特派员200余人次。

**精准选派，让人才下沉基层有所作为。**一是将组织选人与需求导向相结合。抓住"选、认、用"关键环节，聚焦青田杨梅、稻鱼、百合等特色产业发展需求，收集乡镇农业发展需求，结合上级部门选派人员专业特长，精准匹配，充分发挥各方优势。二是将个体服务与团队支持相结合。构建"涉农高校院所＋农业经营主体＋科技特派员工作站"的农业科技创新服务体系，同时成立科技成果转化创新平台，不断推进产学研深度融合，实现科技特派员由"单兵作战"转变为"团队作战"。三是将实绩评价与舆论宣传相结合。根据科技特派员管理办法，每年进行"物质＋精神"评优表彰嘉奖，对年度业绩考核合格的省、市级科技特派员发放高层次人才政府岗位津贴，使其享受引才政策。邀请中央、省、市、县等新闻媒体，对科技特派员在青田的工作生活情况进行集中采访和报道，使科技助农增收工作家喻户晓，进一步扩大科技特派员的影响力。

**精心帮扶，让人才激发本土创新活力。**一是"点＋面"相结合，推进精准帮扶。推行"组团式＋一对一"相结合的科技服务，根据专业的不同将32名省、市科技特派员分为果蔬栽培与加工技术、养殖技术、林牧业技术、工业技术等4个专业服务组，面向全县集中解决共性技术和关键技术难题，实现专业对接、精准服务，切实提升产业发展水平。二是"线上＋线下"齐发力，推进实时帮扶。积极推行线下、线上服务相结合的工作方式，科技特派员通过现场指导或线上技术服务，实时帮助本地农户解决生产中的实际问题，把新技术、新知识及时传达到基层一线。三是"技术＋资金"助发展，推进合作帮扶。聚焦利益共同体，深化科技特派员开展技企合作，鼓励科技特派员及派出单位以资金、技术入股的方式，与农民群众、专业大户、龙头企业结成利益共享、风险共担的利益共同体，充分调动双方的积极性，实现双方双赢目标。

亮　点

# "四轮驱动"力促共富

20年来，青田县各级科技特派员立足资源优势，不断引进新品种、新技术、新理念，强化示范引领、典型带动，为乡村全面振兴和共同富裕，发挥了科技"四轮驱动"的独特作用。

促进成果转化。科技特派员通过技术咨询、技术培训、实地指导及推广新技术、新品种等多种形式，在良种选育、设施农业、节粮减损、农村信息化等方面取得了一批先进适用的科技成果。同时，培养了一大批"科技二传手"和"撤不走"的本土科技人才，把点的"技术固化"转为面的"技术辐射"。共实施各级各类科技项目780项，实现项目总投资5644万元，引进、种养新品种1698个，推广新技术1123项，培育示范基地15.6万多亩。

助农增收共富。以示范户和示范基地建设的榜样力量，带动示范周边地区产业的集群发展，形成了"一个科技特派员带动一个产业发展，一批科技特派员带动一方经济发展"的良好局面。帮助农户增收12690户，增加农民收入4.4亿元，新增就业3.9万余人；举办培训班1700多期（场、次），培训农民11.8万人次，发放科普资料8.5万多份；扶植（创办）农业企业51

家、合作社 153 个。

**打响特色品牌**。以科技为助推剂加快推进农业品牌建设，持续健全产业链，打造供应链，提升价值链，逐步形成以"稻鱼米""方山田鱼""舒桥玉米""祯旺红糖"等为代表的特色农产品 IP，探索出一条实现农民增收及乡村振兴的有效路径。

**支撑产业升级**。通过省、市科技特派员牵线搭桥，成立了浙江省农科院青田技术转移中心、浙江工业大学青田县技术转移中心、浙江科技学院青田鞋产业技术服务中心等，同时多家企业与省、市高等院校、科研院所初步建立起长期合作的多赢机制，科技特派员的工作成效拓展到工业、社会发展领域，为全县产业转型升级提供了技术支撑。

## 评述点赞

浙江省农业科学院科技特派员程岩兴：感谢青田当地政府的支持和保障，让我在仁宫乡工作起来充满干劲。我对这里有很深的感情，虽然已临近退休，但是我的根已经牢牢扎下了，心也扎在了仁宫。未来会有无数个接任的科技特派员，替我继续前行，用科技赋能促进农业丰收、农民增收，让希望的田野充满活力！

青田县季宅乡村民陈友旺：陈忠法老师的名字经常被我们农民们津津乐道。我养蜜蜂很多年了，但是由于缺乏专业知识，产量并不高，陈忠法老师了解到情况后，不仅在技术上给予我指导，还帮我注册商标、设计包装、寻找销路。如今"甜蜜事业"如火如荼地发展，不仅促进了我们农民致富增收，更成了我们季宅乡的"金字招牌"。

童晓青（左）在指导农户种植灵芝

# 缙云、平阳、仙居——科技特派团 "头脑风暴＋联合攻关＋创新种子"

**我们的初心**

2023 年 1 月 17 日，浙江省召开科技特派团试点启动会，随后，66 名科技特派团成员奔赴丽水缙云、温州平阳、台州仙居 3 个试点，促进当地主导产业高质量发展，推进共同富裕。

我们的初心是以科技支撑山区 26 县 "一县一业" 高质量发展，帮助试点县实现科技资源集聚与利用能力、主导产业质量效益、人才引育能力、创新创业水平明显提升。

**故　事**

## 科技 "头脑风暴"，给力！

"为了一个共同的梦想，我们会聚而来。"

我叫李其朋，是缙云县科技特派团团长。在正式上任之前，我的内心很不平静。"这是我省在科技特派员制度实施 20 周年之际的又一次创举，意义重大"，"这是浙江省的首次，缺少借鉴和参考，到底能不能做好"，2 种思想在脑海中反复横跳，交错循环。在科技特派团启动仪式上，我吃下了

"定心丸"——1月17日，省科技厅为我们科技特派团举办启动仪式，正式公布人员名单。团队中，有和我一样来自高校院所的老师，有来自孵化器的运营人员，还有企业的高级管理人员，创新力量争相会聚，科研资源集聚成团，这让我信心满满，更坚定了做大事的决心。

果然，到缙云后的第一次会议，就给我留下了深刻的印象。团员们紧扣缙云现代装备、智能家电两大产业发展，共商举措。来自浙江大学的王友钊教授说："我可以从技术入手，为浙江宇捷智能装备有限公司研发无刷直流电机，提升企业叉车产品的性能、稳定性和寿命，从而提升宇捷智能的市场竞争力。"浙江工业大学姜少飞、卢纯福教授不落其后，随即提出："浙江天喜厨电股份有限公司可以开展空气炸锅、早餐机、电饭煲等多项产品的设计开发工作并进行试生产。"一语刚毕，浙江苏泊尔有限公司创新技术资源总监蔡才德立刻接上："苏泊尔可以和浙江天喜厨电股份有限公司一起，组织智能厨电和新材料领域联合开展研发，打通天喜厨电产品进入苏泊尔供应链的堵点、卡点，实现苏泊尔的技术、市场资源共享。"在这方小小的会议室里，特派团成员各抒己见。

如今，一个个创意变成了一个个典型实践，在缙云"落地"。科技特派团握指成拳，正在以项目、资金、技术等形式，支持缙云工业企业高质量发展，打造山区工业发展特色样板。

模　式

## "联合攻关"实战，管用！

作为全省山区26县之一，平阳县直面发展空间有限、区位优势不明显、时尚资源匮乏等问题。怎样才能更好地帮助平阳实现产业转型升级，引领时尚？这个问题一直萦绕在我脑海中。我叫刘丽娴，是平阳科技特派团时尚快反制造帮扶组组长。

针对这一难题，我们与乔治白公司进行了产学研合作，围绕服装快反制造所涉及的预测、设计、加工、营销等技术瓶颈展开技术攻关。通过联合攻关实战模式，设计、开发、改造了一批高性能服装加工装备及信息化管理系统。目前，企业内已基本实现装备的100%联网，并完成了ERP/MES等信息化软件部署，形成了服装快反制造省级智能工厂。工厂以ERP产品为核心，整体管控企业的采购、生产、销售、售后、库存、成本，以及财务核算流程等；形成了计划调度、生产作业、仓储配送、质量管控、营销管理、供应链管理等多个智能制造典型场景；实现了MES、SCADA、APS等智能制造生产管理系统的有机集成，推动了服装产业线上、线下的有机结合，为打造互联网与生产物联网数据融合平台、构建服装加工全过程数据化与可视化操作模式，实现产供销大数据应用的全面对接互通运用，形成集网络化、智能化、服务化、协同化于一体的智能服装加工体系奠定了基础。

未来，我们将进一步研究大数据、人工智能算法等新智造技术赋能服装智能制造，要让"卡脖子"变成"撒手锏"，为平阳发展贡献更多科技力量。

## 亮　点

## "创新种子"生根，快速！

"山区县也能搞工业，山区县也能搞创新。""科技特派团是带着项目、技术、资金，带着最新的科研成果来一线的，落地即可'开花'。""授之以鱼不如授之以渔，只有种下'创新因子'，才能打开'致富路子'。"在每月科技特派团的工作会上，总能冒出一些"金句"，寥寥几字，却掷地有声。

在这样的氛围中，人人深受感染，并会告诉自己，努力，更努力一点。我是刘清君，是仙居科技特派团医疗器械帮扶组组长。科技特派团的任务是联合浙江大学等科研单位力量与仙居医械小镇的产业力量，建立产业创新基地和市级重点研发平台，形成"研、产、医"协作体系，打通医疗器械产品落地的"研发难"和"注册难"的"任督二脉"。

启动仪式后，我们火速来到仙居，开展实地走访、深度调研。我们发现，仙居的医疗器械产业已经从自发摸索阶段发展到锁定目标跟跑阶段。目前，医疗器械产业已发展出可视化诊断设备、精准手术机器人等四大细分领域。

于是，特派团成员马上结合当地实际，开出"助企良方"：联系多学科技术和人才优势，形成高水平的赋能仙居医疗器械创新与产业化的智库团队；推动浙江大学等科研单位力量与仙居医械小镇的产业力量进行联合，建设医疗器械产业创新基地和市级重点研发平台；等等。

"良方"既出，成员们又马不停蹄地赶赴一线，精准对接企业需求，破解企业技术难题，加速产学研深度融合。目前，我们正在帮助企业不断塑造发展新动能新优势，竞逐新领域新赛道。

成团短短2个月，科技特派团成员已经通过为企业"问诊把脉"、为技术"出谋划策"、为产业"搭桥铺路"等方式，取得了高效进展，将多学科、跨部门的"团战"优势释放了出来，让"创新引领"的种子快速生根。我们敢于向世界展望，以科创力量支撑和引领仙居医疗器械产业创新发展，开启一个崭新篇章。

## 评述点赞

新浪网报道：充分发挥科技特派团智囊团的作用，科学制定产业发展规划，努力在锚准产业发展方向上实现新突破……努力在关键核心技术攻关上实现新突破……努力在创新平台能级提升上实现新突破……努力在产业链做大、做强上实现新突破……努力在人才队伍建设上实现新突破……努力在优化创新创业生态上取得新突破。（浙江省科技厅：《浙江：科技特派团试点工作启动会召开 为山区26县"一县一业"高质量发展提供强大科技支撑》，新浪网，2023年2月14日）

仙居县委副书记、县长占雅静：仙居将以"人无我有、人有我优"的工作理念，为科技特派团全力提供保障和服务，制订最优支持政策，及时解决困难和问题，推动科技特派团工作取得实在成效。同时，希望各位专家发挥智力优势、技术优势、专业优势，提供科技攻关强大力量，为仙居医药健康、医疗器械产业高质量发展奠定坚实基础，助力仙居全面提升产业链创新水平。

浙江省按照"一县一业一团"的思路试点开展科技特派团工作

# 后 记

# 你们，让时光有了意义！

在浙江，有这样一群人，他们穿梭山林、躬耕乡野，在之江大地上辛勤地播撒科技的种子，为农民增收致富和浙江共同富裕注入深厚力量，并做出了不可磨灭的贡献。他们就是科技特派员，一群可亲可敬的人！

春华秋实二十载，美丽田野绽芳华。今年是浙江省推行科技特派员制度二十周年，斗转星移的时光里，广大科技特派员心怀赤诚，一腔热血写春秋，以使命与责任、情怀与担当，为时代证言，在之江大地上写下了一个个产业兴、乡村美、农民富的生动故事。经层层发动和组织推荐，我们选了其中71位科技特派员、3个特派团、7个派出单位和派驻地代表。他们，用科技之光点燃"浙"里乡村，逐梦"共富路"，让"梦开始的地方"成为"梦延续的地方"。长河不息，将他们奉献给田野的心血和汗水凝成文字呈现给大家，希望这样一种奉献精神能成为更多人的内核力量。

每一个时代，都有其时代性，而研究时代性，就不能没有历史感，是历史造就了时代！科技特派员制度，凝聚着习近平总书记的亲切关怀和指导。2003年，习近平同志作出重要批示，指出科技特派员是一项创新举措，旨在解决农民生产经营中的现实科技难题和培训适用技能,方向正确。[1] 同年,首批 101 名科技特派员踏上征程,在田间地头、在生产车间、在养殖圈舍、在蔬菜大棚,在每一处有农户的土地上,点亮科技星火,让习近平总书记的重要思想立于人世之上、苍穹之中,如北斗七星,成为一种指引,成为一簇薪火,成为中国图景,成为历史潮流中最响亮的回声。大历史、大时代、大情怀,成就精品力作,我们的编撰,只是在历史的经纬里,将值得记录的客观事实忠诚呈现,用拥有勃勃生机的语言真实地再现了科技特派员倾情、倾智、倾力的辛勤付出,系统展示科技特派员制度在浙江推行以来的创新实践和值得推广的先进经验,勾画出我省科技特派员制度 20 年发展的历史缩影,给当下和未来留下一个个完美的故事,让其成为历史的标识。

讴歌时代,礼赞英雄,是创作永恒的主题。79 篇文章,无论是浓墨重彩的描摹,还是轻描淡写的勾画,都是科技特派员真实的工作写照,是编者臻于完美的情感表达。这不只是单纯的故事,更是精神的力量,具有观照当下、影响未来的时代意义。

谨对关心支持本书出版的领导、同事及为本书做出贡献的各界人士表示衷心的感谢!感谢浙江省科技宣传教育中心在出版过程中做的大量采访编辑工作,感谢浙江农林大学参与编撰并支持出版,感谢文化和旅游部中国书画院副院长雷鸣东为本书题写书名,敬请各位读者对本书的谬误和不足之处提出批评指正。

最后,以诗人剑男的诗句,向广大科技特派员致敬:我喜欢你斜阳中的剪影 / 在半生的光阴中 / 我喜欢那一个黄昏 / 也或许是黎明 / 但这都不重要,重要的是时光有了意义!

---

[1] 马爱华:《让"创新之花"遍开神州大地——科特派制度推行 20 年综述》,《科技日报》,2019 年 10 月 21 日。